ユアと
韓国語

유아와 함께하는 한국어 고급

上級

金珍娥
野間秀樹
著

김 진아·노마 히데키 지음

くろしお出版
구로시오 출판

はじめに

『ユアと韓国語 上級』へようこそ!

本書は韓国語の中上級を学ぶ日本語母語話者の方々のために作りました.
次のような特長を持っています:

(1) 韓国語と日本語を対照しながら学ぶことができる
(2) 韓国語の自然な話しことばと書きことばを学ぶことができる
(3) 日本語母語話者が誤りやすい点を,意識化している
(4) 全く新しい形の文法書となっている
(5) 韓日,日韓翻訳の基礎を培(つちか)うことができる
(6) 全体が一貫したストーリーで構成されている
(7) TOPIK IIの表現と文法に備えることができる
(8) 歴史,文学へ学習の幅を広げることができる
(9) 韓国語母語話者の先生方にも配慮されている

中上級の韓国語教材は,韓国で刊行されたものはもちろん,日本で刊行されたものも,韓国語が中心で日本語はおまけについている形のものが,少なくありません.可愛(かわい)いイラストなどがたくさんあっても,ほとんどが韓国語だけで書かれている教材は,日本語母語話者にはとても難しいものです.だいたい,知らない単語は,全部辞書を引かないといけません! ただでさえ忙しいのに.

また「こんな難しい“文法”はいらない,楽しく“会話”しよう」などともなりがちです.でもそもそも文法がわからなければ,会話もできません.

本書は〈単語〉と〈文法〉,〈表現〉に心をこめて細(こま)やかな説明と多くの例文を提示しています.

들어가며

안녕하세요? 『유아와 함께하는 한국어 고급』 입니다!

이 책은 한국어 중고급을 공부하는 일본어 모어화자 분들을 위해 만들었습니다. 다음과 같은 특징을 가지고 있습니다:

(1) 한국어와 일본어를 대조하면서 배울 수 있다.
(2) 한국어의 자연스러운 말과 글을 배울 수 있다.
(3) 일본어 모어화자가 틀리기 쉬운 점을 의식화했다.
(4) 완전히 새로운 형태의 문법서이다.
(5) 한일, 일한 번역의 기초를 다질 수 있다.
(6) 전체가 일관된 스토리로 구성되어 있다.
(7) TOPIK II 의 표현과 문법에 대비할 수 있다.
(8) 역사, 문학으로 학습의 폭을 넓힐 수 있다.
(9) 한국어 모어화자 선생님들을 위해서도 배려하고 있다.

중고급 한국어 교재는, 한국에서 간행된 것은 물론 일본에서 간행된 것도 한국어가 중심이 되고 일본어는 덤으로 붙어 있는 형태가 적지 않습니다. 귀여운 일러스트 등이 많이 있어도 대부분 한국어로만 쓰여진 교재는 일본어 모어화자에게는 매우 어려운 교재로 느껴집니다. 모르는 단어는 전부 사전을 찾아야 되게 됩니다. 그렇지 않아도 바쁜데 말이죠.

또한 "이런 어려운 '문법'은 필요 없다, 즐겁게 '회화'를 하자"라고도 생각하기 쉽습니다. 그러나 문법을 모르면 회화도 할 수 없습니다.

이 책은 〈단어〉 와 〈문법〉, 〈표현〉 에 정성을 들여 세심한 설명과 많은 예문을 넣었습니다.

また〈**その韓国語の表現を日本語では何と言うのか**〉とか,〈**日本語でこう言うのを,韓国語では何と言うのか**〉といった観点から,日本語母語話者が本当に知りたいことを盛り込もうと力を尽くしました.

韓国語と日本語の双方を,そしてそれらの相関関係を大切にとり込むことができなければ,いつまでたっても,韓国語がほんとうに解ったという満足感や達成感は味わえません.

本書は既存の教材のそうした欠点を踏(ふ)まえ,**韓国語と日本語の対照言語学に立脚(りっきゃく)した,全く新しい学習書,文法書**として編まれました.

日本語に不慣(ふな)れな韓国語母語話者の先生方も,安心して教材としてお使いいただけるよう,読みにくいと思われる漢字には,(　)を用いてふりがなを付しています.

さあ,この本と共に楽しく韓国語学習の醍醐味(だいごみ)と達成感を満喫(まんきつ)なさるよう,お祈り申し上げます.

金珍娥・野間秀樹

本書の音声は,サポートページにてご利用いただけます:

● https://www.9640.jp/books_1006/

〈**이 한국어 표현을 일본어로는 뭐라고 하는가**〉 혹은 〈**일본어로 이렇게 말하는 것을 한국어로는 어떻게 말할 것인가**〉라는 관점에서 일본어 모어화자가 진정 알고 싶은 내용을 담고자 노력하였습니다.

한국어와 일본어, 그리고 그 상관 관계를 소중히 담아내지 못한다면 한국어를 진정으로 이해했다는 만족감과 성취감은 느끼기 어려울 것이기 때문입니다.

이 책은 기존 교재의 그러한 단점을 감안하여 **한국어와 일본어의 대조언어학에 입각한 완전히 새로운 학습서, 문법서**로 편찬하였습니다.

일본어에 익숙하지 않은 한국어 모어화자 선생님들도 안심하고 교재로 사용하실 수 있도록 읽기 어려운 한자에는 ( )를 사용해서 후리가나 즉 읽는 법을 붙였습니다.

이 책과 함께 여러분이 한국어 학습의 진정한 즐거움과 성취감을 만끽할 수 있으시기를 바랍니다.

김 진아・노마 히데키

이 책의 음성은 다음 사이트에서 이용하실 수 있습니다:
● https://www.9640.jp/books_1006/

目次　表現・文法リスト

この本について

●役立つために

・この本は独学でも学習できるよう, 十分な説明と豊富な単語や例文を提示している. 学習者自身の選択と学習形態によって必要な部分だけを選び, 学習して構わない.

・練習問題の解答は本の巻末にまとめた.

・本文を核にした有機的な学習のために, 本文各行に「01」のごとく2桁(けた)の番号を表示した. 〈本文〉各行の番号は〈単語〉と〈表現〉に共通している.

・〈表現〉の項目見出しに用いられている灰色の「●」印は, 該当する表現と意味や表記が類似した表現であることを示すものである.

・各課の表現は巻末の索引からも検索可能である.

●episodeとテーマ

エピソード1からエピソード6までで構成されている. 12月から5月までのそれぞれの月の韓国の伝統的な文化行事をテーマにしている. 1つのエピソードはaとbに分かれて構成され, aとbは繋(つな)がった1つのストーリーである. 例えばエピソード1には1aと1bがあり, 1つのエピソードが1aと1bの2つの課で展開される.

●学習内容構成

各エピソードは, 本文, 単語, 談話の表現, 表現, 文法, ぷち言語学, 語彙, 〈詩(小説)のことば〉, コラム, 練習問題で構成される.

本文

主人公の服部ユアが韓国で1年間語学研修をすることとなって繰り広げられることがらを, 地の文と会話形式の文に編んだ. 中上級レベルに見合った文章体(書きことばの文体)と会話体(話しことばの文体)の双方を充分に学習できるよう構成した.

이 책에 대하여

●편리함을 위하여

・이 책은 독학으로도 학습할 수 있도록 충분한 설명과 풍부한 예문을 제시했다. 학습자 개인의 선택과 학습 형태에 따라 필요한 부분만 골라 학습하여도 무방하다.

・연습문제의 해답은 책 뒷부분에 실었다.

・본문을 중심으로 한 유기적인 학습을 위해 본문 각 행마다 "01"과 같이 2자리 숫자로 번호를 표시하였다. 〈본문〉 각 행의 번호가 〈단어〉와 〈표현〉에도 공통된다.

・〈표현〉의 소제목에 사용되고 있는 회색의 「●」표시는 해당 표현과 뜻이나 표기가 비슷한 표현임을 제시하는 것이다.

・각 과의 단어와 표현은 책의 뒷부분에 색인으로도 모아 두었다.

●episode와 테마

episode1부터 episode6 까지로 구성된다. 12월부터 5월까지 각 달의 한국의 전통적인 문화행사를 테마로 삼고 있다. 하나의 episode는 a와 b로 나뉘어 구성되며, a와 b는 연결된 하나의 이야기이다. 예를 들면 episode 1에는 1a와 1b가 있으며 하나의 episode 가 1a와 1b라는 2개의 과로 전개되는 것이다.

●학습 내용 구성

각 episode는 본문, 단어, 담화의 표현, 표현, 문법, 프티 언어학, 어휘, 시(소설)의 언어, 칼럼, 연습문제로 구성된다.

본문

주인공인 핫토리 유아가 한국에서 1년간 어학연수를 하게 되며 펼쳐지는 일들을 지문과 회화 형식으로 엮었다. 중고급 레벨에 맞는 문장체(글말체)와 회화체(입말체)의 양쪽을 충분히 학습할 수 있도록 구성하였다.

単語

別途, 時間と労力をかけて辞書を引かずとも学習が可能になるよう, できるだけ単語の意味と使用例を載せた. 日本語との対照的な観点からの説明と記述により, 学習者である日本語母語話者は, ある面では辞書を超えた学習効果を得ることができるであろう.

表現

'할 지경이다'(…する始末だ), '하기 이를 데 없다'(…することこの上ない)などといった表現を学ぶ. TOPIKⅡの上級レベルに対応する表現を扱った. 豊富な単語で編まれた多くの例文と簡潔で明確な説明は, 当該の表現のさまざまな用法の理解の幅を広げてくれる.

語彙

外来語や故事成語のような単語群を語彙という項目で提示した.

文法

中上級レベルで必要な文法項目を厳選した. 似た役割を果たす文法と表現を1つの項目で提示し, それらの詳細な違いと役割などを一目で把握できるよう, 構成した. とりわけ引用表現についてこれまでどの文法書でも提示されたことのない体系的な説明で明快な展望を提示した. 個々のアイテムだけではなく, 全体像を得ながらシステムを学ぶことができる.

コラム

韓国の文化, 歴史, 文学などのジャンルへの手引きとなるよう, コラムを設(もう)けた. 韓国のクリスマス, 日本語と異なる'우리'(私たち), 三一節と三一運動, 古宮物語, 古典小説物語の『春香伝』(しゅんこうでん)など一般的な他の語学教材では出会いにくい内容である. 前書きやこうした解説自体なども可能な限り二言語で示し, 学習に資(し)するよう図(はか)った.

단어

따로 시간과 노력을 들여 사전을 찾지 않아도 학습이 가능하도록 최대한 단어의 뜻과 사용 예를 실었다. 일본어와의 대조적인 관점에서의 설명과 기술은, 학습자인 일본어모어화자에게 어떤 면에서는 사전을 뛰어넘는 학습효과를 얻을 수 있을 것이다.

표현

'할 지경이다', '하기 이를 데 없다' 등의 표현을 배운다. TOPIKⅡ의 고급 레벨에 해당하는 표현을 다루었다. 풍부한 단어들로 만든 많은 예문들과 간결하고 명확한 설명은 해당 표현의 여러 용법의 이해의 폭을 넓혀 줄 것이다.

어휘

외래어와 사자성어와 같은 단어군을 어휘라는 항목으로 제시하였다.

문법

중고급 레벨에서 반드시 필요한 문법항목을 엄선하였다. 비슷한 역할을 하는 문법과 표현들을 하나의 항목에 제시하여 그것들의 세부적인 차이점과 기능 등을 한 눈에 파악할 수 있도록 구성하였다. 특히 인용 표현에서는 지금까지 어느 문법서에서도 제시한 적 없는 체계적인 설명으로 명쾌한 해법을 제시하였다. 개별적인 아이템뿐만 아니라 전체상을 파악하면서 시스템을 배울 수 있다.

칼럼

한국의 문화,역사,문학 등의 장르에 대해 더 깊이 배우기 위한 길잡이로서 칼럼을 마련하였다. 한국의 크리스마스, 일본어와 다른 '우리', 삼일절과 삼일운동, 고궁 이야기, 고전소설 이야기『춘향전』등 일반적인 다른 어학 교재에서는 만나기 힘든 내용들이다.「들어가며」와「이 책에 대하여」를 포함하여 칼럼에서는 가능한 한 양 언어로 제시함으로써 학습 효과의 극대화를 꾀하였다.

登場人物

本書の本文は次の登場人物たちが展開していく.

●服部(はっとり)ユア

日本人.大学3年生.友人のチウンが通う,韓国の大学の語学堂で1年間語学研修をすることになった.チウンの家でチウンの家族と共に過ごす予定だ.明るく,いつも肯定的で周(まわ)りに配慮する温かさを持っている.

●服部洋子(はっとりようこ)

在日韓国人.日本にある韓国の会社の会社員.社会人1年生.日本の東京支社からソウル本社に転勤となり,1年間ソウルで過ごすことになった.聡明(そうめい)で韓国語にも堪能(たんのう)である.積極的でさっぱりした性格だ.思慮深く,決定的な瞬間には涙もろい面もある.

●イ・ジウン(チウン) 李知恩

韓国人.大学3年生.服部ユアの韓国の友人.日本の大学に交換留学に行った際に,ユアに出会い,友達になって多くの助けを得た.今回ユアが韓国に語学研修に来ることになり,ジウンは喜んで自分の家でホームステイすることを勧めた.何事にも肯定的で快活(かいかつ),ミュージカル俳優を夢見る愛嬌満点(あいきょうまんてん)の可愛(かわい)い仲間である.

●イ・ソグ 李錫宇

韓国人.イ・ジウンの兄.大学生である.軍隊に行って来て,ジウンと同じ大学に4年生で復学した.愉快(ゆかい)でおおらかな性格で周りの友達を楽しませてくれる雰囲気(ふんいき)メーカーだ.優しい性格でユアと洋子が韓国で皆とよりうまく過ごせるよう,あれこれ気を遣(つか)ってくれる仲間である.洋子のさっぱりした姿に好感を抱いている.

●キム・ジュノ(チュノ) 金俊浩

韓国人.会社員.服部洋子のソウル本社の同僚.偶然ユアと出会い,ジウンやソグと親しくなる.明るく陽気な性格で,思いやりのある優しい人物である.ユア,洋子,ジウン,ソグにいつも話題を投げかけ,引っ張ってくれるリーダーのような姿を見せる一方,みんなを慌(あわ)てさせる突拍子(とっぴょうし)もない面も見せてくれる.

등장인물

본서의 본문은 다음의 등장인물들과 함께 전개해 나간다.

●핫토리 유아

일본사람. 대학교 3학년 학생. 친구 지은이 다니는 한국 대학교의 어학당에서 1년간 어학연수를 하게 되었다. 지은의 집에서 지은의 가족들과 함께 지낼 예정이다. 밝고 언제나 긍정적이며 주위를 배려하는 따스함을 지녔다.

●핫토리 요코

재일교포. 일본에 있는 한국 회사의 회사원. 사회 초년생. 일본 도쿄 지사에서 서울 본사로 발령이 나 1년간 서울에서 지내게 되었다. 총명하며 한국어에도 능통하다. 적극적이고 시원시원한 성격이다. 속이 깊고 결정적인 순간에는 눈물도 많은 여린 면도 있다.

●이 지은

한국사람. 대학교 3학년 학생. 핫토리 유아의 한국 친구. 일본의 대학에 교환 유학생으로 갔을 때 유아를 만나 친구가 되었고 많은 도움을 받았다. 이번에 유아가 한국으로 어학연수를 오게 되었고 지은은 기꺼이 자신의 집에서 홈스테이할 것을 권유하였다. 매사에 긍정적이고 쾌활하며 뮤지컬 배우를 꿈꾸는 애교만점의 귀여운 친구이다.

●이 석우

한국사람. 이지은의 친 오빠. 대학생이다. 군대를 다녀와 지은과 같은 대학교에 4학년으로 복학했다. 유쾌하고 호탕한 성격으로 주변의 친구들을 즐겁게 해 주는 분위기 메이커이다. 다정다감한 성격으로 유아와 요코가 한국에서 모두와 더불어 잘 지낼 수 있도록 많이 배려하고 챙겨준다. 요코의 시원시원한 모습에 호감을 느낀다.

●김 준호

한국사람. 회사원. 핫토리 요코의 서울 본사의 동료. 우연히 유아와 만나, 지은, 석우와 가까워진다. 밝고 쾌활한 성격이며 배려심 깊은 다정한 사람이다. 유아, 요코, 지은, 석우에게 언제나 화제를 던져 주고 이끌어 주는 리더와 같은 모습을 보이는 한편 모두를 당황하게 하는 엉뚱한 면모도 보여 준다.

Ⅰ Ⅱ Ⅲの記号について

ⅠⅡⅢはそれぞれ用言が変化する際の語基(ごき)を示す.

用言が変化する際には, 例外なく, これら3つの語基のどれかに語尾や接尾辞をつけて変化する. 換言すれば, 全ての用言は, どんな複雑な変化形になって姿を変えても, 単語の本体である語基は, 3つの形しかない. **全ての語尾や接尾辞は概ね頭音で第何語基につくかが決まっている.**

Ⅰは**第Ⅰ語基**で, 用言の辞書形から末尾の-다を取った形.
Ⅱは**第Ⅱ語基**で, 末尾の-다を取って, 子音語幹の用言のみ, -으-をつけた形. 母音語幹やㄹ語幹は何もつけない. ゆえに母音語幹とㄹ語幹では, 常に第Ⅰ語基と第Ⅱ語基の形は同じになる.
Ⅲは**第Ⅲ語基**で, 末尾の-다を取って, 最後の母音が陽母音であるㅗもしくはㅏの場合は後ろに陽母音の-아-をつけ, それ以外は全て陰母音の-어-をつけた形.

韓国の『표준국어대사전』(標準国語大辞典)のような大きな辞書では3つの語基を表示している. 例えば받다なら, 받아, 받으니, 받는のように記載されている. ⅢⅡⅠのように順序は異なるが, Ⅱには-니, Ⅰには-는といった語尾をつけるなどの仕方で, 表示しているわけである.

母音語幹, ㄹ語幹, 子音語幹の3つの語基の例を見てみよう:

	辞書形	第Ⅰ語基	第Ⅱ語基	第Ⅲ語基
子音語幹	받다 적다	받 적	받으 적으	받아 적어
ㄹ語幹	살다 멀다	살/사 멀/머	살/사 멀/머	살아 멀어
母音語幹	보다 주다	보 주	보 주	보아/봐 주어/줘

*用言の変化の基本については, 本シリーズの入門編で扱う. あるいは『はばたけ!韓国語 ライト版1』(朝日出版社)や『史上最強の韓国語練習帖 初級編』(ナツメ社)を参照.

12월, 만남

12月，出会い

● 크리스마스와 연말연시를 보내는 방법에 대해서 일본과 한국의 비슷한 점과 다른 점 등을 한국어로 말해 볼까요?

クリスマスや年末年始の過ごし方について，日本と韓国の異なったところと，似ているところなどを，韓国語で話し合ってみましょう.

● 누군가와 만났을 때 인사하는 습관에 대해서 일본어권과 한국어권은 어떤 비슷한 점과 차이점이 있을까요? 함께 한국어로 얘기해 봐요.

誰かと出会ったとき，挨拶(あいさつ)する習慣について，日本語圏と韓国語圏はどんな似た点と異なった点があるでしょうか？ 共に韓国語で話し合ってみましょう.

1a 눈 내리는 인천공항

ポイント◆ 한다体．感嘆法

01	12월 23일. 인천공항.	
02	굵은 눈발이 세상을 온통 하얗게 뒤덮고 있다.	
03	올해는 서울에서 화이트 크리스마스를 맞이하게 되나 보다.	
04	지은 씨의 가족들은 어떤 분들일까. 가슴이 두근거린다.	
05	지은 씨가 나와 있을 텐데. 그 때!	
06	준호	저기요, 혹시 핫토리….
07	유아	네, 제가 핫토린데요.
08	준호	아, 핫토리 씨. 겨우 만났네요.
09		이거 못 만나는 줄 알고 걱정했습니다.
10		처음 뵙겠습니다. 한국물산의 김준호라고 합니다.
11		오늘 마중 나오기로 한 친구가 급한 일이 생겨서 제가 대신 나왔습니다.
12	유아	네? 네….
13		(와, 멋있다. 역시 지은 씨 친구 분은 다 멋있구나.)

14	유아	만나뵙게 돼서 반갑습니다.
15		전 핫토리… (말이 채 끝나기 전에)
16	준호	네, 핫토리 씨, 말씀 많이 들었습니다.
17	유아	아…네, 근데 지은 씨는 어떻게 된 거예요?
18	준호	네? 지은이요?
19		(웃으며) 이쪽에 관해서 모르시는 게 없군요.

서울, 경기도 그리고 인천공항

地名の漢字表記は次ページ

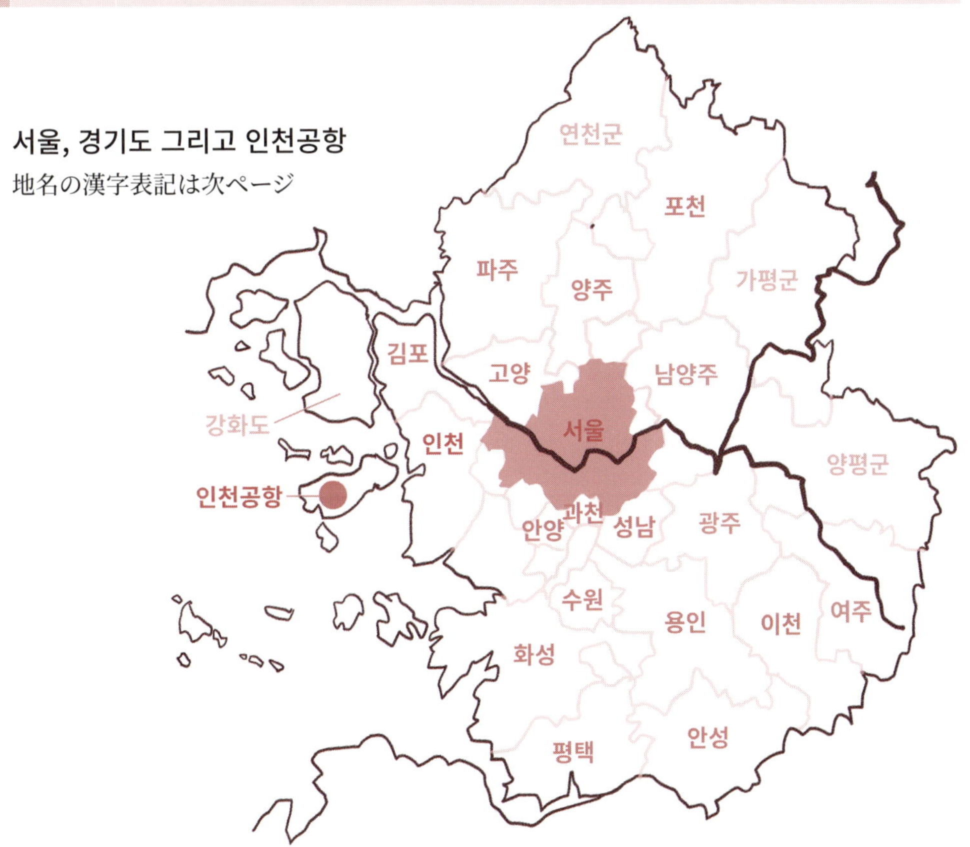

01	12月23日. 仁川空港.	
02	大粒の雪が世をすべて真っ白に覆(おお)っている.	
03	今年はソウルでホワイト・クリスマスを迎えることになるようだ.	
04	チウンさんのご家族はどんな方たちだろう. 胸がときめく.	
05	チウンさんが迎えに来ているはず. そのとき!	
06	チュノ	あのう, もしかして服部(はっとり)….
07	ユア	ええ, 私が服部ですけど.
08	チュノ	あ, 服部さん. やっと会えましたね.
09		これは会えないかと思って, 心配しましたよ.
10		初めまして. 韓国物産の金俊浩(キム・ジュノ)と申します.
11		今日迎えに来ることにしていた者が, 急な用事ができて, 私が代わりに来ました.
12	ユア	え? ええ….
13		(わぁ, 格好いい. やっぱりチウンさんのお友達はみんな素敵だな.)
14		お目にかかれて, 嬉しいです.
15		私は服部…(ことばがまだ終わりもしないうちに)
16	チュノ	ええ, 服部さん, お話はいろいろ伺(うかが)いました.
17	ユア	あ, ええ. ところでチウンさんは何かあったんですか?
18	チュノ	え? チウンですか?
19		(笑いながら) こちらについて知らないことがないんですね.

1a 単語

01	인천공항	〈仁川空港〉**仁川空港**. 空港名
02	굵다	**太い.** 굵은 선 太い線
	눈발	[눈빨] **大粒の雪. 雪模様.** 빗발は「雨脚」(あまあし)
	세상	〈世上〉**世の中**
	온통	**すべて.** 갑자기 쏟아지는 폭우로 주위는 온통 물바다였어요 急に降りしきる暴雨で, あたりは一面に水びたしでした
	하얗다	**白い.** Ⅰ하얗 Ⅱ하야 Ⅲ하얘. ㅎ変格. Ⅰ-게(…く)→表現. 하얗게 白く. 하얀 손수건 白いハンカチ. 솜사탕이 구름처럼 하얘요 綿飴(わたあめ)が雲のように白いですよ
	뒤덮다	**覆う. ひっかぶる.** (あたりを)**占める.** 뒤-は「一面に. 全て. やたらに」の意の接頭辞. 接頭辞については→ 4a文法

ソウル, 京畿道そして仁川空港

地名の漢字も確認しよう.「ソウル」は固有語なので漢字で書けない. 中国語の漢字表記では「ソウル」に「首爾」(首尔; 수이; シュジ)という字を当(あ)てている. 中国語のピンイン=ローマ字表記では〈Shǒu'ěr〉で, 発音は[スゥォアル]ほど

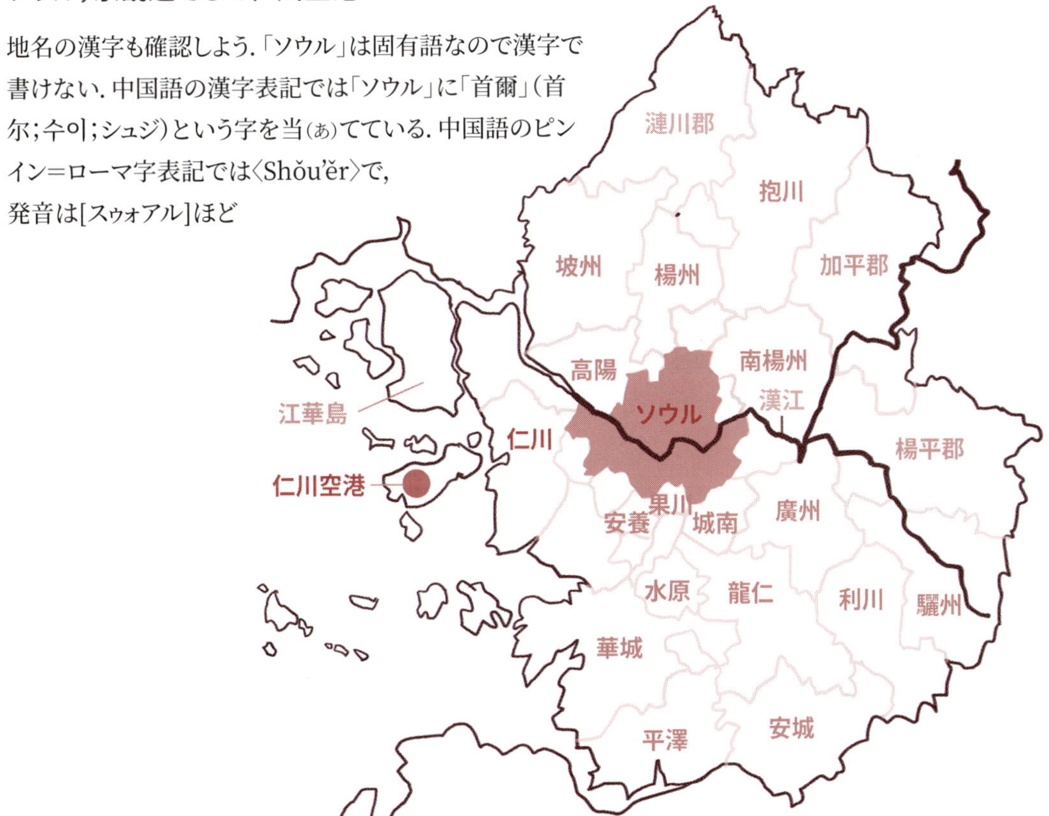

03	**화이트**	**ホワイト.** white /hwáit/(白い)が, 日本語では「ホワイト」と4音節になり, 韓国語では「화이트」と3音節になる. 日本語と韓国語の外来語(→ 4b語彙)の受け入れ方の違いに注意
	크리스마스	**クリスマス.** 英語の[s]で終わる単語は末尾が스[sɯ]となる
	-을/를 맞이하다	**…を迎える.** 맞이하게 되나 보다 迎えることになるようだ. Ⅰ-게 되다 …するようになる. Ⅰ-나 보다 …するようだ→表現
04	**두근거리다**	(胸が) **高鳴**(たかな)**る. どきどきする.** 가슴이 두근거려요 胸が高鳴ります. 두근두근 どきどき
05	**나와 있을 텐데**	**出て来ているだろうに.** 할 텐데 …するだろうに→表現
06	**저기요**	**すみません.** 呼びかけの表現. -요は丁寧化のマーカー
08	**겨우**	**ようやく. やっと. かろうじて**
09	**이거**	[間投詞] **あの. 本当に.** [代名詞] **これ.** 「これ」の意の代名詞を間投詞としても用いている. 아이고 이거 얼마 만이에요? 정말 오랜만이네요 あら, これはお久し振り(←これどれだけぶりですか). ほんとに久し振りですね
	걱정하다	**心配する.** 진심으로 걱정해 주는 친구 心から心配してくれる友達
10	**한국물산**	[항궁물싼] 〈韓國物産〉 **韓国物産.** [한]の終声が軟口蓋音[항]となるのは, 後続の[ㄱ]の調音点である軟口蓋音への同化
11	**마중(을) 나오다**	**迎えに来る.** 마중 迎え. 「迎えに出る」は「마중을 나가다」. 마중을 나오기로 한 친구 迎えに来ることにした彼/彼女. Ⅰ-기로 하다 …することにする. 친구 →談話の表現
	급하다	〈急-〉 [形容詞] **急だ. 急ぎだ.** 급한 일 [그판닐] 急な仕事. 急な用事. 아버지는 성격이 급하세요 父は(性格が)せっかちなんですよ. 화장실이 급해요 トイレに行きたいです
	생기다	(ものやことが) **できる. 生じる**
	대신	〈代身〉[名詞・副詞] **代わり. 代理. 代わりに**
15	**채**	[副詞] **まだ. いまだ**(…しきらない. …に至らない)→表現
19	**-에 관해서**	〈-關-〉 **…に関して. …について.** 連体形「…に関する…」は「-에 관한」. 한글에 관한 질문 ハングルに関する質問

1a 談話の表現

11● 친구 友達. (…な)人. 者. やつ. 仲間. 子.

目下や年下の人に配慮し, 人前でぞんざいな呼び方を避けるために用いる. 目上が目下を尊重し, 親密感を表す表現として使う:

(교수님이 다른 선생님께 학생을 소개합니다)
이 **친구**가 우리 과에서 제일 우수한 **친구**예요.
（教授が別の先生に学生を紹介します）
彼女がうちの科で一番優秀な**学生**です.

(부장님이 사장님께 직원 칭찬을 합니다)
이번에 프로젝트를 성공시킨 **친구**가 바로 이 **친굽니다.**
（部長が社長に社員をほめます）
今度のプロジェクトを成功させた**者**が, まさにこの**人**です.

1a 表現

02● 하게 I -게 …く. …に. …するように. …するために [副詞形]

用言の副詞形を作る. 非常に生産的で幅広い用言に用いられる. 形容詞では〈…く〉〈…に〉, 動詞, 存在詞では〈…するように〉〈…するために〉の意となる:

잠 든 아이에게 **따뜻하게** 이불을 덮어 주었다.　寝入った子に**温かく**布団(ふとん)をかけてあげた.
오늘 저녁은 막내 **생일파티 하게** 일찍들 들어와.
今日の夕食はあの子の(←末っ子の)**誕生パーティをやるから,** (みんな)早めに帰っておいで.
이해할 수 있게 더 쉬운 말로 설명해 보세요.
解るようにもっと優しいことばで説明してみてください.

03● 様子を判断する〈보다〉と〈싶다〉〈ようだ〉と〈思う〉

「곧 봄이 오**나 보다**」(すぐ春が来るようだ)や「곧 봄이 오**나 싶다**」(すぐ春が来ると思う)のように〈Ⅰ-나 보다〉〈Ⅰ-나 싶다〉〈Ⅱ-ㄹ까 싶다〉など，보다や싶다で様子を表す形がある．似ていながら互いに異なる．ここで鮮明に把握しておこう．

〈하나 보다〉〈하나 싶다〉
〈ようだ〉〈思う〉

			様子の叙述	主観的な推量
			主観性の強さ	
			보다	싶다
		疑問形	…するかのようだ	…するかと思う
動詞 存在詞	非格式	Ⅰ-나	오나 보다	오나 싶다
	格式	Ⅰ-는가	오는가 보다	오는가 싶다
形容詞，指定詞		Ⅱ-ㄴ가	좋은가 보다	좋은가 싶다

〈憂慮，条件〉

	疑問形	…するかと思って	…するかと思って
全用言	Ⅱ-ㄹ까	할까 봐	할까 싶어

〈意向〉

	疑問形	…しようと思う	…しようかと思う
動詞	Ⅱ-ㄹ까	할까 보다	할까 싶다

하나 보다系の形は,〈様子からそのように見える〉ことを示す. 接続形や過去形はない. 〈事態が話し手にはそのように映る〉,〈事態からそう判断される〉という, 第三者のことがらについての**客観的な事態に依存した述べ方**となる. 様子の方に根拠や責任を置いて述べる形である.

하나 싶다系は様子からの判断に加え,〈話し手の主観的な思いとして推測した判断を叙述する〉形である. 話し手の方により責任が置かれる形となる. **보다よりも싶다がより主観性が強い**.

いずれも様子や状態を根拠に, **第三者のこと, 他人事**(たにんごと)が, 話し手にはそう見えるという述べ方である.

할까 봐/보다, 할까 싶어/싶다は〈未だ起こっていないことへの心配や憂慮〉を表す.

これらの形において, **〈ようだ〉〈思う〉という意で使われる보다と싶다は補助形容詞**である. ゆえに한다体の終止形でもそれぞれ辞書形と同じ보다, 싶다という形のままである. 본다や싶는다などとはならない. 보다には「見る」の意の動詞があるので, 注意.

左の表について見てみよう.

①**動詞と存在詞は〈Ⅰ-나〉〈Ⅰ-는가〉のいずれにも**使える. これら2つは文体的な差が見られる. **〈Ⅰ-나〉がより話しことば的で,〈Ⅰ-는가〉はより格式性を帯び, 相対的には書きことば的**である.

*存在詞は있다(ある. いる), 없다(ない. いない)と, 있다, 없다の合成語である.

②**形容詞と指定詞は〈Ⅱ-ㄴ가〉の形が基本である**. それゆえ文体的には話しことばと書きことばの双方で用いられる. 一部に〈Ⅰ-나〉も現れる.

「…**した**ようだ」のように**過去形を用いるには, 品詞にかかわらず, Ⅲ-ㅆ나を用いる. Ⅲ-ㅆ던가**や**Ⅲ-ㅆ는가**も一部で稀に現れる. 過去連体形のⅡ-ㄴという形が使えないことに, 留意されたい. つまり過去形には〈Ⅲ-ㅆ나 보다〉を用いるのが一般的である. 「-ㄴ나 보다」という形はない.

03 ● 하나 보다 Ⅰ-나 보다 …するみたいだ. …するようだ [印象様態. 様子の叙述]

この보다は補助形容詞なので, 한다体でも본다とはならない. 終止形で主に用いられる. 話し手に**ことがらがそのような様子に映る, そう見えるという印象様態の描写, 判断**である.〈Ⅰ-나 싶다〉より客観的な語り口である:

바람이 향긋하니 곧 봄이 **오나 보다.**

風が香(かお)り高いから, もうすぐ春が**来るようだ**.

봄이 **오는가 보다.** 여기저기 아지랑이가 피어오른다.

春が**来ているようだ**. あちこちで陽炎(かげろう)が立ちのぼる. (Ⅰ-나 보다より書きことば的)

언니는 오늘 정말 **바쁜가 보다.** お姉さんは今日本当に**忙しいみたいだ**.

쓰신 블로그를 보니 **작가지망생인가 보죠**?

お書きになったブログをみると, **作家志望の方**〈作家志望生〉**のようですね**?

오늘 수업은 휴강이 **됐나 봐요.** 今日の授業は休講に**なったみたいですよ**.

알바가 엄청 **급했던가 봐요**. 저한테까지 연락이 왔어요.

バイト(の人)がとても**足りなかったようです**. 私にまで連絡がありました.

*話し手自身のことについて**自らが評価判断する場合には,「(나는) 이게 좋나 보다」「(나는) 이게 좋은가 봐.」は使わない**. 自分についての自らの判断には,「이게 좋을 것 같다.」([これから使うには]これが良さそうだ), あるいは「이게 좋네.」(これがいいな)などと, 他の表現を用いる.

主体を変えて,「형은 그게 마음에 드나 보다.」(兄貴はあれが気に入ってるみたいだ)や「우리 해피는 여기가 좋은가 보다.」(うちのハッピー(子犬の名)はここがいいみたいだな)など, 他人事では可能となる.

なお, 話し手自身に関することでも,「人々によると」とか, あたかも他人事のように, **自分を客観化して述べる際には**, この形が使えるようになる.「나 오늘 좀 예쁜가 봐.」(私今日ちょっと可愛いみたい),「나 오늘 좀 멋있나 봐.」([人々によると]私今日はちょっとカッコいいみたい)と, 自分をほめたり, 他人にアピールする感がある.

〈話し手が主観的に判断した様子〉などを表す場合には, 次の〈Ⅰ-나 싶다〉を用いる.

● **하나 싶다** Ⅰ-나 싶다 …するかと思う. …するようだ [主観的な推測判断の叙述]

〈Ⅰ-나 보다〉と類似の表現に〈Ⅰ-나 싶다〉がある. ①〈Ⅰ-나 보다〉より〈Ⅰ-나 싶다〉の方が, 話し手がそう感じたという主観性が強い判断の叙述である. ②〈Ⅰ-나 보다〉は終止形だけで現れるが,〈Ⅰ-나 싶다〉は終止形のみならず接続形や連体形でも用いる.「한다 싶다」「했으면 싶다」「할까 싶다」のように싶다が様々な文の形を前に従(したが)えて,〈**…と思う**〉の意を表しうる.

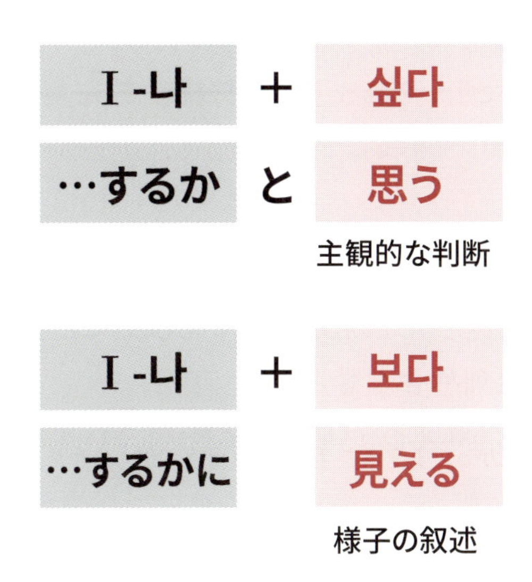

〈**Ⅰ-나＋싶다**〉は〈**…するかと思う**〉の意で, 싶다〈思う〉は, 하다や그러다と同様の引用動詞のような働きをしている. ただし動詞ではなく, 補助形容詞.〈**Ⅰ-나＋싶다**〉も**引用構造**(→6a文法)の一種である.

그 시절엔 그렇게 먹고 살기가 **힘들었나 싶어.**

あの時代にはそんなにも生きることが**大変だったのかなと思っちゃう.**

아이가 다친 게 **내 탓인가 싶었지만** 자책하고 있을 시간이 없었다.

子供が怪我(けが)をしたのは, **私のせいかと思ったが,** 自分を責めている時間はなかった.

돈이 좀 **있다 싶었더니** 그 사람 사기꾼이었어.

金がちょっと**ありげだと思ったら,** あの人, 詐欺師(さぎし)だったよ.

이게 **꿈인가 싶은 마음에** 뺨을 꼬집어 봤어요.

これは**夢なのかという思いに,** ほっぺたをつねってみました.

〈**한다体＋싶다**〉も可能：

이 미팅엔 **괜히 왔다 싶었어요.** このミーティングには**来なければよかったと思いました.**
이렇게 일만 하다가 좋은 시절 다 **간다 싶네요.**
こんなふうに仕事ばかりして, 青春（＝良い時）は皆**過ぎていくなと思いますね.**

● 하나 했다 **Ⅰ-나 했다 …するのかと思った [主観性の強い判断]**

〈Ⅰ-나 싶다〉より主観性の強い様子の判断を表す. 〈**Ⅰ-나 하다**〉の하다が終止形では〈**Ⅰ-나 했다**〉という過去形で用いられる. 하다が接続形である場合には, 〈**Ⅰ-나 하고**〉〈**Ⅰ-나 해서**〉など, 非過去形で用いられることもある：

그 사람이 사기꾼이었어? 어쩐지 왜 그렇게 돈이 **많나 했네.**
あの人詐欺師だった? なるほどどうしてあんなにお金が**あるのかなと思ったよ.**
언니가 나를 이렇게 **모르나 해서** 좀 섭섭했어요.
姉さんに私のことをこんなにも**解ってもらえないのかと思って,** ちょっと寂しかったんですよ.

● 했으면 싶다, 했으면 하다 **Ⅲ-ㅆ으면 싶다, Ⅲ-ㅆ으면 하다 …したらいいな [願望]**

いずれも前件の状態となることを漠然と望む, 願望の意を表すことができる：

여름방학이 빨리 **왔으면 싶어요. / 왔으면 해요.**
夏休みが早く**来たらいいなと思います.**

● 할까 봐 **Ⅱ-ㄹ까 봐 …するかと思って [憂慮条件]**

動詞, 存在詞, 形容詞, 指定詞について〈**Ⅱ-ㄹ까 봐**〉は〈…する(んじゃない)かと思って〉の意を表す. 봐という**第Ⅲ語基の接続形**で用いる. まだ起きていないことへの心配, 不安, 憂慮を表す：

아이가 학교 갔다오면 **배고플까 봐** 간식을 준비해 뒀어요.
子どもが学校から帰ったら, **おなかがすいているんじゃないかと思って,** おやつを用意しておきました.

● 할까 싶어(서) II-ㄹ까 싶어 …するかと思って. しようかと思って [心配憂慮. 意向. 期待]

全ての用言に使える〈II-ㄹ까 싶어〉は, 싶어や싶어서という接続形で用いられる. ①まだ起きていないことへの**心配**や**憂慮**の気持ちを表すことができ, また②話し手の漠然とした**希望**, **期待**, **意志**も述べることができる. 〈II-ㄹ까 봐〉より主観的である:

아들이 수능시험을 **잘못 볼까 싶어** 하루종일 조마조마했다.

息子が修能試験(大学入試の共通試験)に**失敗するんじゃないかと**(心配, 憂慮), 一日中気が気でなかった.

오늘도 그 길고양이를 **만날까 싶어** 먹이를 들고 나갔다.

今日もあの野良猫に**出会うんじゃないかと思って**(希望, 期待), えさを持って出かけた.

방목된 말을 **만날까 봐** 뒷길로 돌아서 갔다.

放牧された馬に**会うんじゃないかと**(心配, 憂慮), 裏道へと回り道をして行った.

● 할까 보다 II-ㄹ까 보다 …しちゃうぞ. …しちゃおうか [意向決定]

動詞について〈II-ㄹ까　보다〉という終止形になると, 〈**…しちゃうぞ**〉といった, 行動への宣言, 話し手の希望, 意図や意向を表す働きをする. 「…しちゃうぞ」という行動の主体は常に話し手で, 「あの人は…할까 보다」のように第三者を主体にした〈II-ㄹ까 보다〉は言えない. この보다は補助形容詞:

이건 먹고 싶은 사람이 없나 보네. 그럼 내가 **먹을까 보다.**

これは食べたい人がいないみたいだな. じゃ, 私が**食べちゃうぞ**.

● 할까 싶다 II-ㄹ까 싶다 …しようかと思う [意向決定. 主観的判断]

動詞について〈II-ㄹ까 싶다〉という終止形は, 〈**…しようかと思う**〉といった, 行動しようという話し手の主観的な希望, 意図や意向を表す. この싶다は補助形容詞:

이젠 런던에서의 생활을 정리하고 고향으로 **돌아갈까 싶어.**

もうロンドンでの生活を整理して故郷へ**帰ろうかと思ってるんだ**.

05● 할 텐데 Ⅱ-ㄹ 텐데 …するだろうに. …なはずだが [推量したことがらへの疑念]

① まず終止形は〈**Ⅱ-ㄹ 터이다**〉〈…するはずである〉で, 書きことば形. 話しことば形はその短縮形〈**Ⅱ-ㄹ 테다**〉〈…するはずだ〉. **터**は「つもり」「はず」の意の依存名詞. 「当然そうなる(はずな)のだ」という, 話し手の思いを伴った推断(すいだん)を表す.

(a) **主体が話し手**で意志的な動作を表す動詞や存在詞で用いれば, 〈…するぞ〉という**決意的な意志**を表す. 〈Ⅰ-고(야) 말다〉〈必ず…してやる〉と結合し, 〈Ⅰ-고(야) 말 테다〉〈必ず…してやるぞ〉の形でもよく使う:

이 일은 반드시 내가 **해 내고야 말 테다.**　　この仕事は必ず私が**やり遂げるぞ**.

(b) **主体が話し手以外**や非意志的な動作や状態を表すことがらであれば, 〈…するはずだ〉〈…するだろう〉という, **推測的な判断**となる:

그는 분명히 내 메일을 **봤을 터이다.**　　彼は確かに私のメールを**確認したはずだ**.

② 接続形Ⅱ-ㄴ데が結合した〈**Ⅱ-ㄹ 터인데**〉あるいは〈**Ⅱ-ㄹ 텐데**〉〈…するだろうに. …なはずなのに〉は, 〈…するはずなのに, どうなのだろう〉という, **推量した, 確実でないことがらへの疑念**を表す:

이제 곧 한파가 **몰아닥칠 텐데** 길고양이들이 무사할까 걱정이다.
もうすぐ寒波(かんぱ)が**押し寄せて来るだろうに**, 野良猫たちが無事過ごせるか心配だ.
집에 혼자 걸어서 갈 수 있어요.— **멀 텐데.**　　家まで一人で歩いて帰れます. — **遠いだろうに**.

*過去のある時点で「そうしただろうに」は, 〈**Ⅲ-ㅆ을 텐데**〉〈…しただろうに〉.
〈Ⅲ-야 하다〉〈…しなければならない〉としばしば共起し, 〈**Ⅲ-야 할 텐데**〉〈…しなければならないだろうに〉〈…であらねばならないのだろうけれど〉の形も好んで用いられる:

그 친구가 분명히 **왔을 텐데**? 왜 안 보이지?
あいつがきっと**来てるはずだけど?** どうしてまだ(姿が)見えないのかな?
시집 간 우리 딸이 **잘 살아야 할 텐데.**
嫁に行ったうちの娘が, **幸せにならないといけないのだが**.

09● 連体形＋줄 알다 …しているものとばかり思う. …だとばかり思う [思い込み]

줄は〈思い込み. 心づもり. やりかた〉の意の依存名詞. 알다は補助動詞で, 多くは〈줄 알았다〉と, 文末で過去形の終止形で用い, 〈思い込み〉の意味となる. 現在連体形, 予期連体形に「줄 알다」がついて用いられる. 過去連体形には〈Ⅱ-ㄴ 줄 알다〉を用いる. 「Ⅲ-ㅆ던 줄」「Ⅰ-던 줄」は用いない→ 6a文法〈할 줄 알다/모르다〉:

저 분이 과학 **선생님인 줄 알았어요.** あの方が科学の**先生だとばかり思いました.**

그때는 이 디자인이 제일 **예쁜 줄 알았지.** 근데 지금 보니까 그렇지도 않네.
あの時はこのデザインが一番**可愛いと思ったんだよ.** でも今見たら, そうでもないね.

큰 사고라도 **난 줄 알았잖아!** 大きな事故でも**起こったかと思ったじゃない!**

15● 채 하기도 전에 채 Ⅰ-기(도) 전에 まだ…しないうちに [未達]

채は〈まだ(…に達していない)〉の意の副詞. 書きことばで用いられる. 多くは〈Ⅰ-기 전에〉〈…する前に〉が後続:

말이 **채 끝나기 전에** 그녀는 웃기 시작했다.
未だ話も**終わらないうちに,** 彼女は笑い始めた.

밥을 **채 다 먹기도 전에** 초인종이 울렸다.
食事を**まだ食べ終わりもしないうちに,** インターフォンが鳴った.

1a 文法

1. 한다体

1.1. 丁寧さのスタイル＝文体

文体とは**文の表現様式，表現のスタイル**である．韓国語や日本語では**丁寧さのスタイル**でもある．文体によって用いられる語彙が異なることもあるが，韓国語も日本語も用言の形が文体を決める．用言하다（する）の平叙形の違いを用いて，합니다体，해요体，해体，한다体のように呼ぶ．「します体」とか「する体」と呼ぶようなものである．

言語は**〈話されたことば〉と〈書かれたことば〉はその存在様式が全く異なっている．**韓国語の**〈話されたことば〉に主に現れる文体を〈話しことば〉（입말체），〈書かれたことば〉に主に現れる文体を〈書きことば〉（글말체）**と呼ぶ．

ぷち言語学

言語が実際に〈かたち〉となって実現するとき，音の世界＝聴覚においては言語音で〈かたち〉が造られ，光の世界＝視覚においては文字で〈かたち〉が造られる．**音の世界には言語音によって〈話されたことば〉が実現し，光の世界には文字によって〈書かれたことば〉が実現する**わけである．音と光という，**存在様式**が異なっている．

日本語なら，「これは辞書ですか？」などは**話しことば**，「これは本である」などは**書きことば**，「我(われ)，これを如何(いかん)せん．」などは書きことばの中でも**文語体**と呼ばれる文体である．文体は存在様式ではなく，**表現様式**の違いである．どのような文体であっても，存在様式の上で，音声で実現することばは，〈話されたことば〉，文字で実現することばは，〈書かれたことば〉である．

1.2. 書きことばの基本的な文体한다体

韓国語の文体は話しことばと書きことばで全く異なっている．書きことばのデフォルト＝初期状態となる文体は，한다体である．公的な文章，報道，商業，書物，法的な文書，文学，日記などの基本的な文は全てこの한다体を用いる．**小説やシナリオであれば，地の文やト書きなどは한다体**で書かれ，会話文などで**〈話すように書く〉**必要があるときは，해요体や해体など，話しことばの文体を借りてきて用いる．メールや手紙なども必要に応じて話しことばの文体で書かれる．話しことばの文体については→3a文法

1.3. 한다体の平叙形：非過去한다，過去했다

한다体の用言はその機能によって，平叙形，疑問形，勧誘形，命令形に分けうる．既に学んだ**非過去と過去**の한다体の平叙形を確認しよう：

			한다体の平叙形			
品詞と辞書形			非過去		過去	
動詞	母音語幹	보다	I -ㄴ다	**본다**	III-ㅆ다	보았다
	ㄹ語幹	살다③		**산다**		살았다
	子音語幹	찾다	I -는다	**찾는다**		찾았다
存在詞④		있다	I -다	있다		있었다
形容詞		좋다		좋다		좋았다
指定詞		-이다⑤		-이다		-이었다/ -였다⑥

①한다体を造る用言の非過去形の形は, 動詞は辞書形と異なるが, 存在詞, 形容詞, 指定詞は辞書形と同じ形である.

②한다体の過去形は全ての用言でIII-ㅆ다の形になる.

③살다のような, **ㄹ語幹の動詞**は, 한다体の非過去形では, ㄹが落ちた形に-ㄴ다がつくので注意. 길다, 멀다のような**ㄹ語幹の形容詞**は, 形容詞なので한다体が辞書形と同じ形となる.

④存在詞は있다(ある. いる), 없다(ない. いない)と, 맛있다(おいしい)や재미없다(つまらない)など, 있다, 없다の合成語である.

⑤指定詞の前の体言が子音で終わる場合は, -이다を用いる. 책이다(本だ). 母音で終わる場合は, -이-が脱落する. 친구다(友達だ). 非常に固い書きことばでは-이-を脱落させないこともある. 친구이다(友達である).

⑥指定詞-이다の第III語基は, 子音で終わる体言の後は-이어, 母音で終わる体言の後は-여となる. 책이었다(本だった)/친구였다(友達だった). 아니다(…ではない. 違う)のIIIは아니어, 過去形は아니었다(…ではなかった. 違った).

친한 친구가 서울에 **산다.**	親しい友人がソウルに住んでいる.
오후에 소통 특강을 **듣는다.**	午後, コミュニケーション〈疎通〉の特別講義に出る.
나는 초등학교 교원**이었다.**	私は小学校の教員だった.
그 영화가 최근에 본 영화 중에서 제일 **괜찮았다.**	その映画が, 最近見た映画の中で一番良かった.

1.4. 한다体の疑問形 하는가, 勧誘形 하자, 命令形 하라

한다体の疑問形・勧誘形・命令形は次の通りである:

한다体の疑問形，勧誘形，命令形								
品詞			疑問形		勧誘形		命令形	
動詞	母音語幹	보다	Ⅰ-는가	보는가	Ⅰ-자	보자	Ⅱ-라	보라
	ㄹ語幹	살다		사는가		살자		살라
	子音語幹	찾다		찾는가		찾자		찾으라
存在詞		있다		있는가		있자①		있으라①
形容詞		좋다	Ⅱ-ㄴ가	좋은가	なし②			
指定詞		-이다		-인가				

① 存在詞の있다, 없다の勧誘形と命令形は, 있다にのみ用いる.

② 形容詞と指定詞には, 勧誘形と命令形がない.

③ **疑問形**では, **動詞**と**存在詞**で하냐, 하느냐 (Ⅰ-냐, Ⅰ-느냐), **形容詞**と**指定詞**に하냐 (Ⅱ-냐) という形も用いられる. 話しことば的な形である. 疑問形の引用形(→2b文法2)を造るのにはこれらを用いる.

이 문제에 대한 옳은 해답이 **있는가**? この問題についての正しい解答は**あるのか**?

이 수업에서는 신라시대의 문학을 **살펴보자.** この授業では新羅時代の文学を**検討しよう**.

케이팝에 영광 **있으라.** K-POPに栄光**あれ**!

이것이 깨달음**인가**? 생각해 **보자**. 마음의 양식인 책을 **읽으라.**

これがさとり**なのか**? 考えて**みよう**. 心のかてである書物を**読め**.

1.5. 한다形の宣言感嘆法 한다! …する!

한다体の平叙形が**話しことば**で用いられると,**〈宣言的な感嘆の気持ち〉を表すのに特化した,法(ムード)の形式**となる. 一般の平叙法ではなく,「나 간다!」(私帰るからね!),「다 먹었다!」(全部食べた!)のような, 宣言感嘆という働きに特化するわけである.

こうした形式は特定の書きことばの文体としての한다“体”ではない. 丁寧/非丁寧を問わず, 話しことばではどの文体にも頻出する〈한다という形〉, 即ち〈**한다形**〉である. この한다形は한다体の平叙形と形は全く同じで, **機能が異なっている.〈…する!〉や〈…だ!〉という, 思わず出てしまう感嘆は,この宣言感嘆法**である.

会話の流れの中で**敬意体,非敬意体のどちらで話していても,宣言感嘆法は한다形の形で現れる.**

*한다体の平叙形とこの宣言感嘆法の한다形は, 学習書などでもきちんと区別されず, なし崩し的に説明なしで出て来ることがほとんどである. 話しことばでは頻出するので, ドラマなどでも観察してみよう. これは単にことがらを叙述する平叙法ではなく, 驚いたり, 聞き手に宣言したりする, 宣言感嘆法なので, しばしば-다を長く伸ばして音を上下させたり, 少しだけ短く上げたり, すぱっと切ったりなど, **平叙法とは異なる多彩なイントネーションが現れる**ことも面白い.

● 宣言的な性格が濃い한다形の用法

나 먼저 **간다.**	じゃあね(私, 先に**帰るからねー**).
다 **먹었다!** 더 주세요.	みんな**食べた!** おかわりください.
알았다, 알았어. 내가 **졌다, 졌어.**	**解った,** 解ったって. 俺の**負けだよ,負け.**
어, 비 **온다.** 우산 있으세요?	お, 雨**降ってる.** 傘おありですか?

● 感嘆的な性格が濃い한다形の用法

와! 이 사진, 진짜 **멋있다.**	わ, この写真, ほんと**素敵!**
와, **맛있겠다!** —— 어서 드세요.	わー, **おいしそう!** ——さ, 召し上がって.
아이고 **춥다.** 이제 완전 겨울이네요.	うわー, **寒い.** もう完全に冬ですね!

*上の例にいくつも現れているように, **丁寧な文体のうちにも宣言感嘆法の한다形は頻出**する.

* 上の2つの用法は常に画然(かくぜん)と区別されるわけではなく, 多かれ少なかれ, 예쁘다, 맛있겠다のように, 宣言と感嘆の両方の性格を併せ持っていると思えばよい.

2. 感嘆法 하네(요). 하는구나. 하는군(요). 한다

話し手の〈感嘆する〉気持ちを表す感嘆法には，①話の現場で何事かを新たに発見して，〈あ！〉と感嘆する〈**発見的感嘆**〉-**네(요)**の系列，②〈なるほどそうなのだ〉と納得，確認しながら感嘆する〈**確認的感嘆**〉-**구나，-군(요)**の系列，③話し手の感嘆を直接言い放ったり，聞き手に宣言する〈**宣言的感嘆**〉の3つの系列がある：

	非丁寧		丁寧	
発見的感嘆	Ⅰ-네	(あ)…するね	Ⅰ-네요	(あ)…しますね
確認的感嘆①	Ⅰ-(는)구나	(なるほど)…するんだね	Ⅰ-(는)군요	(なるほど)…するんですね
	Ⅰ-(는)군			
宣言的感嘆②	Ⅰ-ㄴ다/Ⅰ-는다 Ⅰ-다	…する！…だ！		

①**確認的感嘆では，動詞にはⅠ-는구나，Ⅰ-는군(요)の形を用い，存在詞，形容詞，指定詞にはⅠ-구나，Ⅰ-군(요)の形を用いる．**

独り言の叙述には，確認的感嘆の非丁寧体がよく用いられる．確認的感嘆の非丁寧体の**Ⅰ-는구나**は，Ⅰ-군に比べるとよりカジュアルな表現である．意味上の大きな違いはない．

文体上は，Ⅰ-군が若干書きことば的で，意識的に格式を装(よそお)う印象がある．-구나に-요がついた形はない．-구나も-군も丁寧な形は-군요である．

②独り言で最も多用される宣言的感嘆は，形は非丁寧の形だが，丁寧体で話している相手との対話でもしばしば用いられる．

（話の現場でAがBの韓国語の実力に気づいて驚き）

A：(혼잣말로) 와 한국말 진짜 **잘하신다.** ①	(独り言で)わぁ，韓国語ほんと**上手だ！**
유아 씨, 한국말 진짜 **잘하시네요.** ②	ユアさん，韓国語ほんとに**お上手ですね.**
얼마나 공부하신 거예요?	どのくらい勉強なさったんですか？
B：3년 됐어요.	3年になります.
매일 3 시간씩 공부하고 있어요.	毎日3時間勉強してますよ.
A：아, 그래서 **잘하시는구나.** ③/	ああ，それで**お上手なんですねえ.**/
아, 그래서 **잘하시는군요.** ④	ああ，(なるほど)それで**お上手なんですねえ.**
정말 대단하세요.	ほんとに凄いですよ.

①思わず発する感嘆は, 宣言的感嘆の잘하신다となっている. ②は現場で発見したことを相手に伝える, 発見的感嘆法の잘하시네요. ③④の, ああ, なるほどそんなわけでと納得しながら感嘆する際には, 確認的感嘆法の잘하시는구나, 丁寧な表現では잘하시는군요が用いられていることがわかる.

小説のことば

소년이 온다	少年が来る
작별하지 않는다	別れは告げない
바람이 분다, 가라	風が吹く, 行け

いずれも韓江(한강 ハン・ガン. Han Kang)の小説の題名から.
「소년이 온다」「작별하지 않는다」は平叙法と宣言感嘆法のいずれにもとりうる.
韓江(1970-)は小説家, 詩人. 2024年ノーベル文学賞受賞.
全羅南道光州の生まれ. 延世大学校大学院修士修了.
父한승원(韓勝源. 1939-)も小説家.

ノーベル賞受賞講演で, ハン・ガンは1980年の光州事件に関わる小説『소년이 온다』(Deborah Smith訳の英語題名は“A Boy Comes”ではなく, “Human Acts”)の「온다」は,「오다」の現在形であると述べ, 次のように語った.
「人間の残酷さと尊厳が極端な形で同時に存在していた時空間を光州と呼ぶとき, 光州はもはや1つの都市を指す固有名詞ではなく, 普通名詞になるということを, 私はこの本を書いているうちに知ることとなった. 時間と空間を超え, 幾度も私たちに帰り来る現在形なのだということを. まさに今この瞬間にも.」

コラム

韓国のクリスマス

●宗教としてのクリスマス

[1]「クリスマス」は，12月25日のイエスの誕生日を指す．外来語である．성탄절〈聖誕節〉はクリスマスの漢字語である．

[2]聖誕節つまり12月25日の「クリスマス」は1949年から祝日として指定された．釈迦(しゃか)の誕生日（석가탄신일）〈釋迦誕辰日〉，つまり旧暦4月8日の「釈迦生誕の日」（부처님 오신 날）が遅れて1975年から祝日として指定されたのと大きな違いがある．

[3]史書『三国史記』（삼국사기）によると，仏教は早くも372年に高句麗(こうくり)（고구려）に伝わり，百済(くだら/ひゃくさい)（백제），新羅(しらぎ/しんら)（신라）へ，そして崇仏(すうぶつ)（숭불）政策を展開した高麗(こうらい)（고려）時代に継承される．このように仏教が悠久の歴史の中で共にしてきた古い宗教であるにもかかわらず，キリスト教のクリスマスが先に祝日に指定された点は非常に興味深い．

[4]高麗時代以降の朝鮮王朝（조선왕조）時代は，朱子学（주자학）を根本とする儒教国家（유교국가）を標榜し，崇儒抑仏(すうじゅよくぶつ)（숭유억불）政策を実施する．仏教は弾圧され，敬遠された．韓国では多くの寺院がほとんど山にあり，大都市では見つけにくい理由も，この崇儒抑仏政策の影響に求め得る．しかし，太祖（태조）・李成桂(イ・ソンゲ．이성계)，晩年の世宗(セジョン．세종)，第7代世祖(セジョ．세조)の時代などでは，仏教に好意的な時期もあった．例えば，世宗は正妃であった昭憲王后(しょうけんおうこう)（ソホンワンフ．소헌왕후．1395-1446)の冥福を祈り，釈迦の一代記である『釈譜詳節』(しゃくふしょうせつ)（석보상절）を，王子である首陽大君（수양대군）(後の第7代世祖)らに編纂させた．この本は全24巻24冊で，現在7巻7冊のみ残っている．金属活字（금속활자）で印刷された貴重な資料である．

[5]一方，西洋の宗教であるカトリック（천주교）やプロテスタント（기독교）などの宗教は，朝鮮時代末期に伝わって来て，多くの迫害を受けることもあった．しかし，日本統治時代を経て，プロテスタントの宣教師（선교사）の献身などにより，プロテスタントが一般の人々の間に深く根付くようになった．1945年の日本からの解放後，アメリカの影響下にあったことも，1949年にクリスマスの祝日指定が行われた大きな理由となりうるであろう．

칼럼

한국의 크리스마스(=성탄절)

●종교로서의 크리스마스

[1] “크리스마스”는 12월25일 예수의 탄생일을 말한다. 외래어이다. 한자어로 성탄절〈聖誕節〉이라고도 한다.

[2] 크리스마스는 1949년부터 공휴일로 지정되었다. 석가탄신일〈釋迦誕辰日〉 즉 음력 4월 8일의 “부처님 오신 날”이 뒤늦게 1975년부터 공휴일로 지정된 것과 큰 차이가 있다.

[3]역사서 “삼국사기”에 의하면 불교는 일찍이 372년에 고구려에 전해졌고 백제와 신라로, 그리고 숭불〈崇佛〉정책을 펼쳤던 고려시대로 계승되었다. 이렇듯 불교가 유구한 역사 속에서 오랫동안 함께해 온 종교 임에도 불구하고 기독교의 크리스마스의 공휴일 지정이 먼저 이루어진 점은 매우 흥미롭다.

[4] 고려시대 이후, 조선시대는 주자학〈朱子學〉을 근본으로 삼는 유교국가〈儒教國家〉를 표방하며 숭유억불〈崇儒抑佛〉 정책을 실시했다. 불교는 탄압을 당하였고 경외시되었다. 한국에서 많은 절들이 대부분 산에 있고 대도시에서 찾기 힘든 이유도 조선시대의 이 숭유억불정책의 영향에서 찾을 수 있다. 그러나 태조太祖 이성계, 만년〈晩年〉의 세종〈世宗〉, 제7대 세조〈世祖〉의 시기 등에서는 불교에 호의적이었던 시기도 있었다. 예를 들면 세종은 정비〈正妃〉였던 소헌왕후〈昭憲王后〉(1395~1446)의 명복을 기원하며 석가〈釋迦〉의 일대기인 “석보상절”〈釈譜詳節〉을 왕자 수양대군〈首陽大君〉(후의 제7대 세조) 에게 편찬하도록 했다. 이 책은 총 24권 24책으로 현재 7권 7책만 남아 있다. 금속활자로 인쇄된 귀한 자료이다.

[5] 한편 서양의 종교인 천주교와 기독교는 조선시대 말기에 들어와 많은 박해를 받았다. 그러나 일제강점기 시대를 거치며 선교사들의 헌신 등으로 기독교가 일반 사람들 사이에서 점차 뿌리를 내리게 되었다. 1945년에 일본으로부터의 해방 후 미국의 영향 하에 있었던 것도 1949년에 크리스마스의 공휴일 지정이 이루어진 큰 이유가 될 수 있을 것이다.

●家族と楽しむクリスマス

[6]韓国でのクリスマスは，家族と楽しむ，正月や秋夕に匹敵する節日（명절）のような日である．宗教人でなくとも，クリスマスになると，子供の頃，一度や二度は友達と教会や聖堂（성당）に行き，礼拝をしたり，おやつを食べたりする．友人や家族とクリスマスカード（크리스마스카드）もやりとりする．小学校の美術の時間にクリスマスカードを作り，家族や友人たちに送ったりもする．最近はSNSで簡単にクリスマスカードや年賀状（연하장）[여나짱]を送っている．

[7]12月24日のクリスマスイブには，クリスマスツリー（크리스마스 트리）の下にプレゼントを置いておき，翌朝への期待や楽しみとすることもある．

[8]クリスマスは寄付（기부）と分かち合い（나눔）のイベントとしても定着している．例えば，街にはクリスマスキャロル（크리스마스 캐롤）が鳴り響き，赤いコートを着た救世軍（구세군）の赤い慈善鍋（チャリティーポット）（자선남비）が登場する．救世軍が振る鐘の音に，通りかかる人々は慈善鍋に「十匙(とさじ)で一人分の食となる」（십시일반）という気持ちで，寄付する．

[9]クリスマスツリーの華やかで温かみのあるイルミネーションとたくさんの装飾は，喜びと希望を伝え，クリスマスはもう宗教に限らず，ロマンチックな心性(しんせい)を代表するイベントのアイコンとなっている．

[10]プレゼントを山と積んだ，トナカイの引く橇(そり)（썰매）が，ぼたん雪の降り積もる夜空を横切って飛んでくる．「ジングルベル」（징글벨）の歌が鳴り響き，橇に乗ったサンタクロースが「メリークリスマス」と連呼する．私たちがクリスマスによく見る漫画や映画のワンシーンであり，多くの人はホワイトクリスマスを待ち望み，サンタクロースを待ち望んでいる．

[11]最近，保育園や幼稚園などでは子供たちの童心(どうしん)（동심）に応えるため，お腹を出して白いひげを生やした本物の(?)サンタクロースがクリスマスイブの夜に直接子供たちに会いに家庭を訪れ，プレゼントを届けるイベントもたくさん行われている．夢（꿈）とロマン（낭만）のクリスマスを守ろうと，みんなが努力しているのだ．サンタのお爺さんがやって来るクリスマスイブは，特別な喜びと幸せ，暖かさで記憶される．そのため，宗教とは関わりなく，より一層家族が祝う日として認識されている．クリスマスとは，たとえ細(ささ)やかであっても，人々がそこに幸せを希求しうる日なのかもしれない．

●가족과 즐기는 크리스마스

[6] 한국에서의 크리스마스는 가족과 즐기는 설날과 추석에 버금가는 명절과 같은 날이다. 종교인이 아니더라도 어린 시절 한 두번은 크리스마스가 되면 친구들과 교회나 성당에 가서 예배를 드리고 간식을 받은 기억이 있을 것이다. 친구와 가족들과 크리스마스 카드도 주고 받는다. 초등학교 미술 시간에는 크리스마스 카드를 만들어 가족과 친구들에게 보내기도 한다. 요즘에는 카톡이나 라인 등의 SNS를 통해서도 손쉽게 크리스마스 카드와 연하장을 보내고 있다.

[7] 12월 24일 크리스마스 이브에는 크리스마스 트리 아래에 선물을 놓아 두고 다음날 아침의 기대와 즐거움으로 삼기도 한다.

[8] 크리스마스는 기부와 나눔의 이벤트로서도 자리를 잡고 있다. 예를 들면 거리에는 크리스마스 캐롤이 울려퍼지고 빨간 코트의 구세군과 빨간 자선남비가 등장한다. 구세군이 흔드는 종소리에 지나가던 행인들은 자선남비에 십시일반 기부를 한다.

[9] 크리스마스 트리의 화려하고도 따뜻한 조명과 많은 장식들은 기쁨과 희망을 전하고 크리스마스는 더 이상 종교에 국한되지 않고 낭만의 감성을 대표하는 이벤트의 아이콘이 되었다.

[10]선물을 가득 실은 순록이 이끄는 썰매가 함박눈이 쏟아지는 밤하늘을 가로지르며 날아온다. "징글벨 징글벨 징글 올 더 웨이 Jingle bells, jingle bells, jingle all the way" 의 캐롤이 들리고 썰매에 타고 있는 산타 클로스는 연신 '메리 크리스마스'를 외친다.
우리가 크리스마스 때 흔히 보는 만화나 영화의 한 장면이다. 그래서 많은 사람들은 화이트 크리스마스를 기다리며 산타 할아버지를 기다린다.

[11] 요즘 어린이집이나 유치원 등에서는 아이들의 동심을 위해 배가 나오고 하얀 수염을 기른 진짜(?) 산타 할아버지가 크리스마스 이브 저녁에 아이들을 만나러 직접 가정을 방문하여 선물을 전하는 이벤트도 많이 행해지고 있다. 꿈과 낭만의 크리스마스를 지키려 모두가 노력하고 있는 것이다. 산타 할아버지가 오는 크리스마스 이브는 특별한 기쁨과 따뜻함으로 기억된다. 그래서 종교와 상관없이 더더욱 가족의 명절로 인식되고 있다. 크리스마스란 작은 것에서 행복을 희구할 수 있는 날인지도 모르겠다.

練習問題 1a

1. 下線部に注意し，次の日本語を韓国語に訳しなさい．

1.1. 本を読む人が解るように, この本の始めの方に凡例(はんれい)を入れた.

1.2. うちの子は小さいときサッカーばかりやってましたよ. あの時は勉強をもっと一生懸命やったらと思ったんですよ. でも今は一生懸命やってサッカー選手の夢を叶(かな)えたらなと思ってます.

1.3. 私の話がまだ終わりもしないうちに, 彼はその場を去った.

1.4. 科学の発達は, 人間の歴史に大きな影響を及ぼした. そうした歴史を研究する科学もまた生まれた.

1.5. 迷っているのか. 旅立とう. 日常から抜け出して, 自由を満喫せよ.

1.6. 少年よ, 大志(←野望)を抱け(←持て).

1.7. あ, ミュージカルとても楽しかったね(←楽しかったでしょ). 姉さんも一緒だったら(←一緒に来たら)よかったのに.

1.8. 芸術は永く, 人生は短し.

2. 次の対話を韓国語に訳しなさい．

2.1.

A: 家に誰かいるみたい. 玄関に明かりがついてるね.

B: わざとつけといたの. 泥棒が入るかと思って.

2.2.

A: あの, その傘, 私のですけど.

B: あら, そうですか. 私のだと思って. 申し訳ありません.

練習問題 1a

2.3.

ミンス：今日, 大学祭のコンサートに行くことにした.

チヨン：人がいっぱい来るだろうに. じゃ, 早く行こう.

（コンサート場に着いて）（私が）こんなことだろうと思ったよ.

人が多すぎて入れもしない感じだね. (←入ることもできなさそうだ)

2.4.

兄：これ何? 野菜粥(やさいがゆ)みたいだな?

弟：いや, 野菜スープなんだけど, 長く煮すぎたみたい.

ママに叱られそうだ. 今みんな食べちゃおう.

兄：あれま, どういう風の吹き回しで(←どういうことで), 料理なんかするって言うのかなと思ったよ.

2.5.

佐藤：お昼は海苔巻(のりま)きとラーメンを食べることにしました.

トンジン：素晴らしい(←卓越した)選択ですね. ほんとにおいしそうですね.

佐藤：プルダクラーメンです. どうですか?

トンジン：それは辛(から)いでしょうに.

佐藤：大丈夫です. もう辛いのもよく食べるようになりましたよ.

トンジン：良かったですね. 辛いのは召し上がれないかと思いました.

(食べてみて)

佐藤：あ, これほんとに辛いなあ. 辛すぎますね.

トンジン：なるほど, 初めて召し上がるんだ!

チーズを入れて海苔巻きと食べると, 少し辛くなくなりますよ.

佐藤：ああ, そうやって食べるんですね. ずっと辛さが減りましたね(←少し辛くなくなりましたね.

아아, 지은 씨는 어디에?

ポイント♦ 名詞形．Ⅰ-고 있다とⅢ 있다 …している

01	준호	지금 시간이 좀 없으니까 가면서 말씀하시죠.
02		서두르며 차에 짐을 실었다. 차가 달리기 시작했다.
03		나를 환영해 주듯 하얀 눈송이들이 휘날리고 있다.
04	준호	(웃으며) 지은이하고는 헤어졌습니다.
05	유아	뭐라구요? (지은 씨한테 남자 친구가 있었다니… 그것도 이 사람?!)
06		차는 어느새 거대한 빌딩 앞에 멈췄다.
07		거리에서는 크리스마스 캐럴이 울려 퍼진다.
08	준호	다 왔습니다. 한국물산 본삽니다.
09	유아	어? 지은 씨네 집으로 가야 되는 거 아니에요?
10	준호	아니, 핫토리… 요코 씨, 도대체 무슨 말씀을….
11	유아	네? 전 핫토리 유아예요.
12	준호	뭐라구요?
13		아, 나의 한국 유학 생활은 이렇게 시작됐다.
14		지은 씨는 어디에…. 〈계속!〉

ああ，チウンさんはどこへ？

01	チュノ	今ちょっと時間がないので，移動しながら話しましょうか.
02	急いで荷物を車に載せた. 車が走り出した.	
03	私を歓迎でもするかのように，真っ白な雪が舞っている.	
04	チュノ	(笑いながら)チウンとは別れました.
05	ユア	何ですって？ (チウンさんに彼氏がいたなんて…. それもこの人！)
06	車はいつのまにか巨大なビルの前に止まった.	
07	街ではクリスマスキャロルが響き渡る.	
08	チュノ	着きました. 韓国物産の本社です.
09	ユア	あの，チウンさんの家に行かないといけないんじゃないですか.
10	チュノ	いや，服部…洋子さん，いったい何をおっしゃって….
11	ユア	え？ 私は服部ユアですよ.
12	チュノ	何ですって？
13	ああ，私の韓国の留学生活はかくして始まったのであった.	
14	チウンさんはどこ？〈続く！〉 *2人の服部，洋子とユアのみならず，チウンさんまで同名異人であった	

1b 単語

02	서두르다	急ぐ. Ⅲ서둘러. なお, 서투르다は形容詞「下手だ」. Ⅲ서툴러
	짐	荷物. 짐을 꾸렸다/짐을 쌌다 荷造りをした
	싣다	(荷物を乗物などに)載(の)せる. (人を運搬のために)乗せる. 차에 짐을 실었다 荷物を車に載せた. Ⅱ실으 Ⅲ실어. ㄷ変格. 「乗せられる」「(車に)積まれる」は실리다
	달리다	(人や車が)走る. Ⅲ달려. 뛰다は(人が)走る
03	환영하다	〈歡迎-〉歓迎する
	눈송이	雪(の粒). 꽃송이は「花の房(ふさ)」
	휘날리다	舞う. なびく. 휘-は「激しく. 強く」の意の接頭辞. 用言につく→4a文法. 휘두르다「振り回す」, 휘몰아 치다「吹きすさぶ」
04	헤어지다	別れる
06	어느새	いつの間にか. いつしか
	거대하다	〈巨大-〉巨大だ
	빌딩	[삘띵] ビル. 日韓の外来語の違いに注意→4b語彙
	멈추다	(動きや進行が)止まる. (動きや進行を)止める. (雨などが)止(や)む. 他動詞:何らかの特別な意志を持って, 動きを中断させて「止める」のは멈추다で, 一時中断の場合が多い. 일을 하다가 일손을 멈췄다 仕事中に手を止めた. 사나이는 걸음을 멈췄다 男は歩みを止めた. (以上2つとも세우다は不可). 運転している人が車を「止める」のは세우다(立てる. 止める). 기사님, 저 앞에서 세워 주세요 すみません(←運転士さん), あの前で止めてください. 지하 주차장에 차를 세웠다 地下駐車場に車を止めた(以上2つは멈추다は不可). 自動詞:進行していた動きが「止まる」のは멈추다, 動いていた人が自分で「止まる」のは서다(立つ. 止まる). (따라 가면서) 거기 서!/멈춰! (追いかけながら)こら, 待て(止まれ)! 비가 잠깐 멈춘 것 같다 雨がちょっと止んだみたいだ(서다は不可). 完全に雨が「止む」「あがる」なら그치다や멎다が使える

07	거리	**街**(まち). 인사동 골동품 거리는 언제나 사람들로 북적거린다 仁寺洞の骨董品街(こっとうひんがい)はいつも人々でごった返す
	캐럴	**クリスマス・キャロル**. Carol. 外来語→ 5a語彙
	울려 퍼지다	**響き渡る**. ←울리다(響く)のIII+퍼지다(広がる)
08	다 왔다	**着いた**. ←「全て来た」. 거의 다 왔어요「ほとんど着きました」=「もうそろそろ到着です」の意
	본사	〈本社〉 **本社**. 「支社」は지사
09	지은 씨네 집	**チウンさんの家**. -네は「…のところ. …んち」 所属する人々を示す接尾辞
10	도대체	〈都大體〉**一体全体. もともと**
	무슨 말씀을	**いったい何のことを**. 直訳すると, 何のおことばを. **말씀** ①目上の人の「おことば」「おっしゃること」. 尊敬語. 선생님 말씀 잘 들었습니다 先生のおっしゃることは確かに伺いました. ②目上に対して自分の「ことば」「申し上げること」. 謙譲語. 선생님, 제 말씀은 그게 아니라 … 先生, 私が申し上げたいことは, そうではなくて…. 動詞は**尊敬語 말씀하다**(おっしゃる). 좀 더 크게 말씀해 주시겠어요? もう少し大きくお話くださいますか. **謙譲語 말씀드리다**(申し上げる). 이 건에 대해서 제가 말씀드리겠습니다 この件について私がお話申し上げます
13	한국 유학 생활	[항궁뉴악쌩왈]〈韓國留學生活〉**韓国留学生活**
	이렇게	**このように. かくして**
14	계속	〈繼續〉**継続. 続き**. ここでは「続く」

1b 表現

01● 하면서 II -면서 **…しながら. …であり. …しつつ [ことがらの並行]**

ことがらが同時に並列していることを表す.「…なくせに」「…するのに」の意も表せる:

걸으면서 핸드폰 보지 마세요. **歩き**スマホはやめてください.

옛 친구 만나 **좋으면서** 왜 울고 그래? 昔の友達に会って, **嬉しいくせに**, 何泣いたりしてるの?

언니도 **바쁘면서** 우리까지 챙겨 주고 너무 고맙다.

姉さんも**忙しいのに**, 私たちまで面倒見てくれて, ほんとにありがたい.

〈하듯〉と〈하는 듯〉

〈하듯 = I -듯(이)〉 同様のことがらの例示

〈하는 듯(이) =連体形+듯(이)〉 反実比喩

03● 하듯(이) I -듯(이) (ちょうど.まさに)…するのと同じように. …しているように. [同様のことがらの例示]

〈I -듯(이)〉は用言の接続形で,〈듯(이)〉は接続形語尾. 用言の語幹につけて書く. 〈**(ちょうど/まさに)…するように**〉の意で比喩や同様の事実で例示する. 〈**(ちょうど/まさに)…したように**〉という過去形は, III-ㅆ-を挿入し〈**했듯(이)**〉の形になる:

구렁이 담 **넘어가듯** 넘어간다.

蛇がかべを**超えていくように**(=人に知られないように静かに), 通っていく.

가뭄에 콩 **나듯** 기적같이 나에게도 기회가 찾아왔다.

日照(ひで)りに豆から芽が**出るように**(=極めて稀に), 奇跡的に(←奇跡のように)私にも機会がやって来た.

사람마다 생김새가 **다르듯이** 사상도 감성도 다르다.

人ごとに見かけが**異なるように**, 思想も感性も異なっている.

지금 박 선생님께서 **말씀하셨듯이** 이 문제는 긴급 사항입니다.

今, 朴先生が**おっしゃいましたように**, この問題は緊急事項です.

● 하는 듯(이) 連体形+ 듯(이) (あたかも)…しているかのごとく. …しているように. [反実比喩]

用言の連体形に**依存名詞〈듯(이)〉**がついた形. 〈**連体形+듯(이)**〉で〈…するかのごとく〉といった副詞節の役割を果たす. 用言と〈듯〉は離して書く. **実際にはそうでないこと(=反実)を, あたかもそうであるかのごとくに**, 比喩的に述べる.

用言の連体形に**形容詞〈듯하다〉**をつけても用い, 〈**連体形+듯한**〉(**…するかのような**)のように듯한という連体形でも用いる:

그는 매우 목이 **말랐던 듯** 생수병을 들이켰다.

彼はひどく喉でも**渇いていたかのように**, 水のボトルを飲み干した.

오빠는 바이올린을 **켜는 듯한** 흉내를 내었다.

兄さんはバイオリンを**弾いてでもいるかのような**, 真似をした.

그 신제품은 언뜻 보기에는 **좋은 듯한데** 자세히 들여다보면 문제가 많았다.
その新製品はちょっと目には**良さそうだけれども**, 細かく検討すると, 問題が多かった.

아이는 **들릴 듯 말 듯한** 목소리로 얘기했다.
こどもは**聞こえるか聞こえないかほどの**声で話した.

02● 하며 II-며 …しながら. …であり. …しつつ [ことがらの並行]

Ⅱ-면서が話しことばと書きことば双方に用いられるのに対し, Ⅱ-며は書きことばの形. Ⅱ-면서のほか, Ⅰ-고の意もある:

한복은 한국의 **문화이며** 전통이다.　　韓服は韓国の**文化であり**, 伝統である.

이 문제를 해결하기 위해서 무엇이 **결여 되어 있으며** 무엇이 필요한가를 생각해야 한다.
この問題を解決するために, 何が**欠けており**, 何が必要かを考えねばならない.

05● 하다니 I-다니 …するとは. …するなんて [驚きの対象]

接続形〈**Ⅰ-다니**〉は〈**…するとは**〉. 終止形でも用いられる. **気づき, 驚き, 憤慨**(ふんがい)などを表す. 指定詞は**-(이)라니**と**아니라니**という形をとる. 〈**…だとは. …だなんて**〉:

뉴욕 물가가 이렇게 **비싸다니**.　　ニューヨークの物価がこんなに**高いだなんて**.
여기가 우리 **집이라니**.　　ここが我が**家だなんて**.
기다렸던 '우리'의 만남이 **이거라니**….　　待っていた「私たち」の出会いが**これだとは**.
핸드폰을 안 들고 **나오다니** 어떡하지?　　ケータイを持たずに**出て来るなんて**, どうしよう.

● 한다니 한다体終止形+니 …するだなんて [契機引用. 理由引用]

上の〈하다니〉とは別に〈한다니〉という形がある. これは한다体の終止形に契機, 理由, 前提を表す接続形語尾の-니がついた引用接続形(→3b文法)である. **契機引用, 理由引用**〈**…するだなんて**〉の意. :

한 끼 식사로 저렇게 많이 **먹는다니** 역시 먹방 유튜버답다. (契機引用)
1食の食事であんなにたくさん**食べるだなんて**, やっぱりモクパン(**먹**는 **방**송 食べる放送:食べる場面を見せる動画番組)のユーチューバーらしい.

이제는 유럽의 마트에서도 김밥을 **판다니** 한국의 음식문화가 세계에서 공유되고 있음을 알 수 있다. (理由引用)

今やヨーロッパのスーパーでも海苔巻きを**売っているなんて**(売っていると言うので), 韓国の飲食文化が世界で共有されつつあることが解る.

09● 해야 되다 III-야 되다 …しなければならない [当為]

①〈**III-야 되다**〉は, 〈**…しなければならない**〉の意. 逐語訳すると, 「…してこそなる」.

②〈**III-야 하다**〉も〈**…しなければならない**〉の意だが, こちらは「…してこそする」から成り立っていて, より積極的, 能動的である.

③〈**III-도 돼(요)?**〉は〈**…してもいい(ですか)?**〉という許可を表す全く別の形:

우리 제일 먼저 뭘 **해야 돼요**?　　私たち一番最初に何を**しないといけませんか**?

해도 되는 것과 **해야 되는** 건 다르죠.

してもいいことと, **しなければならない**ことは, 違いますね.

맞춤법 꼭 다 **맞아야 해**? 틀리면 안 돼?

書き方(綴字法(てつじほう). 正書法. かなづかいの類)必ずみんな**合ってないとだめ**? 間違ってちゃいけないの?

항상 건강하고 **행복해야 해요**.　いつも健康で**幸せでいることを願います**.

사진에서 내 얼굴만 스티커로 **가려도 돼요**?

(スマホで送る)写真の私の顔だけ, ステッカーで**隠してもいいですか**?

09● 하는 거 아니에요? I-는 거 아니에요? …するんじゃないんですか [反問による確認]

〈Ⅰ-는 거〉(…すること), それは〈아니에요?〉(違いますか=ね, そうですよね), と問う形で, 確認を取る表現. ぞんざいな形は〈**I-는 거 아니야?/아냐?**〉〈…するんじゃないの?〉:

이거부터 먼저 해야 **하는 거 아니에요**?　最初にこれからやらないと**いけないんじゃないんですか?**

괜찮으세요? 지금 **바쁘신 거 아니세요**?

大丈夫ですか? 今, **お忙しくていらっしゃるんじゃありませんか**?

지금 **가야 되는 거 아냐?** 기차 놓치겠어.

今**行かなきゃいけないんじゃない?** 電車に遅れそう.

저런 행동은 우리가 하면 **안 되는 거 아니야**?

ああいう行動は私たちがやっちゃ**いけないんじゃない**?

1b 文法

1.用言の名詞形〈…すること〉하기, 함 と 하지(않다)

1.1. 名詞形 Ⅰ-기, Ⅱ-ㅁ

「蹴る」→「**蹴り**」,「歩く」→「一人**歩き**を始める」,「歩む」→「**歩み**を止める」,「笑う」→「**笑い**が止まらない」などのように, 用言を名詞化する形が日本語にもあり, 英語にも動名詞-ing形やto不定詞のように, 動詞を名詞化する形がある. 同様に, 韓国語にも用言を名詞化する形がある. それが, Ⅰ-기, Ⅱ-ㅁという**名詞形**である:

하기

Ⅰ-기 名詞形は, 予定リストの「책을 읽기」(本を読むこと),「학원에 가기」(塾に行くこと)のように, 未だ起こっていない, 未発のことがら, 未然的なことがらを表す傾向がある

함

Ⅱ-ㅁ 名詞形は, 行なった記録のリストの「책을 읽음」(本を読んだこと),「학원에 감」(塾に行ったこと)などのように, 既然的なことがらを表す傾向がある

*〈**未然的**〉＝未(いま)だ然(しから)ず, つまり〈**まだそうなっていない**〉と,〈**既然的**〉＝既(すで)に然(しか)る, つまり〈**もうそうなっている**〉の意.

*上の諸形を「体言形」とする文法論があるが, 体言は数詞や代名詞を含む概念であって, 用言のⅠ-기とⅡ-ㅁが数詞や代名詞になるわけではないので,「体言形」より「**名詞形**」の名がふさわしい.

(메모로) 여권 **확인하기**. 비행기표 **티케팅하기**. 연차〈年次〉 **신청하기**.

(メモで)パスポート**確認すること**. 航空券**予約すること**. 有給(年次休暇)**申請すること**.

아이돌 패션, 화장법 **따라하기**가 유행처럼 번지고 있다.

アイドルのファッション, 化粧のしかた(←化粧法)を**真似ること**が, 流行のように広まっている.

저는 어렸을 때부터 책 **읽기**를 좋아했던 것 같아요.

私は小さい頃から本を**読むのが**好きだったようです.

빈방 **없음**. 空き部屋**なし**.（空室ありません）

알바 **구함**. バイト**募集**.

술에 취한 친구, **부끄러움**은 우리의 몫이었다.

酒に酔った友達（を前に），**恥ずかしさ**は我々の受け持ちだった（＝酔った友人本人は恥ずかしさなど解りもしない．一緒にいる私たちの方が恥ずかしかった）．

그녀에게선 **예쁨**이 넘친다. 彼女からは**可愛**(かわい)**さ**が溢れている．

1.2. 否定を造る名詞形 Ⅰ-지

〈否定〉を造るときに用いる **Ⅰ-지**は，〈-지 않다〉〈…しない〉，〈-지 못하다〉〈…できない〉，〈-지 말고〉〈…しないで〉のように，否定，不可能，禁止の形が後続する．**Ⅰ-지**は後続の否定などの形なしの単独で用いることはない．この**-지**を接続形語尾（連結語尾）と見る見解もあるが，「가지 않는다」（行かない），「가지**는** 않는다」（行きはしない），「가지**도** 않는다」（行きもしない），「가지를 않는다」（行かない．直訳すると，行きをしない）のように助詞がつく，とりわけ対格（目的格）助詞-를がつくことは，名詞である決め手となることから，本書はこの**Ⅰ-지**を名詞形として位置づける：

하지

Ⅰ-지は「먹지를 않았다」（食べなかった←食べることをしなかった），「먹지 마」（食うな）のような**否定の形**を造るのに用いる

돈은 많았지만 **행복하지가 않았다**. 金はたくさんあったが，**幸せではなかった**．

성적이 예상했던 것만큼 **좋지는 못했다**. 成績が予想（していたもの）ほど**良くはなかった**．

밤 아홉 시 이후에는 아무것도 **먹지를 말자**. 夜9時以降は何も**食べないようにしよう**．

이 일이 마음에 **내키지 않는다면** 처음부터 **시작도 하지 마세요**.

この仕事に気が**進まないんだったら**，最初から**始めないでくださいよ**．

2. 가고 있다と가 있다〈I -고 있다〉と〈III 있다〉2つの〈している〉

日本語の「…している」は「…して」と「いる」の組み合わせでできている. 同様に韓国語でも補助存在詞있다(いる)を用いた形に,〈I -고　있다〉と〈III　있다〉の2通りがある. どちらも있다の直前は, 分かち書きをする.

〈오고 있다〉(来つつある. こちらへ向かっている)のような,〈**I -고 있다**〉は〈**…しつつある**〉という〈**動作の継続**〉を表す.

〈와 있다〉(既に来ている. もう来てそこにいる)のような, 自動詞の第III語基を使った〈**III 있다**〉は,〈**(既に)…している**〉という〈**結果状態の継続**〉を表す.

<table>
<tr><td rowspan="8">…している</td><td>…しつつある</td><td rowspan="2">I -고 있다</td><td rowspan="2">動作の継続</td></tr>
<tr><td>…しているところだ</td></tr>
<tr><td colspan="3">학교에 가고 있어요 学校に(向かって)行きつつあります</td></tr>
<tr><td colspan="3">산업이 발달하고 있었다 産業が発達しつつあった</td></tr>
<tr><td>(既に)そうしている</td><td rowspan="2">III 있다</td><td rowspan="2">結果の継続</td></tr>
<tr><td>(既に)そうなっている</td></tr>
<tr><td colspan="3">학교에 가 있어요 学校に行って(もうそこに)います</td></tr>
<tr><td colspan="3">산업이 발달해 있었다 (既に)産業が発達していた</td></tr>
</table>

여보세요? **오고 계세요?** 저희는 벌써 **와 있어요.**

もしもし? **向かってらっしゃいますか?** 私たちはもう**着いています**よ.

그 시기에는 평등사상이 조금씩 **발전하고 있었다.**

その時期には(人間の)平等(を主張する)思想が, 少しずつ**発展していた**＝発展しつつあった.

그 시기에는 평등사상이 널리 **발전해 있었다.**

その時期には既に平等思想が広く**発展していた**＝発展した結果となっていた.

2.1. 動詞の自他動と〈Ⅰ-고 있다〉, 〈Ⅲ 있다〉

-을/를(…を)という助詞を従(したが)える動詞を**他動詞**, 従えていない動詞を**自動詞**という. このように,「…が」「…を」「…に」など, 動詞に対する体言の関わりを**格**(かく)と呼び, 動詞がどのような格(日本語や韓国語では格助詞)をとるかを, **格支配**と呼ぶ. 例えば읽다は「책을 읽다」(本を読む)と言うので, -을/를格を支配する他動詞ということになる. 面白いことに, 動詞の自他の区別と, 動作の継続〈Ⅰ-고 있다〉と, 結果の継続〈Ⅲ 있다〉とには深い関わりがある:

全ての動詞が〈Ⅰ-고 있다〉, 〈Ⅲ 있다〉の形を持ちうるわけではない.
① **自動詞**には〈Ⅰ-고 있다〉と〈Ⅲ 있다〉の片方か, いずれもとれる動詞がある.
② **他動詞**には〈Ⅰ-고 있다〉を持つ動詞はあるが, 〈Ⅲ 있다〉の形は造れない.
③ **自動詞**, **他動詞**とも瞬間的な動作には〈Ⅰ-고 있다〉は使えない.

上のそれぞれのタイプの典型的な例を以下に見てみよう.

2.1.1. ①動作の継続〈Ⅰ-고 있다〉と結果の継続〈Ⅲ 있다〉のいずれも持つ自動詞

〈Ⅲ 있다〉は状態を表す自動詞によく用いられる.「할 일이 남아 있다」(やるべきことが残っている),「산이 솟아 있다」(山がそびえている)など.

〈Ⅰ-고 있다〉は動作を表す自動詞によく用いられる.「아기가 울고 있다」(赤ちゃんが泣いている),「동생이 자고 있다」(弟が寝ている)など.

いずれもとれる動詞には, 例えば次のようなものがある:

가다(行く), **오다**(来る)

「학교에 간다」(学校に行く)はもちろん, 〈Ⅰ-고 있다〉の「학교에 가고 있다」(学校に向かっているところだ=学校に行きつつある)や, 〈Ⅲ 있다〉の「학교에 가 있다」(学校に行っている=行ってもうそこにいる)も可能である. 同様に오다も「오고 있다」「와 있다」が可能.

살다(住む. 暮らす;生きる)

「살고 있다」(住んでいる;暮らしている)と「살아 있다」(生きている)の双方が可能.

뜨다(浮かぶ. (太陽が)昇る. 出る)

「해가 뜨고 있다」(太陽が昇っている=昇りつつある),「해가 떠 있다」(日が出ている).

떨어지다(落ちる. 離れる)

「바람에 나뭇잎이 떨어지고 있다」(風で木の葉が落ちて来る)と「길바닥에 나뭇잎이 떨어져 있다」(道路の上に木の葉が落ちている)の双方が可能.

2.1.2. ②他動詞には動作の継続〈I-고 있다〉を持つものがあるが,〈III 있다〉はない

他動詞つまり**-을/를を取る動詞**は,〈結果状態の継続〉を表す〈III 있다〉形を造ることができない.

例えば알다, 모르다, 느끼다などは他動詞なので〈III 있다〉は造れない.「알고 있다」は「知っている」,「모르고 있다」は「知らずにいる」.

「머리를 자르다」(髪を切る)なら動作継続の〈I-고 있다〉「머리를 자르고 있어」(髪を切っている=切っているところだ)は可能だが,〈III 있다〉「머리를 잘라 있어」は不可.

「커피를 끓이다」(コーヒーを沸(わ)かす)なら動作継続の〈I-고 있다〉「커피를 끓이고 있어」(コーヒーを沸かしている=沸かしている最中(さいちゅう)だ)は可能だが, 他動詞なので結果状態の〈III 있다〉「커피를 끓여 있다」は不可となる.

*結果状態の「髪を切っている=切った状態で短い」なら,「머리를 잘랐어」(髪を切っちゃった)と過去形にするか,「머리를 짧게 했어」(髪を短くした)などとする.「コーヒーは沸かしてある=淹(い)れてある」なら過去形で「커피는 끓였다」(コーヒーは沸かした),「커피는 끓여 놓았다」(コーヒーは沸かしておいた)などとする.

自動詞と他動詞が同形である場合にも注意. 他動詞들다(持つ)で「책을 들고 있다」(本を持っている)は可能だが「×책을 들어 있다」はもちろん不可. 同音異義語の自動詞들다(入る)で「가방에 책이 들어 있다」(かばんに本が入っている)なら可能である.

もともとは自動詞である가다であっても, **助詞-을/를をとる他動詞用法**で「학교를 간다」(学校に行く. 学校に通う←学校を行く. 行く対象は学校だといった含み)になれば, その〈I-고 있다〉形である「학교를 가고 있다」(学校に通っている)は可能なのに対し, 他動詞用法を〈III 있다〉にした「×학교를 가 있다」は言えない. 타다も同様である. 以下の表で確認しよう.

自動詞	○	학교에 간다	学校に(=目的地)行く
	○	학교에 가 있다	学校に行って(そこに)いる
	○	학교에 가고 있다	学校に向かっている(ところだ)
	○	뒤 좌석에 탄다	後ろの座席に乗る(=乗り込む)
	○	뒤 좌석에 타 있다	後ろの座席に乗って(そこに)いる
	○	뒤 좌석에 타고 있다	後ろの座席に乗っている/乗りつつある

他動詞	○	학교를 간다	学校に(=対象)行く(←学校を行く)
	×	학교를 가 있다	—
	○	학교를 가고 있다	学校に行きつつある/通っている
	○	택시를 탄다	タクシーに(=対象)乗る(←タクシーを乗る)
	×	택시를 타 있다	—
	○	택시를 타고 있다	タクシーに乗って(そこに)いる/乗りつつある

2.1.3. ③瞬間的な動作には動作の継続〈Ⅰ-고 있다〉はない!

「나무가 죽다」(木が枯れる)や「접시를 깨다」(皿を割る),「불이 꺼지다」(灯が消える)のような,極端に短い**瞬間動作を表すことがら**には,自動詞であれ他動詞であれ,〈動作の継続〉を表す〈Ⅰ-고 있다〉は,通常は使えない.

しかしこれとて,**動作が複数回**になって,動作全体に**時間的な長さが認められるようなことがら**になれば,「가뭄으로 나무들이 죽고 있다」(日照りで木々が〈どんどん〉枯れている)のように,言えるようになる.

以上見てきた自動詞,他動詞と〈Ⅰ-고 있다〉〈Ⅲ 있다〉との関わりを考えながら,次の用例を見てみよう:

벌써 **와 있었어?**—— 네, 문이 **열려 있어서 들어와 있었어요**.

もう**来てたの**?——はい,ドアが**開いてたので**,**入っていました**.

아무도 **살고 있지 않는** 그 집의 시계는 조용히 **멈춰 있었다**.

誰も**住んでいない**その家の時計は,静かに**止まっていた**.

현대 물리학이 우리의 관념을 **깨고 있다**.

現代物理学が私たちの観念を**壊しつつある**.

텀블러를 **쓰고 있는** 것만으로도 온난화로부터 지구를 **지키고 있다는** 생각에 뿌듯하다.

タンブラーを**使っている**ことだけでも,温暖化から地球を**守っていると**誇れる(←考えに誇らしい).

2.1.4. 再帰動詞は〈Ⅰ-고 있다〉で結果の継続を表す

他動詞で，他の対象に向けた主体の動作の結果が，主体自身に再び帰って来ることを〈**再帰**〉と言い，そうした動作を表す動詞を〈**再帰動詞**〉と呼ぶ．再帰動詞の一群は文法的に面白い振る舞いをする．

他の他動詞とは異なり，**再帰動詞はこの〈Ⅰ-고 있다〉で通常は結果の継続を表す**．動作をスローモーションで描写するなど，特殊な場合なら，動作の継続を表すこともできる．

그녀는 **안경을 쓰고 있었어요**.

彼女は**メガネを掛けていました**.

왜 **가발을 쓰고 있어?**—— 아니, 머리를 잘랐어.

なんで**かつらをつけてるの？**——いや，髪を切ったんだよ．

이 사진 좀 보세요. 이 배우가 **입고 있는** 슈트, **신고 있는** 구두 다 저희 회사 겁니다.

この写真ちょっと見てください．この俳優が**着ている**スーツ，**履いている**靴，みんなうちの会社のものです．

CCTV(正書法のハングル表記は시시티브이．通常の発音は［씨씨티비］)의 이 부분 좀 천천히 돌려 보세요. 의자 뒤에서 지금 **자켓을 입고 있는** 저 사람이 범인이에요.

監視カメラのこの部分ちょっとゆっくり再生してみてください．椅子の後ろで今**ジャケットを着ている**(＝着つつある)あの人が犯人です．

詩のことば

빼앗긴 들에도 봄은 오는가 (이상화)

奪われた野にも春は**来るか**

李相和の詩の題名から．
李相和(1901-1943)は解放前の詩人．
三一運動にも参加．1923年には東京へ，
東京の語学学校アテネ・フランセで
フランス語を学ぶ．翌年帰郷．
日本の統治下にあった朝鮮からの解放を求め
上のように歌った．

練習問題 1b

1. 次の日本語を韓国語に訳しなさい.

1.1. 最善を尽くす看護師たちの姿に感謝を伝え, 拍手をした.

1.2. 後の祭りにならないようにね(←牛失って小屋直すように), 後になって泣いて後悔しても仕方ないよ.

1.3. 高橋は誰かと電話でもしているかのように, 急に大声で騒いで笑った.

1.4. その人, 何か尋ねそうな尋ねなさそうな表情で, 私を見てたよ.

1.5. おじさんは慣れたように台所で料理をし始めた.

1.6. 周辺は静まり返っていた. (←ネズミが死んだように静かだった)

1.7. 彼はアイドルのようなかわいさとダンスの習熟度まで備え合わせていた.

1.8. 我々は歴史を学べば, 歴史から何も学んでいなかったことを知る.

2. 次の対話などを韓国語に訳しなさい.

2.1.

ミンス: (腹を立てて)このドラマずっと見ないといけないの?

2人が結婚するのは, 火を見るより(←火を見るように)明らかだよ.

母: (笑いながら)それでも最後まで見ないとね.

2.2.

(食卓の上の母のメモ: 下線部は名詞形で)

学校から帰ったら, 次のことを必ずすること. (←しなければならない)

石けんできれいに手を洗う(←洗い).

食卓の上のおやつを食べる(←食べ).

学校の宿題を先にする(←し).

塾の宿題を終わらせる(←終わらせ).

上のことがらをしなければ夕食はなし. ——母

練習問題 1b

2.3.

スジン：去年は体の具合がちょっと悪かったのです. 今年は食事を抜かずに仕事をするのが目標です.

ミナ：その通りです. 健康をまず(←健康から)気遣うことが, 大事だと思います.

2.4.

(光化門でチヨンが大学の先輩に会った)

先輩：やあ, チヨン(もう来てた?).

チヨン：あ, 先輩(いらっしゃいましたか).

イヤフォンをつけてて, ちょっと気づきませんでした(←よく解りませんでした).

先輩：音楽を聴いてたんだなあ. ほんとに久しぶり. 生きてた?/元気だった?

チヨン：はい, 元気でしたよ.

ところで先輩, 背負ってるリュックがちょっと重そうですね(←重く見えますね).

先輩：本がちょっと入ってるんだ.

今度, 我等が青春のつまってる(←我々の青春が盛り込まれている)詩集を出したんだ. 1冊もらってくれる(←あげてもいいかな)?

近づいているクリスマスのためのプレゼント.

2.3.

(会社の友人たちと共にチュウンの家で昼食を作って食べる)

ヨンヒ：これチュウンさんが作ったんですか? とってもおいしいですね(←おいしいじゃないですか!

スジン：こんなにおいしく作るなんて. 作り方ちょっと教えてください.

チュウン：おいしいだなんて, 幸いです. このレシピはYouTubeに上がってますよ.

他の料理の映像もYouTubeに上げてます.

スジン：え? YouTubeですって? ユーチューバーでいらっしゃいますか?

チュウン：あっ, 私がユーチューバーだってことをご存じなかったとは.

(笑って)あんまりじゃないですか? 随分長いですよ(←長くなりました).

1월, 다시 또 같이

1月，また再び共に

●명절에 행하는 민속놀이의 종류에 대해 이야기해 봐요.
또 민속놀이의 일본과 한국의 비슷한 점과 다른 점에 대해서도 이야기해 볼까요?
節句に行う民俗遊戯の種類について話してみましょう.
また民俗遊戯の日本と韓国の似ている点と,異なっている点についても,話してみましょう.

2a 우리 우리 설날은 오늘이래요

ポイント♦ 引用終止形1

01		"까치까치 설날은 어저께고요, 우리우리 설날은 오늘이래요." ♫
02		1월 1일. 설날 노래로 아침부터 들떠 있다.
03		한복으로 갈아 입고 지은 씨 부모님께 세배를 드렸다.
04	지은, 유아, 석우	새해 복 많이 받으세요.
05		세뱃돈을 받고 나간 곳은 강남 코엑스 센터.
06		쇼핑이라도 할까.
07		장난치며 정신없이 액세서리를 본다.
08	유아	(고풍스러워 보이는 머리핀을 머리 위에 대 보이며) 어때요? 예뻐졌어요?
09	석우	(장난스럽게) 이렇게 아름다우신 분을 본 적이 없습니다.
10	지은	뭐야, 오빠는.
11		(갑자기 귀여운 척하며) 그럼 우리 하나씩 사 주는 건가?

12	지은	(장난스럽게) 유아 씨, 오빠가 사 준대요. 하나 고르세요.
13	남자	(그때 멀리서 누군가) 핫토리 씨!
14	유아	네?
15	요코	네.
16	준호	(요코를 보고 달려오며) 많이 기다리셨죠?
17		(옆에 서 있는 유아를 발견하고 놀라며) 어?, 핫토리 씨, 아니 핫토리 유아 씨.
18	유아와 준호, 놀라 말을 잃고 서로를 바라본다.	

01	“かささぎ かささぎの正月はきのうでですね, 私たちのお正月は今日ですよ”	
02	1月1日. お正月の歌で朝から浮かれている.	
03	韓服に着替え, チウンさんの両親に新年のご挨拶(あいさつ)をした.	
04	チウン, ユア, ソグ	明けましておめでとうございます.
05	お年玉をもらって出かけたところは, 江南COEXセンター.	
06	ショッピングでもしようかな.	
07	たわむれながら, 夢中(むちゅう)でアクセサリーを見ている.	
08	ユア	(古風に見えるヘアピンを, 頭にあててみせながら)どうですか. きれいになりましたか?
09	ソグ	(いたずらっぽく)これほどお美しい方は見たことがありません.
10	チウン	何なのよ, お兄ちゃんたら.
11		(急に愛らしくぶりっこして)じゃあ, 私たちに1つずつ買ってくれるのかな?
12		(いたずらっぽく)ユアさん, お兄ちゃんが買ってくれるそうですよ. 1つ選んでください.
13	男	(そのとき遠くから誰か)服部(はっとり)さん!
14	ユア	え?
15	洋子	はい.
16	チュノ	(洋子を見て, 走り寄って来て)お待たせしました.
17		(横に立っているユアを発見して驚き)あ, 服部さん, いや, 服部ユアさん.
18	ユアとチュノ, 驚いてことばを失い, 互いを見ている.	

2a 単語

00	다시	**再び. 改めて.** ep.2タイトルから. 〈다시 또 같이〉は「再びまた一緒に」. 〈또 오세요〉は「会えたので, また来て」の意で「重ねて」, 〈다시 오세요〉は「会えなかったので, 改めて来て」の意で「改めて」. 또 다시は多くは또の強意で用いる
01	까치	**カササギ.** 吉鳥(きっちょう)とされる
	설날	[설랄] **正月.** 終声ㄹの後ㄴが来ると, ㄹㄹになる流音化
	어저께고요	**昨日でですね.** 어저께 ＋ 指定詞-이-の脱落 ＋ 接続形Ⅰ-고の終止用法 ＋ 丁寧化のマーカー-요
	오늘이래요	**今日なんですって.** 오늘 ＋ 指定詞-이다の引用形語幹Ⅲ-이래(…なんだって) ＋ 해요体の語尾-요→文法
02	일월 일일	〈一月一日〉 **1月1日.** [이뤌 이릴]. これを1単語のようにつなげて発音すると, nの挿入と流音化で, [**이뤌리릴**]
	들뜨다	**そわそわしている. 浮かれる.** 〈Ⅲ 있다〉で들떠 있다 浮かれている
03	갈아입다	**着替える.** 갈다は不要のものを新しいものと替(か)えること. 바꾸다はどちらも必要なものを, 換(か)える＝交換すること. **바꿔 입다**なら互いが着ているものを取り替えて着ること. **갈아타다** 乗り換える. 차를 서로 바꿔 타다 車を互いに取り替えて乗る
	부모님	〈父母-〉 **ご両親.** 尊敬語
	세배를 드리다	〈歳拜-〉 (目上の人に)**新年のご挨拶をする.** 드렸다は한다体の過去形→1a文法
05	세뱃돈	お年玉
	강남	**江南.** ソウルの漢江(한강)の南側の地域名
	코엑스	**コーエックス.** COEX (COnvention & EXhibition). 한국종합무역센터 韓国総合貿易センター. 코엑스 센터, 코엑스 컨벤션 센터 とも
06	쇼핑이라도	**ショッピングでも.** 〈-라도 / -이라도〉〈…でも. ‥であっても〉は**許容**を表す助詞. **母音語幹＋-라도. 子音語幹＋-이라도.** 아무리 친한 친구라도 매너를 지켜야 해 どんなに親しい友達でも, マナーを守らなきゃ. 시간이 있으면 여행이라도 가고 싶다 時間があれば旅行にでも行きたい

07	장난(을) 치다	**いたずら(を)する.ふざける.** 장난치며 いたずらしながら.ふざけながら.戯(たわむ)れながら
	정신없이	〈精神-〉 **夢中で.慌(あわ)ただしく.** 사고를 보고 정신없이 달려갔다 事故を見て夢中で駆けて行った. 알바 때문에 두 달 정도 정신없이 지냈다 アルバイトで2か月ほど慌ただしく過ごした
	액세서리	**アクセサリー.** 英語の1, 3音節めの母音が[a]や[aː]ではなく, accessory [ə/æksésəri]. 外来語表記法では[ə]や[æ]はㅏで写さないので, 악세사리とはならない→ 4b語彙 外来語
08	고풍스러워 보이다	〈古風-〉 **古風に見える.** 고풍스럽다(古風だ). Ⅱ고풍스러우, Ⅲ고풍스러워. ㅂ変格. Ⅲ 보이다 …く見える→表現
	머리핀	**ヘアピン.** 핀을 꽂았다 ピンを挿した. 핀は삔とも. 안전핀 安全ピン. 넥타이핀 ネクタイピン
	대다	[他動詞] (近づけて)**あてる.触れる.さわる.比べる.** 대 보이며 あててみせながら→表現. 이마에 손을 대 보았다 額に手をあててみた. 그림에 손 대지 마세요 絵に触れないでください. 누구 키가 더 큰지 대 보자 誰の背が大きいか, 比べてみよう
	예뻐지다	**きれいになる.** 形容詞のⅢ-지다 →表現. 5a文法
09	장난스럽다	[形容詞] **ふざけている.おどけた.** Ⅱ-스러우, Ⅲ-스러워. ㅂ変格. 장난스럽게 ふざけて. いたずらっぽく. 장난は「悪ふざけ. いたずら. やんちゃ」. -스럽게は副詞形. →表現. 接尾辞4a文法
	아름답다	**美しい.** Ⅱ-다우, Ⅲ-다워. ㅂ変格. 아름답다は美的に「美しい」. 詩語的にも用いる. 곱다は人や身体, 声, 光, 形などが清(きよ)らかで明るく「きれいだ」. 깨끗하다は身体や服, 水, 街などが清潔で「きれいだ」. 예쁘다は人や文字などが愛らしく, 好感が持てて「きれいだ. 可愛い」. 귀엽다は幼い子やペットや行いなどの印象が「可愛い」. 맑다は水, 空気, 空, 声などが混ざりけがなく「きれいだ. 澄んでいる」
10	뭐야, 오빠는	**何なのよ(もう),お兄ちゃんたら.** 뭐야は非難や揶揄(やゆ)の間投詞→談話の表現
11	갑자기	**急に.**
	귀여운 척하다	**可愛(かわい)らしげにぶりっこする.可愛らしくふるまう.** 귀엽다(可愛い), Ⅱ귀여우, Ⅲ귀여워. ㅂ変格. Ⅱ-ㄴ 척 하다→表現
	하나씩	**1つずつ.** -씩 [接尾辞] …ずつ. 1つ1つの意. 이거 하나에 얼마씩이에요? これ1ついくらですか?(←いくらずつですか)

12	**사 준대요**	**買ってもらえるんですって. 買ってくれるんですって.** 사주다→ 表現. 引用形→文法
	고르다	**選ぶ.** ⅠⅡ고르, Ⅲ골라. 르変格. 귀여운 이모티콘을 골라서 사용하세요 可愛い絵文字を選んで使ってください
13	**멀리서**	**遠くから.** 너무 **가까이서** 보지 마세요 あまり近くから見ないでください. **중간 쯤에서** 봐도 잘 안 보여서요 中間あたりから見てもよく見えないものですから
17	**발견하다**	〈發見-〉**発見する**
	놀라다	**驚く.** ソウル方言形で놀래다とも. 놀라지 마세요 驚かないでくださいね. 깜짝 놀랐어/깜짝이야 びっくりした
18	**말을 잃다**	**ことばを失う. 呆然**(ぼうぜん)**とする.** 말을 잃고 Ⅰ-고(…して)呆然として. 그 소식을 듣고 아내는 말을 잃었다 その知らせを聞いて, 妻はことばを失った
	바라보다	**見つめ合う. 眺**(なが)**める.** 둘은 말없이 초승달을 바라보았다 二人は黙って三日月(みかづき)を眺めた

2a 談話の表現

10● 〈咎(とが)**め〉の表現 오빠는「…さんたら」**

体言に助詞-은/는(…は)をつけ, 語尾のイントネーションを上げて, 文を終えるだけで,「…ったら」という, 咎め, 非難, 呆れ, からかいなどの気持ちを表せる:

뭐야, 오빠는.

何なのよ, お兄ちゃん**たら**(つまらないことを言って/呆れちゃうわね全く/また失敗したの…など)

아이고, 너는. 이러니 실수를 하는 거지.

ああ, お前**ってやつは.** これだから(이러다のⅡ-니)ミスをするんだよ.

커 보이다, 그려 보이다 2種類の〈III 보이다〉

〈形容詞のIII 보이다〉と〈動詞のIII 보이다〉, 2種類の〈III 보이다〉の働きを確認しよう.

08● III 보이다 …く見える [状態視認]

〈**形容詞, 存在詞のIII＋보이다**〉で, ものやことが〈…く見える〉〈…に見える〉の意. IIIと보이다は分かち書き. 例えば形容詞좋다(良い)なら「좋아 보이다」で「良さそうに見える」:

그 구두 키가 엄청 **커 보이는데?** その靴, 背がめちゃくちゃ**高く見えるよ.**
웃는 얼굴이 **쓸쓸해 보였다.** 笑顔が**寂しく見えた.**
되게 **맛있어 보이는데요.** とても**おいしそうに見えますが.**
그 친구 실력이 좀 **있어 보이지 않아?** 彼, ちょっと実力**ありそうに見えない?**

動詞でも稀に「…に見える」意の次のような例がある. 어리다, 화려하다は形容詞, 들다, 되다, 어울리다は動詞:

저 나이 **들어 보이죠?** ——아뇨. **어려 보이세요.** 한 스무살 정도로 **돼 보이시는데요.**
私, 年**取って見えますでしょう?**
——いいえ. **若く見えますよ.** 20歳くらいには**(なって)見えますけど.**
화려해 보이는 드레스가 수지 님께는 잘 **어울려 보여요.**
派手に見えるドレスが, スジさんにはよく**似合って見えます.**

08● III 보이다 …してみせる [動作の提示]

〈**動詞のIII 보이다**〉は〈…してみせる〉という〈動作の提示〉を表す. 例えば動詞그리다(描く)なら,「그려　보이다」で「描いてみせる」.〈**動詞のIII　보다**〉は〈…してみる〉という試行を表すので注意:

붓으로 그림을 **그려 보이며** 따라 그리라는 손짓을 했다.
筆で絵を**描いてみせながら**, 真似して描けと, 手で指図(さしず)した.
"이렇게 **해 보세요.**"하며 발레 선생님은 발꿈치를 높이 **올려 보였다.**
「こう**やってみてください**(試行)」と言い, バレエの先生はかかとを高く**上げてみせた.**

〈하는 척하다〉の異なる2種類の用法

11● Ⅰ-는 척하다 …するふりをする[擬態偽装] …なそぶりをみせる[態度露呈]

〈**動詞，存在詞のⅠ-는 척하다**〉，〈**形容詞，指定詞のⅡ-ㄴ 척하다**〉，過去形の〈**動詞のⅡ-ㄴ 척하다**〉で全く異なる次の2つの意がある．形容詞の過去連体形では用いない：

① (**実は違うのに**)〈**…するふりをする．**…であるふりをする〉，〈…したふりをする〉という〈**擬態，偽装，見せかけ**〉の意：

왜 이렇게 **귀여운 척하며** 얘기를 하지? 부탁이라도 있어?
なんでこんなに**かわいこぶって**(擬態)話すのかな．頼みでもあるの？
엄마가 들어왔을 때 그냥 **잠든 척하고 있었어.**
ママが入って来たとき，そのまま**寝たふりしてたよ**(擬態)．

② (**実はそうなので**)〈**…であるそぶりをみせる**〉，〈…であることを態度で露呈させる〉という，〈**態度露呈**〉の意．否定表現とよく共起する：

잘난 척하지 마. 돈만 많으면 다야?
偉そうにする(態度露呈)**なって**．金持ちなら何でもいいわけか？(←金が多けりゃ全てか？)
두 분 방송에서는 **친한 척하면** 안 돼요. 사귀고 있는 게 알려지면 난리 납니다.
お二方，放送では**親しい素振りを見せちゃ**だめですよ(態度露呈)．付き合っているのが知られたら，大騒ぎになりますからね．

회사에서 만나도 **아는 척하지 마**. **모른 척하고** 그냥 가.
—— 걱정 마, 누나. 아니, 박 대표님! **낙하산인 척할 리가 없잖아.**
会社で会っても，**知ってるそぶりは見せないでね**(態度露呈)．**知らない振りして**(擬態偽装)，普通に通り過ぎてよ．
——心配すんなよ，姉貴，いや，朴代表どの！**コネ入社でございって顔するわけないだろ．**
(←〈落下傘〉だよという態度でいるわけがないじゃないか：態度露呈)

09● 名詞＋-스럽다 …らしい. …のようだ［性質印象］

〈一部の名詞＋造語接尾辞-스럽다〉で,〈そのような性質を有する〉〈そのような印象である〉の意の形容詞を作る. 人の名に用いて,〈その人らしい〉の意でも用いる. Ⅱ스러우, Ⅲ스러워. 連体形は-스러운だが, 話しことばではまま-스런とも. 副詞形-**스럽게**(…く)も多用. 接尾辞-스럽다については→4a文法：

신비스러운 그 건물은 **자랑스럽게** 말할 수 있는 우리 문화의 상징이었다.
神秘的なその建物は, **誇り高く**語れる, 我等が文化の象徴であった.

고통스러운 얼굴로 몸부림쳤다.　　**苦痛に満ちた**顔でもがいた.

망신스러워서 어떻게 얼굴을 들고 다녀요?
恥ずかしく顔を上げていられないでしょ. (←顔を上げて歩けないでしょ)

붓의 터치가 꼭 **고흐스럽네요.**　　筆のタッチがまるで**ゴッホみたいですね.**

11● 하는 건가? 連体形＋건가? (はたして)…するのか. …するものなのか［疑念確言］

거は依存名詞것(もの. の)の話しことば形. 平叙形の〈하는 것이다〉は書きことば形, そこから指定詞が脱落した形〈하는 거다〉は話しことば形で〈…するのだ〉という**確言法**. この**確言法の疑問形〈하는 것인가〉〈하는 건가〉**は**独り言のような疑念確言法**となる.

現在連体形, 過去連体形, 予期連体形に건가?を続けて,〈(はたして)…するのか. したのか〉の意で用いる：

아침부터 밖이 왜 이렇게 시끄러워? 운동회라도 **하는 건가?**
朝から外がなんでこんなにうるさいんだ? 運動会でも**やってるのかな?**

이런 사실까지 정부는 **은폐했던 것인가?**　　こんな事実まで政府は**隠蔽していたのか?**

올여름은 너무 길고 너무 덥다. 가을이 오기는 **오는 건가?**
今年の夏［올려름］は長くて暑いな. 秋が来ることは**来るのかな?**

〈してもらう〉〈していただく〉は主語を替えて〈해 주다〉！

12● III 주다 …してあげる. …してくれる [授受]

日本語の授受表現「…してあげる」「**…してくれる**」「…してやる」「**…してもらう**」はいずれも〈**III 주다**〉で表せる. **「Aにしてもらう」は「Aがしてくれる」**で表す. 「Aに…していただく」も〈**해 주시다**〉「Aが…してくださる」とする：

이 아이패드 삼촌이 **사 줬어요.**　このiPad, おじさんに**買ってもらいました.**

국장님은 언제나 저를 **귀여워해 주셨어요.**

いつも私は局長に**かわいがっていただきました.**

체계적으로 **지도해 주셔서** 정말 감사합니다. 선생님 덕분에 입상할 수 있었습니다.

体系的に**ご指導いただき,** 本当にありがとうございます. 先生のおかげで入賞できました.

「**Aに…してもらえ**」「**Aに…してくれと言え**」「**Aに頼め**」は, 〈-에게/한테 III 달라고 하다〉〈-에게/한테 III 달라고 부탁하다〉と言う：

그건 형한테 **봐 달라고 해.**　それはお兄ちゃんに**見てもらいなさい**(←見てって言いなさい).

그건 형한테 **해 달라고 해.**　それはお兄ちゃんに**やってもらいなさい.**
(←やってくれって言いなさい).

그건 형한테 **부탁해.**　それはお兄ちゃんに**やってもらいなさい**(←頼みなさい).

이 레포트 좀 선배한테 **봐 달라고 하세요.**

このレポートちょっと先輩に**見てもらってください**(←見てくれとおっしゃってください).

홈페이지 만드는 거 누나한테 **부탁해 봐.**

ホームページ作るの, お姉さんに**してもらいなさい**(←頼んでみなよ).

아빠한테 용돈 좀 **달라고 해.**

パパにお小遣い**貰**(もら)**って**(←くれと言いなさい).

(유치원에 다니는 딸에게 엄마가) 지유야 할머니한테 그림책 좀 **읽어 달라고 하세요.**

(幼稚園児の娘にママが)チユ, おばあちゃんに絵本を**読んでもらってください**(←読んでくれと言ってください). *家庭などで幼児に対して반말の他にこうした敬意体を用いることがある.

2a 文法

引用とは

1. 引用とは何か――直接引用と間接引用

引用とは, 他の言語場で語られたことばを, また別の言語場に引いて来て語る, 言語の仕組みである. 英文法では, ことばをそっくりそのまま引用する方法を**直接話法**, 語り手のことばに移して引用する方法を**間接話法**と呼んでいたことを, 思い起こそう. 直接引用, 間接引用と呼ぶと, よりなじみやすい. 3つの言語の直接引用, 間接引用の例を見てみよう:

直接引用● He says "I go to school every day."
間接引用● He says that he **goes** to school every day.

直接引用● 彼は「俺は毎日学校に行くんだぜ」と言う.
間接引用● 彼は(自分は)毎日学校に**行く**と言う.

直接引用 ● 그는 "난 매일 학교에 **가**"라고 한다.
間接引用1a ● 그는 (자기는) 매일 학교에 **간다**고 한다.
間接引用1b ● 그는 (자기는) 매일 학교에 **간다** 그런다.

引用された部分の末尾の用言**가**が, **한다体**の**간다**に変わっている!

間接引用2 ● 그는 (자기는) 매일 학교에 **간대**.

*上の用例の赤い色刷りの文字の部分が, 引用される部分, 被引用部分である.

*英語では間接引用となると, もともとの主語がIからheに変わっているし, 動詞も形が変わっている. 間接引用では, 引用を導くマーカーである接続詞thatが現れる. 周知の通り, 引用を導く接続詞thatは表さないことも多い.

*日本語の間接引用では, 「彼は」を「自分は」などに代えて言うこともできるが, このように主語が二重になると1つ削除されるのが普通である. 動詞は「行くんだぜ」と言っても「行くのよ」と言っても, 「行く」と言っても, 間接引用ではいずれも「行く」に統一されてしまう. 英語のthatの役割は「と」が担っている.

*韓国語では直接引用では-라고を用いる. 例えば, 「저는 김석우라고 합니다」(私はキム・ソグと申します)の被引用部分「김석우」と同様, 「난 매일 학교에 가」(毎日学校に行くんだ)という해体の被引用部分を名詞扱いしているわけである.

*直接引用の元の用言が, 가のみならず, 가거든, 가는데など, どれであっても, 間接引用では한다体終止形の平叙形간다になる.

1.1. 2単語の引用構造と, 1単語にまとまった引用形

韓国語の間接引用の表現には, 左ページのように, ①1a「간다고 한다」と1b「간다 그런다」のように2単語で表す**引用構造**(→6a文法)と, ②2「간대」のように1単語で表す引用形がある. ここでは引用形について見ていく.

2. 引用形

2.1. 한다体が〈引用形を造る新たな語幹〉となる!

引用形は, 基本的に引用される末尾の用言を한다体にし, その한다体が引用形を造るための新たな語幹となるという, 面白い仕組(しく)みになっている:

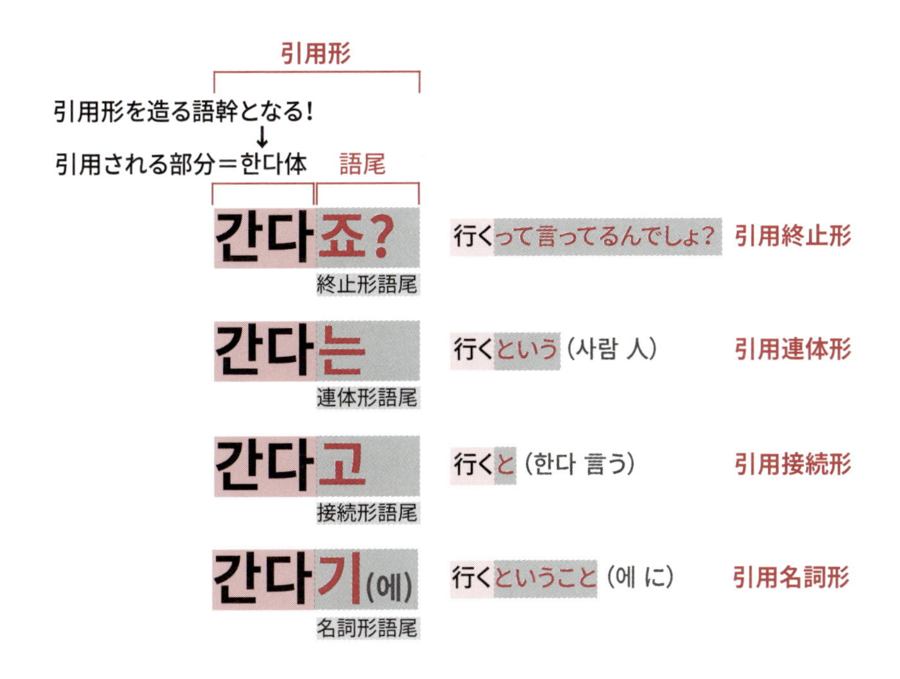

「그는 매일 학교에 **간다**고 한다」の「간다」のように引用される部分の末尾を結ぶ用言には, 한다体の終止形が立つ. この**한다体終止形を新たな語幹に**据(す)え, 終止形語尾-죠, 連体形語尾-는, 接続形語尾-고, 名詞形語尾-기などの語尾が直接つき, 拡大された新しい形を造る. これを**引用形**と呼ぶ. 引用形は機能によって上の4種類に分けうる.

*引用形は, 例えば引用終止形だけでも, 간답니다, 받는다죠, 먹는대요, 본대요, 예쁘대요, 온댔어요…などたくさんある. これらの形から-ㄴ답니다, -는다죠, -ㄴ다죠, -는대요, -ㄴ대요, -대요, -ㄴ댔어요…といった部分だけを一々抜き出して, 用言の品詞別につく語尾として1つ1つ覚えることになると, 考えただけでも恐ろしい. あまりに膨大なので, 大きな辞書でもいわばごまかして, 記述していないのが実情である.

本書の読者は, そんな無駄な労力も心配も無用である. 引用形の原則はこうだ:

引用形＝한다体の終止形＋接尾辞や語尾

2.2. 引用形を造る한다体の語幹＝3つの語基

実は, 간다고の간다など, 引用形の〈**한다体の終止形**〉**も用言の本体と同様, 語基活用をしている**. 하죠, 하면, 해요の하が語幹として語基活用しているのと同様に, **한다体全体が新たな語幹となる**. 한다の다が母音で終わっているので, 一般的な用言の活用の原則通りにⅠとⅡは常に同形で한다, Ⅲは語幹である한다の**最後の母音ㅏに母音「ㅣ」が加わり, ㅏ＋ㅣ→ㅐ**となって, 한**대**となる. 하다(言う)の第Ⅲ語基が, 하-のㅏにㅣが加わってㅐとなり, 해となったのと, 同じである:

한다体の終止形が引用形の語幹である

Ⅰ-죠	Ⅱ-면	Ⅲ-요
한다-죠	**한다-면**	**한대-요**

これら引用形語幹の後ろに, 様々な語尾をつけて, 引用形を造ればよい.

例えば-죠?(…でしょう?)なら第Ⅰ語基につくので, 한다＋죠で, 한다죠(すると言っているんでしょう?)となる. -면(…でしょう?)は第Ⅱ語基につくので, 한다＋면で, 한다면(すると

言うなら)である. 해요体を造る語尾-요(…ます)なら第Ⅲ語基につくから, 한다にㅣをつけ, 한대という第Ⅲ語基にしてから, -요をつける. 한다→한대+요, 引用形は한대요で,「すると言っています. するそうです」となる! この原理さえ把握すれば, 無敵!

動詞가다と存在詞있다, 形容詞좋다で引用形語幹の第Ⅲ語基の母音ㅐに注目し, Ⅰ-죠, Ⅲ-요で造られる**引用終止形**の例と, Ⅱ-면で造られる**引用接続形**の例を見てみよう. 한다体が引用形の語幹となっていることに注目しよう:

	Ⅰ-죠?	Ⅱ-면	Ⅲ-요
	…するんですってね?	…すると言うなら	…するんだそうです
가다	**간다죠?** 行くんですってね?	**간다면** 行くと言うなら	**간대요** 行くんだそうです
있다	**있다죠?** あるんですってね?	**있다면** あると言うなら	**있대요** あるそうです
좋다	**좋다죠?** いいんですってね?	**좋다면** いいと言うなら	**좋대요** いいそうです

2.2.1. 引用形を造る한다体の語幹=指定詞の引用語幹이다の第Ⅲ語基は이라

引用形を造る際に, 指定詞の-이다と아니다だけは, 引用形の語幹は, -이라, 아니라とする. これは15世紀などにも見える古語の終止形の形がそのまま今日の引用形に残っているものである. 他の引用形同様, -이다を語幹にし, 末尾の다を라にしてから,「ㅣ」を加え, 第Ⅲ語基でㅐとなる. 従ってⅢは, -이래, 아니래となる:

	Ⅰ-죠	Ⅱ-면	Ⅲ-요
-이다	**-이라죠?**	**-이라면**	**-이래요**
아니다	**아니라죠?**	**아니라면**	**아니래요**

2a

3. 引用終止形1：平叙形を引用する 한대요

次の用言の引用終止形を造ってみよう. 解答は→右ページ下の表

辞書形	引用形語幹 한다体 終止形	I -죠? …するんですってね？	II -시죠? …するとおっしゃっているでしょう？	III-요 …するんだそうです	III-ㅆ어요 …すると言っていました
하다	한다				
좋다					
있다					
오다					
찾다					
책이다					
친구다					

A: 마키 씨, 유아 씨가 케이팝을 **좋아한다죠?**
B: 네, 걸그룹을 **좋아한대요.**
A: 유아 씨 어머님은 한국 드라마를 **좋아한다시죠?**
B: 네, 배우 김수현 씨를 **좋아하신댔어요.**

A: マキさん, ユアさんはK-POPが**好きだそうですね？**
B: はい, ガールズグループが**好きだそうです.**
A: ユアさんのお母さまは韓国ドラマが**お好きだと聞いていますが**(←おっしゃっているでしょう?)
B: はい, 俳優のキム・スヒョンさんが**お好きだそうです**(←お好きだということでした).

3.1. 引用終止形：引用形にも接尾辞だってつけられる！

既に学習した尊敬のⅡ-시-, 過去のⅢ-ㅆ-, 現場判断のⅠ-겠-などの**接尾辞**も引用形につけうる. 例えば간다の第Ⅱ語基に尊敬の接尾辞-시-をつけ, 語尾をつければ：

간다시죠?　行くっておっしゃってるでしょう?
간다세요?　行くとおっしゃってますか?

Ⅲの간대にして, 過去接尾辞-ㅆ-と語尾をつけると:

간댔죠?　行くって言ったでしょう?　　간댔어요　行くって言ってましたよ

過去形のつぎのような形も自由自在である:

간다の引用形の해体の過去形	간댔어	行くって(言って)たんだって
간다の引用形の해요体の過去形	간댔어요	行くってことでしたよ
간다の引用形の해요体の尊敬の過去形	간다셨어요	行くっておっしゃってましたよ

こんな面白い形も造ることができる:

간댔겠지	行くって言ってただろうさ
간다셨겠지만요	行くっておっしゃってたでしょうけどですね

*大切なことは, 上のような膨大な形を1つ1つアイテム化して覚えるのではなく, こうした原理を知ることだ:〈한다体の終止形＋接尾辞や語尾＝引用形〉. これなら, 一々辞書を引いて「載っていない」と嘆く必要もない. これぞ上級韓国語の醍醐味である!　引用形のそれぞれは本書で詳しく見る.

*要するに, 韓国語は한다体の終止形もまるで用言の本体と同じように, あれこれ語尾や接尾辞がつくことができるわけである. 膠(にかわ＝のり)のように, べたべたつけることができるこうした言語を, **膠着語**(こうちゃくご)(교착어)という. 日本語も膠着語の1つだが, 韓国語の膠着性は日本語以上に強力なわけである→4aぷち言語学

2a

引用終止形

辞書形	引用形語幹 한다体 終止形	Ⅰ-죠? …するんですってね?	Ⅱ-시죠 …するとおっしゃっているでしょ	Ⅲ-요 …するんだそうです	Ⅲ-ㅆ어요 …すると言っていました
하다	**한다**	한다죠	한다시죠	한대요	한댔어요
좋다	**좋다**	좋다죠	좋다시죠	좋대요	좋댔어요
있다	**있다**	있다죠	있다시죠	있대요	있댔어요
오다	**온다**	온다죠	온다시죠	온대요	온댔어요
찾다	**찾는다**	찾는다죠	찾는다시죠	찾는대요	찾는댔어요
책이다	**책이라**	책이라죠	책이라시죠	책이래요	책이랬어요
친구다	**친구라**	친구라죠	친구라시죠	친구래요	친구랬어요

3.2. 引用終止形：引用内容も，言ったことも，過去のこととして述べる

「온댔어요」（来ると言ってました）から，「왔댔어요」（来たと言ってました）と，過去のことがらを過去形で引用する形も造ってみよう．「온다」を「来た」の한다体の過去終止形「왔다」にしてから，IIIの「왔대」に-ㅆ어요をつけて，「왔댔어요」（来たと言ってました）となる：

動詞の過去形の한다体終止形	어제 왔다.	昨日来た.

過去のこと 「왔다」（来た）を引用＋「言う」ことは非過去：来たと言う			
動詞の引用形	해体	어제 왔다고 해.	昨日来たって.
		어제 왔대.	
過去のこと「왔다」（来た）を引用＋「言った」ことも過去：来たと言った			
動詞の引用の過去形	해体	어제 왔다고 했어.	昨日来たって言ったんだって.
		어제 왔댔어.	
動詞の引用の過去形	해요体	어제 왔다고 했어요.	昨日来たって言ったそうです.
		어제 왔댔어요.	

● 지유와 승희가 2(이)층의 스포츠 센터에서――

지유: 운동하고 즐겁게 지내면 있던 병도 다 **도망간대요.**

승희: 맞아요. 건강을 **위해서라면** 뭐니뭐니해도 **운동이라죠.**

지유: 햇빛 쬐면서 많이 **걸으래요.** 이런 근육 운동도 꼭 **필요하댔어요.**

승희: 맞아요. 근데 지유 씨 언니가 여기로 **온댔죠?**

지유: 네. (스마트폰을 확인하면서) 언니가 벌써 **왔대요.** 1층 **카페래요.**

● チユとスンヒが2階のスポーツセンターで――

チユ：運動して楽しく暮らせば，持ってた病(やまい)もみんな**逃げていくんですって.**

スンヒ：そうですよ．健康の**ためって言うんだったら,** 何と言っても**運動だそうです.**

チユ：日の光を浴びながら，たくさん**歩けですって.** こんな筋肉運動もぜひ**必要だって言ってました.**

スンヒ：そうですね．ところでチユさんのお姉さんがここに**来るって言ってましたね？**

チユ：はい．（スマホを確認しながら）お姉さんがもう来たそうです．1階の**カフェですって.**

詩のことば

눈이 부시게 푸르른 날은
그리운 사람을 그리워하자

저기 저기 저 가을 꽃 자리
초록이 지쳐 단풍 드는데 (서정주)

目映(まばゆ)きまでに蒼(あお)き日は
懐かしき人を懐かしまん
あれにあれにあの秋の あの花の在(あ)り処(どころ)
さ緑(みどり)もさぞ疲れ果てては 丹楓(もみじ)色づき

서정주〈徐廷柱〉の詩「푸르른 날 」(青き日)から.
日本語訳は逐語訳はしていない.
그리워하다は形容詞그립다(懐かしい)のIII-하다(…がる)で「懐かしがる」の意の動詞. 그리워하다は多くは無意志動詞として用いられるが,
上の그리워하자は한다体の勧誘形で, 意志動詞のように用いている.

徐廷柱(1915-2000)は詩人.
雅号「미당」〈未堂〉も知られる.
全羅北道고창〈高敞〉に生まれる. 中央仏教専門学校中退.
1941年の『화사집』〈花蛇集〉, 解放後には1948年の『귀촉도』〈歸蜀途〉,
1961年の『신라초』〈新羅抄〉などを始めとする詩集がある.
日本統治下で神風特攻隊員を賞賛する詩など〈親日詩〉を書くなどにより,
解放後, 親日派として批判されもした.

練習問題 2a

1. 次の日本語を韓国語に訳しなさい.

1.1. 朝, 仕入れた果物は本当にみずみずしく見えた. おいしそうに見えるりんごと梨を買った.

1.2. 愛らしい子供たちに指でハートを作って見せた.

1.3. (ボーイフレンドに)親しそうにしないでね. ボーイフレンドの素振りは見せないで. うちの兄さんにばれたらおしまいだからね.

1.4. (友人にカカオトーク/LINEを送る)うちの姉さんがついに好きな人と出会ったのかな? めちゃくちゃおしゃれしたのに, そのお兄さんの前ではおめかしなんかしてない振りして. とってもたくさん食べる人なのに, たくさん食べられないって猫かぶって(←食べられない振りしてる). 面白くない話にも面白い振りして. 無理矢理笑う振りして. ほんとにとっても驚いた.

1.5. 先生の本が今月のベストセラーになったそうです.

1.6. 父が美術の展覧会に連れて行ってくれた(←連れて行ってくださった). 絵が眼を楽しませてくれ, 音楽が耳を楽しませてくれた.

1.7. 学長に一度だけ会ってくれというお願いを申し上げました.

1.8. どうかこの事件の真実を明らかにしてくれと訴えました.

2. 次の対話などを韓国語に訳しなさい.

2.1.

(スジンが先輩のトンミンとレストランで)

トンミン:満足そうに(←福々しく)よく食うね.

スジン: ははは, こんな(ふうに)高級な料理は初めてなもので.
幸せな(←満足できる)夕食でした.
ところで費用がちょっと気になりますね(←負担ですけど).

トンミン:心配するなよ.
ほんとに頼もしく仕事をよく助けてくれて, 先輩がおごってやるんだよ.

練習問題 2a

2.2.

ミニ：先輩！ なんで知らんぷりなさるんですか？
知らない振りしたら私が解らないとでも思ってるんですか？
通行人：知らんぷりですって？ 私をご存知ですか？
ミニ：あら, 申し訳ありません. 知ってるお兄さんだとばかり思いました.

2.3.

ヨンヒ：ソグさん, こんど国際会議で韓国に行かれるんですって？
資料はお受け取りになったんでしょうか？
ソグ：はい, 資料はスジンさんがメールで送ってくださるということでした.

2.4.

スミン：この映画面白いって言ってたでしょ？子供たち連れて一緒に見に行きませんか？（←行きましょうか？）
チス：はい, でもちょっと悲しいんですって. 上映時間もちょっと長かったそうです.
スミン：じゃ子供たちと見るのは, ちょっと難しいのかな？

2.5.

（チヨンのノートの絵を見て, 後輩のスジンが語る）
スジン：先輩, この絵, 誰に描いてもらったんですか？
チヨン：写真を見ながら私が描いたのよ. 美術の先生にちょっと教えていただいたの.
スジン：わあ, 先輩（←お姉さん）絵がとってもお上手なのね.
写真も先生に選んでいただいたんですか？
チヨン：いや, 写真は弟に送ってもらったの.

재회 그리고 우리

ポイント♦ 連体形：過去連体形 한 하던 했던. 引用終止形2

01	준호	(어리둥절한 표정으로) 아니 여긴 어떻게….
02	유아	(놀란 지은과 석우에게 소개한다) 이 분이 바로 그 김 준호 씨세요.
03	지은	(유아에게 귓속말로) 듣던 대로 멋있네요.
04	준호	이쪽은 핫토리 요코 씨세요.
05		요코 씨, 이 분이 그 핫토리 유아 씨세요.
06	요코	(기억을 떠올린 듯) 아, 공항에서 저를 네 시간이나 기다리게 만드신.
07	유아	아 그러셨군요. 죄송해요. 그런 줄은 미처 몰랐어요.
08	준호	아니, 그건 제가 그때 시간이 없었던 데다가 두 분 성이 똑같아서 그만 실수를….
09	요코	(이젠 어쩔 수 없다는 듯 웃으며) 네, 그럴 수 있죠.
10	지은	정말 인연이라는 게 있나 봐요. 여기서 다시 만나다니요.

11	석우	이렇게 만난 것도 진짜 인연인데 우리 어디 가서 다 같이 차라도 한 잔….
12	요코	근데 어쩌죠? 회사에서 연락이 왔는데 지금 들어오래요.
13		그럼 저희는 바빠서 이만. 준호 씨 그만 가야죠.
14	준호	유아 씨, 우리 다시 꼭 만나요.
15	준호는 아무 소리도 들리지 않는 듯 환하게 웃는다.	
16	뒤에서 석우가 요코를 붙잡고 인사하는 소리가 희미하게 귓가에 울린다. "우리"?	

01	チュノ	(とまどった表情で)あれ, ここにはどうして….
02	ユア	(驚いているチウンとソグに紹介する)この方があのキム・チュノさんでいらっしゃいます.
03	チウン	(ユアに耳打ちして) 聞いてた通り, カッコいいですね.
04	チュノ	こちらは服部洋子さんでいらっしゃいます.
05		洋子さん, この方があの服部ユアさんでいらっしゃいます.
06	洋子	(記憶を思い出したように)あ, 空港で私を4時間も待たせてくださった.
07	ユア	あ, そうでいらしたんですね. 申し訳ありません. そんなこととは露(つゆ)ほども知りませんでした.
08	チュノ	いや, それは私があのとき時間がなかったところに, お二方の姓(せい)が全く同じで思わず大失敗を….
09	洋子	(もうどうしようもないというように, 笑いながら)ええ, そういうこともありますよね.
10	チウン	ほんとに縁ってのがあるみたいですね. ここでまた出会うなんて.
11	ソグ	こんなふうに出会ったのも, ほんとに縁ですから, どこかでご一緒にお茶でも1杯….
12	洋子	けれどどうしましょ. 私たちは仕事で来ているので. また会社から連絡が来たんだけど, 今戻って来いですって(←戻って来いと言ってますよ).
13		では, 私たち, ちょっと忙しいので, これで. チュノさん, もう行かなくては.
14	チュノ	ユアさん, 私たちまた是非会いましょう.
15	チュノは何も聞こえないかのように, 明るく笑う.	
16	後ろでソグさんが洋子を引き止めて, あいさつする声が, かすかに耳元で聞こえる(←鳴る). 「私たち」?	

2b 単語

01	어리둥절하다	[形容詞] **とまどう. 面食**(めんく)**らう.** Ⅱ-ㄴ(…な…). 어리둥절한 とまどっている(ような)…. 現在連体形. 그 사람의 묘한 이야기를 듣고 친구들은 어리둥절한 표정이었다 その人の妙な話を聞いて, 友人たちは面食らった表情だった
03	귓속말	[귇쏭말] **耳打ち. 耳打ちすることば.** 귀엣말 [귀엔말]とも言う
	듣던 대로	**聞いてた通り. うわさどおりに.** 듣다の **Ⅰ-던＋依存名詞대로**(まま). 〈連体形＋대로〉で〈**…するまま. …するなり. …するとすぐ**〉. 느낀 대로 써 보세요 感じたとおりに書いてみてください→表現
06	기억	〈記憶〉**記憶.** 사고로 잃어버린 기억을 되찾았다 事故で失った記憶を取り戻した. 그 광경을 보니 희미한 어린 시절의 기억이 떠올랐다 その光景を見ると, かすかな幼い頃の記憶が蘇(よみがえ)った
	떠올리다	**思い出す. (思い)浮かべる.** 떠올린 듯 思い出したかのように→表現. 1b表現03 〈하듯〉と〈하는 듯〉. 아이는 반려견 로저를 떠올리며 눈물을 보였다 子供は可愛がっていた犬のロジャーを思い出して涙を見せた.
	기다리게 만드신	**待たせるようになさった…. 動詞の**〈Ⅰ-게 만들다〉で〈…させる〉という**使役**を表す. ここではその連体形終止. 그 사건이 두 사람을 만나게 만들었다 その事件が二人を出会わせた. **形容詞の**〈Ⅰ-게 만들다〉は〈…くする〉〈…に作る〉→表現
07	그런 줄은	**そんなこととは. そんな事情だったとは.** 〈**連体形＋줄 모르다**〉で〈**…するとは知らない**〉. このユ런は冠形詞. 形容詞그렇다のⅡ-ㄴと考えてもよい. どちらも連体の形→表現
	미처	[副詞] **ついぞ. そこまでは. まだ. とうてい.** 모르다や못하다など**否定のことばの前に**用い, そこまで及ばない意を表す. 미처 생각을 못했어요 ついぞ考えが及びませんでした
08	없었던 데다가	**なかったところに(加えて).** 데は〈ところ〉の意の依存名詞. 〈**連体形＋데다가**〉〈**…するのにその上**〉→表現
	그만	[副詞] **それくらいにして. 思わず. 勢いで.** 이제 그만 가자고 그만 소리를 지르고 말았다 もうそれくらいにして行こうと思わず声を荒げてしまった

	실수	〈失手〉**ミス.失敗.失策**
09	어쩔 수 없다는 듯	**どうしようもないと言わんばかりに.仕方ないなとでも言うように.** 어쩌다は「どうする」「どうにかする」の意の動詞.ⅠⅡ어쩌,Ⅲ**어째.**〈Ⅱ-ㄹ 수 없다〉〈…することができない.…しえない〉で,〈어쩔 수 없다〉.〈**どうしようもない.何の手立てもない**〉の意.「어쩔 수 없다는」は「仕方がないという…」の意の引用連体形→4a文法.〈連体形+듯〉は〈**…するとでも言わんばかりに**〉→1b表現03〈하듯〉と〈하는 듯〉
	그럴 수 있다	[形容詞] 그렇다.**そういうこともありうる.**[動詞] 그러다.**そうすることもできる.**〈Ⅱ-ㄹ 수 있다〉〈…することができる.…しうる〉の形.**動詞 그러다**(そうする.そう言う.ⅠⅡ그러,Ⅲ그래)も**形容詞 그렇다**(そうだ.Ⅰ그렇,Ⅱ그러,Ⅲ그래)も,同じくこの形になる
10	인연	〈因縁〉**縁**(えん).**因縁**(いんねん).로또와 인연이 없는 사람 ロット籤(くじ)と縁のない人
11	우리	**私たち.** 1つの輪の中にいる仲間同士で使える表現→コラム
12	들어오다	**入**(はい)**って来る.戻って来る.** 들어오라(入って来い:한다体命令形)→들어오래요(入れと言っています:命令形の引用終止形)→文法
13	이만	[副詞]**これまで.このくらいで**(終わりに)**.このままで.** 바빠서 이만 忙しいので,失礼.오늘은 이만 할까요?(仕事で)今日はこのくらいにしましょうか.이만 하면 됐죠? これくらいやったら,いいんじゃないですか?
15	아무 소리도	**何の音も.** 이 음성 파일에서는 아무 소리도 안 들리는데요? この音声ファイルからは何の音も聞こえませんけど? 아무 데도 가지 않아요 どこにも行きません.아무것도 먹지 않았어요 何も食べていません.아무도 없어요 誰もいません
	들리다	**聞こえる.** Ⅰ-지 않다(…しない)+Ⅰ-는 듯(…するかのごとく).들리지 않는 듯 聞こえないかのごとく→1b表現
	환하다	**ぱあっと明るい.** 副詞形Ⅰ-게(…く)→1a表現01.환하게 明るく.이사장님은 환한 미소로 우리를 맞아 주셨다 理事長は明るい微笑(びしょう)で私たちを迎えてくれた

16	붙잡다	**捕(つか)まえる. 引き止める. 摑(つか)む.** 붙잡고 捕まえておいて. 더 있으라고 붙잡는 바람에 빨리 못 나왔어 もっといてって引き止められて, 早く出て来られなかったんだよ. 아이는 엄마의 치맛자락을 붙잡고 있었다 子供は母親のスカートの裾(すそ)を摑んでいた
	희미하다	〈稀微-〉 **かすかだ.** 희미하게 かすかに. 그 광경은 희미한 신기루 같았다 その光景はかすかな蜃気楼(しんきろう)のようだった
	귓가	[귄까][귀까] **耳元(みみもと).** 귀(耳)+가(ふち. へり)の意の名詞. 가が自立名詞で用いられることはほとんどなく, **造語接尾辞**のように活躍する. 눈가 [눈까] 目尻(めじり). 目もと. 입가 口もと. 바닷가 海辺. 강가 [강까] 河のほとり. 川端(かわばた). 물가 [물까]水際(みずぎわ). 길가 [길까] 道端(みちばた). 우물가 [우물까] 井戸端(いどばた). 창가 [창까] 〈窓-〉 窓際(まどぎわ). 2つの単語を結合させて**合成語を造る際**, 귓가のように濃音化が起きたり, 덧니[던니](八重歯(やえば))のように鼻音化が起きることを表すために記すㅅを, 〈사이시옷〉(間のs)と言う. 母音語幹の単語にのみ用い, 上の例の물や창などのように子音語幹では, 濃音化が起きても, 書かない決まりである
	울리다	**響く. 鳴る.** 울린다(響く. 鳴る)は한다体平叙形→ep.1a文法.메아리가 울린다 こだまがこだまする. 교회의 종이 울렸다 教会の鐘が鳴った

2b 表現

03● 連体形＋대로. 体言＋-대로 …の通り. …のまま. …なりに [相応]

대로は用言の連体形の後ろでは依存名詞, 用言とは離して書く. 体言の後ろでは助詞. 動詞, 存在詞は〈**Ⅰ-는 대로**〉〈**…し次第. …したらすぐ**〉, 形容詞, 指定詞は〈**Ⅱ-ㄴ 대로**〉〈…なままに〉. 過去連体形の〈**Ⅰ-던 대로**〉と〈**Ⅲ-ㅆ던 대로**〉は〈…していた通り〉:

공항에 **도착하는 대로** 연락 주세요.　空港に**到着次第**, 連絡ください.
하고 싶은 대로 해 보세요.　**やりたいように**やってみてください.
좋을 대로 하세요.　**好きなように**やってください.
지칠 대로 지친 몸으로 겨우 도착했다.
疲れきった (＝疲れるだけ疲れた) 身で, ようやく到着した.
예상했던 대로 콘서트는 대성공이었다.　**予想していた通り**, コンサートは大成功だった.
사장님 지시대로 전달했습니다.　**社長のご指示通りに**(助詞), 伝えました.

引用連体形にも使える:

상품의 물량은 박 부장님이 **달라는 대로** 다 드렸어요.
商品の量は朴部長に**くれと言われるだけ**, みな差し上げました.

06● 하게 만들다 Ⅰ-게 만들다 …させる [使役. 形成を表す他動]

① 動詞の〈Ⅰ-게 만들다〉は〈…させる〉という使役の意. 〈**Ⅰ-게 하다**〉とも言う. ② 形容詞の〈Ⅰ-게 만들다〉は〈…くする〉〈…に作る〉の意となる. 使役の場合は, かたい書きことばでは〈**-로/으로 하여금 Ⅰ-게 만들다**〉〈**…に/をして…させる/せしめる**〉という形でも用いられる:

使役. Ⅰ-게は動詞の副詞形:
태권도 사범: 결기를 보여 상대방으로 하여금 **꼼짝 못하게 만든다**, 알았지?
テコンドーの師範: 気合いで相手を**ぴくりとも動けないようにする**, わかったな?
커피가 혈압을 **올라가게 해요?** —— 아뇨, 오히려 혈압을 **내려가게 만들어 주죠.**
그러면서 사나이는 노인들로 하여금 커피를 **사게 만들었다.**
コーヒーは血圧を**上げるんですか**?—— いいえ, むしろ血圧を**下げてくれるんですよ.**
そう言って, 男は老人たちにコーヒーを**買わせた.**

팬덤의 국제적인 불매운동은 기업인들로 하여금 신경을 **곤두서게 만들었다.**

ファンダム(＝アーティストのファンたちの集団や活動)の国際的な不買運動は,企業人たちの神経を逆撫でした(←企業人たちをして,神経を**逆撫**(さかな)**でせしめた**).

他動. Ⅰ-게は形容詞の副詞形:

이 곡은 기분을 **편안하게 만드는** 힐링 음악이에요.

この曲は気持ちを**楽にさせる**,癒(い)やし(< healing)の音楽です.

현수막을 **멋지게 만들었네.** 垂れ幕を**格好良く作ったね.**

07● 連体形＋줄 모르다 …するとは知らない [不認識]

줄は「**しかた**」「**つもり**」の意の依存名詞. 줄の前に用言の連体形を置いて造る.〈**Ⅱ-ㄹ＋줄 모르다**〉で〈**…するとは知らない**〉. 모르다が終止形の場合は몰랐어요など,過去形で用いられることが多い.〈**…するとは知らなかった**〉の意となる.

予期連体形Ⅱ-ㄹは,〈**(まさかあれから)…しようとは知らない(＝予期できない)**〉の意,現在連体形〈**Ⅰ-는/Ⅱ-ㄴ 줄 모르다**〉は〈**…しているとは/…だとは知らない**〉の意となる →ep.6aも見よ.〈**…したとは知らない**〉は〈**Ⅲ-ㅆ을 줄 모르다**〉となる. 꿈에도, 미처, 설마などの副詞句と共起しやすい:

팀장님이 행사장에 **와 계실/계시는 줄 몰랐어요.**

ボス(チーム長)が行事の会場に**いらっしゃるとは,存じ上げませんでした.**

준호가 설마 거기에 **갔을 줄은** 꿈에도 **몰랐어.**

チュノがまさかそこに**行ったとは**夢にも**思わなかったよ.**

이 드레스가 이렇게 **우아한 줄** 미처 **몰랐다.**

このドレスがこれほど**優雅であるとは,**ついぞ**知らなかった.**

이런 책이 **있는 줄은** 아무도 **모를 거예요.**

こんな本が**ある(のだ)とは,**誰も**知らないと思います.**

그런 일이 **있었을 줄은** 꿈에도 **몰랐어요.**

そんなことが**あったとは,**夢にも**思いませんでした.**

08● 連体形＋데다가 III-ㅆ던 데다가 …した上に [添加]

〈連体形＋데다가〉は,〈連体形＋데〉に, 添加や設置の場所を表す助詞-다가(…に)が結合した形.〈…するのにさらに加えて〉の意. 現在形は〈하는 데다가〉〈Ⅰ-는 데다가〉:

가게가 너무 **바빴던 데다가** 알바생까지 안 오는 바람에 모임에 갈 수가 없었어.

店があまりにも**忙しいところへ来て**, バイトの学生も来ないもんだから, 集まりに行けなかったよ.

행동도 **흠잡을 데가 없는 데다**가 말하는 것도 나무랄 데가 없어.

行動も**まったく問題がない上に**, 言うことも非の打ち所がないよ.

원 달러 환율이 **오른 데다가** 물가까지 올라서 힘든 상황이 되었다.

ウォン・ドルの為替レートが**上がったのに加えて**, 物価まで上がって, 大変な状況となった.

● 하기까지 하다 Ⅰ-기까지 하다 …でさえある [添加極限]

〈連体形＋데다(가)〉にはⅠ-기の名詞形を用いた〈**Ⅰ-기까지 하다**〉〈**…までする**〉が後続することも多い:

로버트 씨는 사람이 착한 데다가 **순수하기까지 해**.

ロバートさんはまじめな上に**純粋でさえあるんだ**.

● 体言＋에다(가) …に [添加, 設置の場所]

添加や設置の場所を表す助詞-다가を用いた〈体言＋에다(가)〉〈…に〉という形も確認しておこう. 場所の指示代名詞여기, 거기, 저기, 어디には-다(가)という形も用いられる:

책에다 메모를 적어 놓았다. — **本に**メモを書き留めておいた.

그건 **여기다가/여기에다가** 놔 주세요. — それは**ここに**置いといてください.

● 하다(가) Ⅰ-다(가) …していて [途中・中断]

動作の途中で他の動作へ移行することを述べる接続形. この-다(가)は用言につく接続形語尾で, 体言につく上の助詞-에다(가)とは別のもの. **Ⅰ-다가**は動作の途中を表すので, 입학하다(入学する), 결혼하다(結婚する), 이혼하다(離婚する), 사망하다(死亡する)のように瞬間的な変化を表す動詞には使いにくい. ただし「죽다가 살았다.」(危うく死ぬところだった←死ぬ途中で生きた. 本当に危なかった)は可能:

뛰어가다가 넘어졌다. **走っていて**転んだ.

그러다 병이라도 나면 어쩌려구요?

そんなことしてて(그러다=そうする:動詞), 病気にでもなったらどうするんですか?

둘러 보다가 맘에 드는 게 있으시면 불러 주세요.

見て回って, 気に入るものがあったら, お呼びください.

뉴욕 출장을 내가 가나 했더니 영미 선배가 가게 됐어. **좋다가** 말았네.

ニューヨーク出張は私が行くのかなと期待してたら, ヨンミ先輩が行くことになったよ. **ぬか喜びしたな.**

＊〈**좋다가 말았다**〉は「良い」(좋다)状態だったのだが, 말다(止める. やめる)を用いて,「止まってしまった」ということ.「ぬか喜びした」「喜んで損した」「いいところまで行ったけれども, だめだった」の意.

● 해다(가) III-다(가) …して移動させて. …して移して[対象の移動]

〈III-다〉は〈Ｉ-다(가)〉と全く異なり, 人やものなどの対象を〈…して移動させて〉〈…して持って/連れて 来て/行って〉の意を表す. **他動詞に用い, 対象を移す動作**が加わる.

〈III-다〉は直後に주다や드리다が現れる場合は,〈III-다가〉の形では現れない傾向がある. それ以外は基本的に全て〈III-다〉も〈III-다가〉も可能:

치킨 **시켜다(가)** 먹을까? チキン(出前)**とって**食べようか.

어린이 집에 희수 **데려다** 주고 올게요. 保育園にヒスを**連れて行って**来ますから.

할머니, 가방 **들어다** 드릴까요? おばあさん, カバンを**お持ち**しましょうか?

대표님을 댁까지 **모셔다** 드렸습니다. 代表をお宅まで**お連れ**しました.

아이는 사탕을 하나 **집어다(가)** 던졌다. 子供は飴(あめ)を1つ**つまみ上げて**投げた.

외국에서 물건을 **수입해다(가)** 팔고 있어요. 外国から品物を**輸入して来て**売っています.

＊**갖다주다**(持って行ってやる. 持って来てくれる)は**가져다주다**の短縮形で, 辞書ではどちらも1単語として認めているので, 分かち書きはしない. **가져다드리다**も同様.

딸아, 아빠 컵 좀 **가져다줄래?**

娘よ(名前ではなく, 딸や아들を用いることも多い), パパにコップをちょっと**持って来てくれるかな?**

냉장고에 김밥 있어. 배고플 때 **갖다(가) 먹어/가져다(가) 먹어.**

冷蔵庫に海苔巻きあるよ. お腹空いたとき**持って来て食べなさい.**

현관에 내다 놓은 쓰레기 좀 **갖다(가) 버려 줄래?**

玄関に出しといたゴミ, ちょっと**持ってって捨てて(来て)くれる?**

12● 해야죠 III-야죠 …しないと(いけないでしょ) [当為]
했어야죠 III-ㅆ어야죠 …しておかなくちゃ [非難]

用言の**III-야**は「**…してこそ**(…となる)」の意. III-야죠はこれに-죠(…するでしょう)がついた形. ぞんざいな表現は**III-야지**. 〈…しないと〉〈…しなくちゃ〉の意. I-지(…するだろ)はI-죠(…するでしょう)のぞんざいな形. 〈…しておかなくちゃ〉のように過去のことを咎(とが)めるには, III-ㅆ어야지, III-ㅆ어야죠となる. 話しことばで多用:

건강을 위해선 제대로 **드셔야죠.** 健康のためにはきちんと**召し上がらなくては.**

엄마 아빠 말을 잘 **들어야지.** 그래야 착한 아이지.

いい子にしててね. お利口(りこう)さんなんだから(←お母さん, お父さんの言うことをよく聞かなくちゃ. それでこそお利口さんだよ).

늦잠 자다가 시험을 못 봤다구요? 더 빨리 **일어났어야죠.**

寝坊して試験を受けられなかったですって? もっと早く**起きとかなくちゃ.**

유학을 갈 생각이 있었다면 진작 영어 공부를 **했어야지.**

留学に行く考えがあるんだったら, 前から言語の勉強を**しとかなくちゃ.**

12● 하는 거라서 連体形+거라서 …したものだから [特定の原因(となるもの)]

依存名詞**거**は것(もの)の話しことば形. -라서は-이라서からの指定詞脱落形. 〈한 거라서〉は, 〈…したものなので〉から特定の「もの」(=品物)という意味が弱まって, 〈**…したもんだから**〉〈**…したので**〉という, **特定の原因**を述べるのに用いられる. いずれにせよ, 主語には「もの」や「こと」を表す体言が必要となる. 話しことばでよく用いる. 거の代わりに他の名詞も用いることができる:

이번 여행은 혼자 **가는 거라서** 정말 홀가분하다.

今回の旅は一人で**行くもんだから**(≒ 혼자 가서), ほんとに気楽だ. (主語は여행)

소개팅은 **처음 하는 거라서** 너무 떨려요.

紹介してもらって会う(소개팅←소개+미팅 meeting)のは, **初めてなもんだから**, やっぱり緊張します. (主語は소개팅)

이건 잘 **못 먹는 음식이라서** 반 이상 남겨 버렸어요. —— 남기셔도 되세요.

これはあまり**食べられない食べ物だから**, 半分以上残してしまいました.

——お残しになっても構いませんよ.

《용비어천가》의 이 구절은 워낙 **유명한 부분이라서** 많은 사람들이 외우고 있다.

『龍飛御天歌』のこの句は, 何せ**有名なところだから**, 多くの人が覚えている. (主語は이 구절은)

유
아
와
함께
하는
한국어
고급

2b 文法

連体形を極(きわ)める

1. 連体形とは——①体言を修飾し，②連体修飾節を造る

連体形(연체형)は用言が〈体言に連(つら)なる形〉である．初級や初中級の段階で既に学んでいる．ここでは過去連体形について深く考察する．

連体形の次の2つの機能，とりわけ②を改めて確認しよう：

① **体言を修飾する**

아름다운 마음 美しい→心　　먹은 밥 食べた→ごはん

② **連体修飾節を造る**

連体修飾節		被修飾語
서울에 사는		친구
ソウルに住んでいる	→	友達
		a friend ← [who lives in Seoul]

*__用言__は動詞，存在詞，形容詞，指定詞，__体言__には，名詞，代名詞，数詞がある．
*韓国の国語文法では連体形を**冠形形**(관형형)ないしは**冠形詞形**(관형사형)と呼ぶ．冠(かんむり)の形，冠(かぶ)る形の意である．

*連体修飾節は上の사는(<살다)のように，最後に来る用言の連体形でひとまとまりにして，後続の体言を修飾することができる．「3년 전부터 고양이와 같이 서울에 사는 → 친구」(3年前から猫と一緒にソウルに**住んでいる**→友達)のように，連体修飾節は前がどんなに長くなっても，文法的な仕組みとしては全く構わない．

1.1. 連体形の3つの系列——①現在，②過去，③予期

連体形はその機能によって，3つの系列に分けうる．純粋な時制というより，時間的な性質に話し手の気持ち(ムード．法)が加わった性質による区分けである．全体像を確認しよう：

● 連体形の全体像

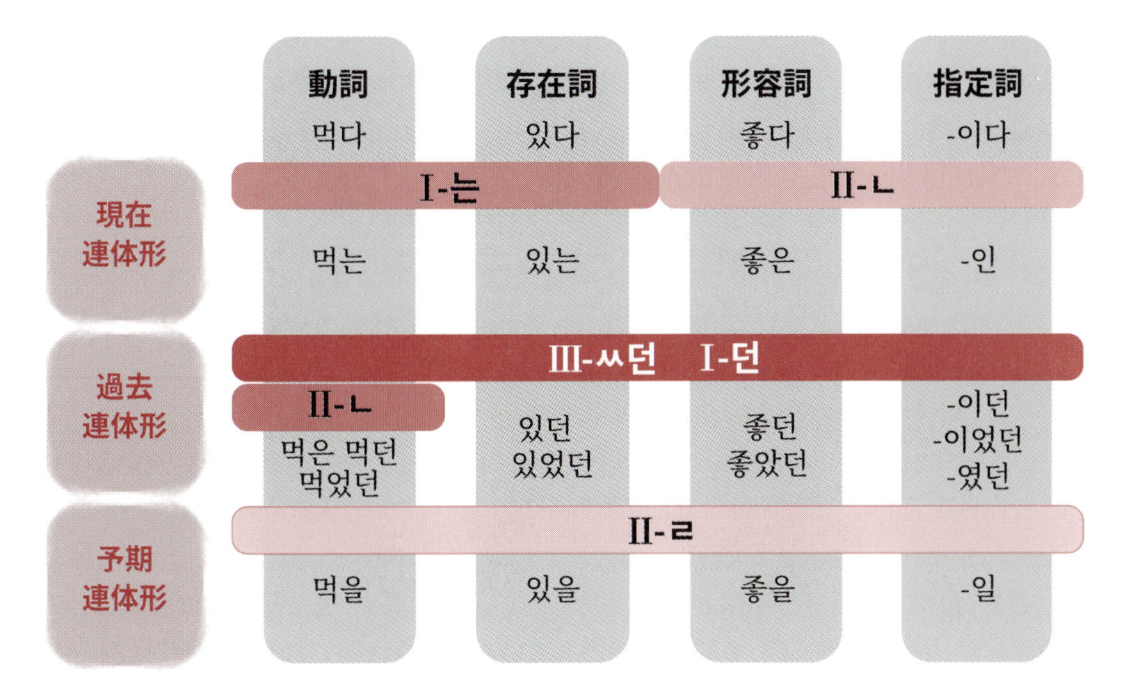

1.2. 過去連体形の3種——한, 하던, 했던

ここでは, **한, 하던, 했던**, つまりII-ㄴ, I-던, III-ㅆ던という3種類の形がある**過去連体形**を探ってみよう. 時間の把握のしかたや, 話し手の体験との関わり方に違いがある.

1.2.1. 過去終了連体形—— 한 II-ㄴ …した…

時間軸上のある時点を基準にして, そこで**動詞の表す動作が終了していることや, 完成していることを表す**. 日本語にすると, 概ね〈**…した…**〉で表せる. 알다(わかる), 모르다(知らない)などのように, 一定の長さを有することがらを表す動詞には, II-ㄴは使いにくい:

세뱃돈을 받고 **나간** 곳은 코엑스였다.　お年玉をもらって**出かけた**ところはCOEXだった.

그리고 나한테 **주어진** 길을 걸어 가야겠다.

そして私に**与えられた**道を歩みゆかねば. ——윤동주の詩「서시」(序詞)から

어린이 집 선생님: 밥 다 **먹은** 친구는 나가서 놀아도 돼요.

保育園の先生:ご飯をみんな**食べた**子は出て遊んでいいですよ.

1.2.2. 過去目撃連体形——하던 I -던 …していた…. …だった…

現在から離れた, **過去のある長さを持った期間に, 目撃, 体験した動作や状態を述べる.**

①時間的な過去のできごとを**目撃性, 体験性, 回想性**といった性質を持たせて語る気持ちが濃い. 〈**あの時見たら…であった…**〉と, **思い出しながら過去を語る気持ち**である. 次の1.3.3.の했던より回想性, 目撃性が鮮明である:

나의 **살던** 고향은 꽃피는 산골 … 그 속에서 **놀던** 때가 그립습니다

私の**住んでいた**ふるさとは, 花咲く山里(中略)その中で**遊んでいた**頃が懐(なつ)かしいのです
——이원수作詞の童謡「고향의 봄」(故郷の春)から.

고등학생 때 자주 **가던** 튀김집이 아직도 있을까?

(懐かしく脳裏(のうり)に浮かべ)高校生のときしょっちゅう**行ってた**天ぷらのお店, まだあるかな?
(튀김(天ぷら), 떡볶이(トッポッキ), 김밥(海苔巻き)は高校生たちが好む廉価な間食)

②目撃, 体験した過去の期間が, 次項の했던より一般に長い. また**話し手の目撃したことや経験が, 持続的, 反復的, 多回的に行われている動作や状態である**ことが特徴的である. そのため, 죽다(死ぬ)や깨지다(割れる)のような瞬間的な動作を表す動詞には, 使いにくい. 알다, 모르다, 살다など時間の長さを有する動詞によく用いられる:

운동이라고는 전혀 **안 하던** 네가 체육 선생님이 됐어?

(あの頃は)運動なんて全く**やってなかった**おまえが, 体育の先生になった?

매주 **기다리던** 쿡킹 클래스가 없어졌어요.

毎週**楽しみにしていた**料理教室(←クッキングクラス)が, なくなりました.

③動詞では〈(ずっと)**…していた…**〉や〈**…しかけの…**〉(**=している途中の**)の意になりやすい. 存在詞, 形容詞, 指定詞に用いると, 目撃, 体験した時点で〈**…だった(途中の)…**〉の意となる:

여기 **있던** 내가 **먹던** 빵, 누가 다 먹어 버렸어?

ここに**あった**私の**食べかけの**パン(←**食べていた途中の**パン), 誰がみんな食べちゃったの?

입고 있던 치마가 바람에 휘날렸다.

はいていたスカートが, 風で揺れた.

그렇게 **아프던** 머리가 약을 먹고 씻은 듯이 나았다.

あんなに**痛かった**頭が, 薬を飲んできれいに治った.

1.2.3. 大過去連体形——했던 III-ㅆ던 …していた….…だった…

現在とは断ち切れた過去のこととして, ある時点でそうだったと述べる連体形.

①目撃性, 体験性, 回想性といった性格はあるが, 하던より弱い.

②もう終わってしまった, 現在とは断ち切れた過去のことがらとして述べる. 過去への時間の長さにかかわりなく, 既に終わっているという, 現在とは切れている過去=**大過去**としての, 断絶性が濃い.

③하던より目撃, 体験した時間や期間が短く, 持続性, 多回性, 反復性が弱い.

④③の理由から, 形容詞, 指定詞の過去連体形として하던より多く用いられる:

바쁘던 **사람**	忙しかった人	思い出して言う気持ち. それなりの期間の長さを暗示
바빴던 **사람**	忙しかった人	過去のある時点で忙しかった. 現在のことには関与しない

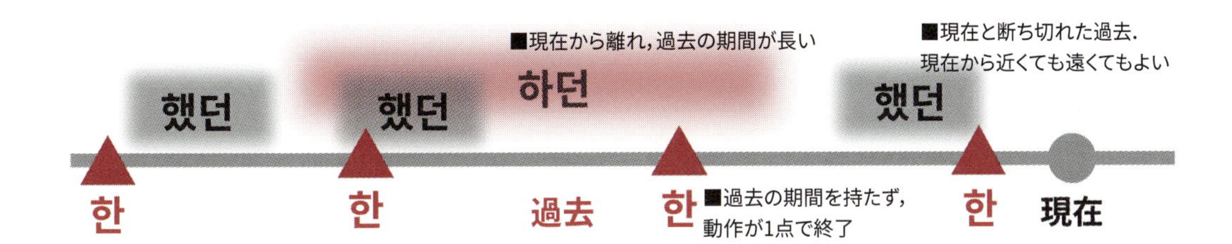

눈이 쌓인 산골에서 봄을 **기다리던** 우리의 마음을 아시겠어요?

雪の積もった山里(やまざと)で春を**待っていた**私たちの気持ちが, お解りになりますか?
*기다렸던も可能だが, 期間が短く, 持続性, 反復性は弱くなる. 기다렸던では今とは切り離された昔, 今とは離れた時, 今とは違うという気持ちのほうが浮き出て来て, ずっと待ち焦(こ)がれた気持ちの臨場感が薄れてしまう.

준호는 내가 **사귀던** 사람이야.

チュノは私が**付き合っていた**(=その頃を思い出している気持ち. ある程度長い期間の持続性を暗示. ずっと付き合っていた)子だよ.

준호는 내가 예전에 **사귀었던** 사람이야.

チュノは私が**付き合っていた**(=過去に付き合った経験として述べる. 今は関係が切れていることを明示)子だよ.

예전부터 잘 **알던** 친군데 연락을 안 한 지 너무 오래 돼서 이름도 잊어버렸어.

前からよく**知ってた**(ここで예전부터 알았던はやや不自然. 예전에 알았던であれば自然)やつなのに, 連絡をしないままあまりに長く経って, 名前も忘れちゃったよ.

슬펐던 마음의 상처도 이젠 많이 치유가 된 것 같아요.

悲しかった心の傷も, もうだいぶ良くなったみたいです.

2. 引用終止形2：疑問形，勧誘形，命令形を引用する 하냬요, 하재요, 하래요

…するのかと言ってます．…しようって言ってます．…しろって言ってます

2a文法では한다（…する）という平叙形を引用する引用終止形を見た．ここでは한다体の疑問形하는가, 하냐「…する？」（←1a文法の1.4の③），勧誘形하자「…しよう」，命令形하라「…しろ」を引用する引用終止形について確認しよう．

とりわけ疑問の引用終止形では，한다体の疑問形である하는가?と하냐?（…するか？）のうち，하냐という形を語幹として用いる点が重要である．

第Ⅲ語基では，それぞれ ㅣ[i]を加えるのであった（→2a文法1.3.）．**疑問形は하는가ではなく，하냐を用い**（→1a文法1.4. ③），하냬（…するかだって．するかって言ってるよ）とする．勧誘形하자（…しよう）は，하재（…しようってさ），命令形하라にもㅣ[i]を加え，하래（…しろって）とする仕組みである．平叙形の引用終止形と共にⅠ，Ⅲの語基の形を確認しよう．**먹는다면서요?**（食べるんですってね？）などのようにⅡにつく語尾は常にⅠと同形なので，第Ⅲ語基に気をつければよい：

한다体		引用形		
		Ⅰ-죠 …と言っていますよ（ね？）	Ⅲ-요 …と言っています	Ⅲ-ㅆ어요 …と言っていました
平叙形	먹는다 食べる	먹는다죠	먹는대요	먹는댔어요
疑問形	먹냐 食べるか	먹냐죠	먹냬요	먹냈어요
勧誘形	먹자 食べよう	먹자죠	먹재요	먹잿어요
命令形	먹으라 食べろ	먹으라죠	먹으래요	먹으랬어요

第Ⅲ語基で終止する場合も，**먹는다は먹는대**（食べるんだって＝食べるって言ってるよ），**먹냐は먹냬**（食べるかだって＝食べるかって言ってるよ），**먹자は먹재**（食べようだって＝食べようって言ってるよ），**먹으라は먹으래**（食べろだって＝食べろって言ってるよ）が，話しことばの해体となる．

第Ⅲ語基で終止する引用終止形の해体

얘가 잘 **먹는대.**

この子がよく**食べるって.**

우리도 같이 **먹내.**

私たちも一緒に**食べるかって.**

미유가 같이 **먹재.**

ミユが一緒に**食べようって.**

아빠가 다 **먹으래.**

パパが全部**食べろって.**

*한다体の存在詞と形容詞の疑問形は, 子音語幹の場合, 좋으냐(いいか), 작으냐(小さいか), 있느냐(あるか)のようにⅡ-냐が標準語形であるが, **ソウルことばでは**좋냐, 작냐, 있냐など, **Ⅰ-냐の形を好んで用いる.** 従って**引用形でも**좋으내(요)(いいかですって), 작으내(요)(小さいかですって), 있느내(요)(あるかですって)といった形がしばしば用いられる.

*それぞれ疑問文, 勧誘文, 命令文を引用する平叙文の, 文末のイントネーションを上げると, 「**…するそうですか**」という疑問文になる.

형, 엄마가 밥 **먹었내.**——난 먹었다고 해. 누나는 안 먹었대.

兄さん, 母さんがご飯**食べたかって.** ——俺は食べたって言って. 姉さんは食べてないんだって.

유아 씨가 두 시에 **만나재요.** ——어디서 **만나재요?**

ユアさんが2時に会いましょうですって. ——どこで**会おうって(言ってるんですか)?**

피디님이 이 부분 **녹음했내요.** 안 했으면 **녹음하래요.**

——언제까지 **하래?**

——모르겠어요. 그냥 빨리 **하랬어요.**

プロデューサーがこの部分を**録音したかですって.** してなかったら, **録音しろですって.**

——いつまでに**やれって?**

——解りません. ただ早く**やれとのことでした.**

小説のことば

흰　　白き（連体形）

韓江（한강 ハン・ガン→1a小説のことば）の小説の題名.

「흰」は韓国語の形容詞희다（白い）の連体形で「白い…」の意. 日本語は終止形と連体形がいずれも同じく「白い」という形になる. 日本語でこれを「白い」と訳すと, 〈連体形なのに後ろに来るはずの被修飾語が出て来ない〉〈後ろの体言を読者に暗示させる〉という, 韓国語にあった修辞（レトリック）の妙味がなくなってしまう. これを翻訳家の斎藤真理子（さいとうまりこ）は, 斎藤真理子訳(2018 河出書房新社. 2023 河出文庫）で『すべての、白いものたちの』と訳している. 末尾に助詞の「の」を付し, 連体修飾句であることを明示し, 〈後ろに来るはずの被修飾語が出て来ない〉というレトリックの妙味を日本語でも生かしているわけである. 本文でもあれこれの「白い」ものたちについて語られていることまで, 想起させる見事（みごと）な題名となっている.

言語学的には, 陽母音のㅏで構成されている하얗다（白い）という単語は, 陰母音ㅓで構成されている허옇다（くすんだ白さの白い）という単語とペアになっている. いわば하얗다は常に허옇다を裏に隠し持っているわけである. 희다にはこうしたペアはない. 陽母音と陰母音を取り替えて──言語学ではこうした取り替えを〈交替〉と呼ぶ──造語する方法が,韓国語では非常に活発に用いられている. とりわけ形容詞や副詞に目立つ：

빨갛다（真っ赤だ）	：	뻘겋다（くすんで赤い）
노랗다（真っ黄色だ）	：	누렇다（くすんだ黄色だ）
파랗다（鮮やかに青い）	：	퍼렇다（暗く青い）
까맣다（真っ黒だ）	：	꺼멓다（くすんだ黒だ）

言語音を象徴的に用いたり交替させたりすることによって言語外の様子を想起させる造語法を〈音象徴〉（sound symbolism）と言い, そうしてできた単語を〈音象徴語〉と言う. 日本語のkarakara, kirikiri, kurukuru, korokoroなども音象徴語である.

なお, 作家ハン・ガン自身も後書きで韓国語の희다（白い）と하얗다（白い）との違いについて述べていて, 興味深い.

コラム

日本語と異なる‘우리’(私たち)

[1]우리は「わたしたち」. 韓国語では他人に対して, 家族や集団, 国のことなどを話すとき,「우리 집」(私たちの家),「우리 어머니」(私たちの母),「우리 언니」(私たちの姉),「우리 학교」(私たちの学校),「우리 회사」(私たちの会社),「우리 나라」(私たちの国)など, 우리や저희を用いて表現する.

[2]自分と周りの人たちを우리(私たち)で括ることで, 1つの輪の中で共に大切なものを共有しているということ, すなわち1つ, 仲間であることを表す. 会話の最後にチュノの「우리(私たち)」ということばは, チュノの心の中ではすでにユアはチュノと1つの輪になっていることを意味しているので, ユアはそれに驚き, 感動を覚えているのかもしれない.

[3]相手を何かに誘うときも,「우리(私たち)…할까요?(しましょうか)」と好んで表現する. 日本語ではこうした場合に「私たち」はあまり用いないという違いがある. 注意すべきことは, 親しいと思わない人, 私の領域にいると思わない人に対して, 우리(私たち)ということばはなかなか使いにくいという点である.

[4]また, 우리は話している相手を含むが(inclusive：包括的), その謙譲形である저희(私ども)は相手を含まない(exclusive：排他的). 従って2人で話している相手に,「우리 또 만나요.」(私たちまた会いましょう!)を「저희 또 만나요!」とは言えない. 同じチームの仲間に語るのに,「우리 모두 파이팅!」は言えても,「저희 모두 파이팅!」とは言えない. こうした場合に丁寧に語ろうとして, 謙譲語저희を使ってはいけないわけである.

[5]저희は相手を含まないとき, 例えば,「선생님, 저희가 쓴 시나리오 좀 봐 주시겠어요?」(先生, 私たちが書いたシナリオをちょっと見ていただけますか.)の「저희」のように使う.

칼럼

일본어와 다른 '우리'(私たち)

[1] 우리는 '私たち'. 한국어에서는 남에게 가족이나 집단, 나라 등을 말할 때 '우리 집', '우리 어머니', '우리 언니', '우리 학교', '우리 회사', '우리 나라', 등 '우리'나 '저희'를 사용하여 표현한다.

[2] 나와 주변 사람들을 우리(私たち)로 묶음으로써 하나의 테두리 안에서 함께 소중한 것을 공유하고 있다는 것, 즉 하나, 한편이라는 것을 표현한다. 본문 회화 마지막에 나오는 준호의 '우리'라는 말은 준호의 마음속에서는 이미 유아가 준호와 하나의 테두리 안에 있다는 것을 의미하기 때문에 유아는 그것에 놀라고 감동한 것일지도 모르겠다.

[3] 상대에게 무언가를 권유할 때도 '우리(私たち)...할까요? (しましょうか)라고 즐겨 표현한다. 일본어에서는 이런 경우에 '우리'를 별로 사용하지 않는다는 차이가 있다. 주의해야 할 점은 친하다고 생각하지 않는 사람, 내 영역에 있다고 생각하지 않는 사람에게 '우리'라는 말은 좀처럼 사용하기 어렵다는 점이다.

[4] 또한, '우리'는 말하는 상대방을 포함하지만(inclusive: 포괄적), 그 겸양형인 '저희' (私ども)는 상대방을 포함하지 않는다(exclusive: 배타적). 따라서 둘이서 이야기하고 있는 상대에게 "우리 또 만나요." 를 "저희 또 만나요!"라고는 말할 수 없다. 같은 팀의 동료들에게 "우리 모두 파이팅!"은 말할 수 있지만, "저희 모두 파이팅!"이라고는 말할 수 없다. 이런 경우에는 존경의 표현을 나타내고자 겸양어인 '저희'를 사용해서는 안 되는 것이다.

[5] '저희'는 상대방을 포함하지 않을 때, 예를 들어 "선생님, 저희가 쓴 시나리오 좀 봐 주시겠어요?"라는 식으로 사용한다.

練習問題 2b

1. 次の日本語を韓国語に訳しなさい.

1.1. 水流れるまま, 風吹くまま, 往(ゆ)く旅路.

1.2. 台本通り, 練習してた通りに(だけ)やればいいよ.

1.3. 何が我々を幸せにするのか? 我々が幸せを作るのだ.

1.4. 消費者たちの抗議は企業の方針を変えさせた.

1.5. K-POPによって私たちは韓国を愛するようになった(←K-POPは私たちが韓国を愛するようにしてくれた).

1.6. 砂糖を入れた上に蜂蜜まで入れると, 甘すぎて食べられませんよ.

1.7. 暴雨が降りつけているところに, 風まで強く吹いて, 外には出ることができなかった.

1.8. 机に落書きするなよ.

1.9. 映画を見ていて故郷の母のことが(←母が)思い出され, 涙が出た.

1.10. 庭の花を摘んでケーキに(←ケーキを)飾った.

1.11. ついに待ちに待った夏休みが始まった.

1.12. 幸せだった幼い頃に戻りたい.

1.13. 幼い頃食べてた誕生日のケーキは, ほんとに甘かった思い出がある.

2. 次の対話などを韓国語に訳しなさい.

2.1.

ソンジュン:ユミさんのお兄さんがこの会社の代表だなんて知りませんでした.

ユミ:私もソンジュンさんがここに通っているなんて夢にも思いませんでした.

2.2.

チヨン:私が空港まで車で連れてってあげようか?

ヒス:いや, 大丈夫. うちの兄さんが乗せてってくれるって.

練習問題 2b

2b

2.3.

妻：結婚する前にあなたとしょっちゅう行ってたあの映画館が，なくなるんですって．

夫：どこ？ 昨日行ったあの映画館？

妻：いや，鍾路(종로)にあったあの映画館．

2.4.

(化粧品店でスミンが会社の先輩に化粧品について(←化粧品を)尋ねる)

スミン：チヨンが先輩が今まで使ってた化粧品の中でどれが一番良かったかですって．
　それを買って来いですって．コスパ(←価格性能比)のいいもので教えてください．チヨンの誕生日のプレゼントに私が買ってあげるものなので．

先輩：じゃあいいのを(←良いもので)買わないと．これが最近買った化粧品なんだけど，高くもないし悪くないですよ．あ，これは私が学生(←大学生)のときよく買ってたものだけど，けっこうしっとりするんですよ．

2.5.

(会社の休憩室で)

スジン：これミノさんが飲んでたコーヒーですか？
　飲み終わったらさっさと片付けましょう(←片付けませんとね)．

ミノ：いや，さっきチョンヒ先輩が飲んでいたやつですよ．

チョンヒ：違いますよ．私が飲んだのはこれですよ．

2.6.

(電話で)

弟：姉貴，母さんがいつ帰るかだって．夕食は何を食べたいかだってさ．
　とにかく早く帰れって．

姉：なんで？ なんか大事な話でもあるって？

弟：うん，一緒に夕食食べながら話そうだって．

2월, 설날——행복을 향해

2月，お正月——幸せに向かって

● 즐기고 있는 스포츠나 공연 등이 있나요?
경험한 스포츠나 공연에 대해서 친구들과 얘기해 봐요.
楽しんでいるスポーツや公演などがありますか?
経験したスポーツや公演について友達と話してみましょう.

3a 음력 설과 MZ세대

ポイント♦韓国語のスピーチレベル．非敬意体＝반말と해体

01	'우리'는 이렇게 다시 만났다.
02	음력 설. 한국은 2월에 또 한 번의 새해를 맞이한다.
03	경복궁과 창덕궁 등의 고궁에서는 널뛰기, 윷놀이 같은 민속놀이와 사물놀이 같은 전통예술공연이 열렸다.
04	어머님　유아를 위해서 민속놀이를 경험해 보는 게 어때?
05	그것도 좋을지도 몰라.
06	그러나 MZ(엠지)세대인 우리는 스키를 타러 출발!
07	아침 일찍 차례를 지내고 끝나자마자 출발한다.
08	스키장에서 장비를 렌털하고 리프트권을 같이 구매하니 훨씬 저렴하다.
09	스키를 타고 신나게 산 위에서부터 내려온다.
10	새가 날아오르듯 바람을 가로질러 점프, 하늘 높이 솟아오른다.
11	이루 다 말할 수 없는 스릴과 환희.

12	한 번 더, 더 높이 점프, 으악… 여지없이 엉덩방아를 찧으며 땅 위로 굴러 떨어졌다.	
13	약속이라도 한 듯 지은과 석우가 아우성치며 달려온다.	
14	지은	어떡해. 유아 씨! 오빠, 빨리 와 봐. 큰일났어.
15	석우	아이고. 구급차를 불러야 돼나?

널뛰기

01	“私たち”はかくしてまた出会った.	
02	陰暦のお正月. 韓国は2月に2度目のお正月を迎える.	
03	景福宮と昌徳宮などの古宮ではノルトゥギ(板跳び), ユンノリのような民族伝統遊技とサムルノリのような伝統芸術公演が開かれた.	
04	(チウンの)母	ユアのために民族伝統遊技を経験してみるのはどう?
05	それもいいかもしれない.	
06	しかしMZ世代の私たちはスキーに出発!	
07	朝早く祭祀(さいし)の儀式を過ごし, 終わるや否や出発する.	
08	スキー場で装備のレンタルをし, リフト券を一緒に購入すると, はるかに安い.	
09	スキーで(←スキーに乗って), 楽しく山の上から降りて来る.	
10	鳥が飛び立つように風を横切ってジャンプ, 空高く飛び上がる.	
11	到底言い尽くせないスリルと歓喜.	
12	もう一度, もっと高くジャンプ, きゃーっ, いやおうなしに尻もちを突いて, 地面に転がり落ちた.	
13	約束でもしたかのように, チウンとソグが叫び声を上げながら, 走って来る.	
14	チウン	どうしよう. ユアさん! お兄ちゃん, 速く来てみて. 大変!
15	ソグ	うわ, 救急車を呼ばないといけないかな?

3a 単語

02	음력	〈陰暦〉**陰暦.** 陽暦は양력
	설	**正月.** 설날, 설とも言う. 설을 지내다. 설을 쇠다 お正月を迎えて過ごす. 설을 쇠러 고향에 가요. お正月を過ごすために故郷へ帰ります.
	또 한 번	**もう一度**
	새해	**新たな年. 新年**
	맞이하다	**迎える**
03	경복궁	〈景福宮〉**景福宮.** 朝鮮王朝時代の王宮→コラム
	창덕궁	〈昌德宮〉**昌德宮.** 朝鮮王朝時代の王宮→コラム
	고궁	〈古宮〉**古宮.** 경복궁(景福宮),창덕궁(昌德宮),창경궁 (昌慶宮), 덕수궁(德壽宮), 경희궁(慶熙宮)などがある→コラム
	널뛰기	**ノルトゥギ. 板跳び.** 伝統遊技の一つ. 뛰기は뛰다(跳ぶ)の名詞形
	윷놀이	[윤노리] **ユンノリ.** 伝統遊技の一つ. 놀이は놀다(遊ぶ)の派生名詞
	같은	**…のような.** 体言につく. 形容詞같다(同じだ)の現在連体形Ⅱ-ㄴ
	민속놀이	〈民俗-〉**民族伝統遊技**
	사물놀이	〈四物-〉 **サムルノリ.** 놀이は놀다(遊ぶ)からの派生名詞. 伝統農楽の1つ. 꽹과리, 징, 장구, 북の4種の楽器で演奏. それぞれ順に, 鉦(かね), 銅鑼(どら), 鼓(つづみ), 太鼓(たいこ)の一種
	전통예술공연	〈傳統藝術公演〉**伝統芸術公演.** 日本語の同音異義語と比べてみよ. 공연〈公演〉, 강연〈講演〉, 공원〈公園〉, 후원〈後援〉
	열리다	**開(ひら)かれる. 開(あ)く.** 열렸다 開かれた. 過去の한다体. 열다 開く. 開(あ)ける
04	어머님	**お母さま.** 어머니の尊敬語. 他人の母や配偶者の母を呼ぶときなど用いる. 自分の母に対しては 엄마 ママ. 어머니お母さん
	-를 위해서	**…のために.** 「-를 위해」とも. かたい書きことばでは「-를 위하여」と言う. 連体形では「-를 위한」
	경험하다	〈經驗-〉**経験する.** 한 달 살기로 제주도의 일상을 경험해 보세요 ひと月暮らすことで済州島の日常を経験してみてください
	어떻다	[形容詞] **どうだ.** Ⅱ어떠- Ⅲ어때-. 어때? どう?

06	MZ세대	〈-世代〉**MZ[엠지]世代.** MZ(Millennials and Generation Z)世代の略語.「千年の」の意味のミレニアムと, X世代, Y世代の次に来るZを利用して名付けたもの. 1990年代後半から2000年代初に生まれ, IT関係に卓越していると言われる世代
	스키를 타다	**スキーをする.** (←スキーを乗る)
	출발	〈出發〉**出発.** 출발하다 出発する. 두 시에 출발한다 2時に出発する
07	일찍	(時間的に)**早く. 早めに.** 빨리は(動きなどを)速く
	차례	〈-禮〉**祭祀**(さいし). (正月や秋夕に)차례를 지내다 祭祀を取り行う
	끝나다	**終わる.** 끝나자마자 終わるやいなや→表現
08	스키장	〈-場〉**スキー場**
	장비	〈裝備〉**装備.** 장비와 스키복을 렌털했다. 装備とスキー服をレンタルした. 스키폴 ストック. 보드 ボード. 고글 ゴーグル. 장갑 手袋
	렌털	**レンタル.** 標準語形は렌털だが렌탈もしばしば用いられている. 렌털하다 レンタルする
	리프트권	〈-券〉**リフト券**
	구매하다	〈購買-〉**購買する. 買い入れる.** 구매하니 買うと→表現
	훨씬	**ずっと. より. 遥かに**
	저렴하다	〈低廉-〉**安い. 低廉**(ていれん)**だ.** 싸다よりフォーマルな表現
09	신나게	**楽しくて浮かれて. 得意になって.** 신나다 [動詞] 楽しく浮かれる. 신나게は신나다の副詞形 I -게. 그는 신나서 얘기하고 있었다 彼は得意になって話していた
	위에서부터	**上から.** -에서부터は-에서(場所…で)+始点を表す-부터(…から)
	내려오다	**降りて来る**
10	새	**鳥.** 예쁜 새 두 마리를 키우고 있다 可愛い鳥を2羽飼っている
	날아오르다	**飛び上がる. 舞い上がる**
	가로지르다	**横切る. 横断する. 横に差し渡す.** 바람을 가로질러 風を横切って→表現. 가로 [名詞]横. [副詞]横に. 지르다 差す. 挿す. 突く. (火を)つける. 세로 縦(たて). 세로지르다という単語はない
	점프	**ジャンプ**
	높이	[副詞] **高く.** 높다 高い. -이は副詞を作る接尾辞. 깊다深い. 깊이 深く

	솟아오르다	(空へ. 上へ)**飛び上がる. 湧き上がる. 噴き上がる. 昇(のぼ)る.** 바다 저편에서 태양이 솟아올랐다 海のあちら側から太陽が昇って来た
11	이루	[副詞] **到底**(…できない). 이루 다 말할 수 없다 到底ことばで言い尽くせない
	스릴	**スリル.** thrill [θrɪl]から. thの発音, **無声音**[θ]は스-.「1, 2, 3, 4」は, 원, 투, 스리, 포. [θɪ]の音も시で表記するので, 싱크탱크 シンクタンク. ただし**有声音**のthe [ðə]は더, that [ðæt]は댓
	환희	〈歡喜〉**歓喜**
12	한 번 더	〈-番-〉**もう一度**
	으악	[間投詞] **キャッ.** 悲鳴の声
	여지없이	〈餘地-〉**いやおうなしに. 余(あま)すところなく**
	엉덩방아를 찧다	**尻もちを突く.** 엉덩이(尻)+「방아를 찧다」(臼(うす)を搗(つ)く). 쌀을 찧다 米を搗く
	땅	**地面. 地**
	굴러 떨어지다	**転がり落ちる.** 구르다(転がる)と 떨어지다(落ちる)の合成語. 공이 아래로 굴러 떨어졌다 ボールが下へと転がり落ちた
13	아우성치다	〈-聲-〉**わめく. わめき散らす**
	달려오다	**走って来る**
14	어떡하다	[動詞]**どうする.** 어떡해は「どうしよう」の意. 驚いたときや困ったときの間投詞. 他に아이고(あらま), 큰일났다(大変だ)なども用いる
	큰일나다	[크닐라다]**大変なことが起こる.** 큰일「大変なこと. 大事」の意では〈終声の初声化〉を起こし[**크닐**],「結婚や還暦などの大きな行事や儀式」の意のみ〈nの挿入〉を起こし[큰닐]と発音する. 韓国語では鉄則である〈終声の初声化〉を起こさない唯一の場合が〈nの挿入〉である
15	구급차	〈救急車〉**救急車.** 응급차〈應急車〉, 앰뷸런스(← ambulance)とも
	불러야 되나	**呼ばなければならないかな.** 부르다(呼ぶ. 歌う)の〈III-야 되다〉(…しなければならない), そのＩ-나→表現

3a

3a 談話の表現

● 文体の選択 우리 말 놓자 タメ口でいいよね

韓国語の対話では，**敬意体か非敬意体かという文体の選択が必須**である．初対面の大人同士では当然敬意体で話すので，親しくなったり，相手との社会的な関係が解った時点で，**文体の変更を促す発話**が見られる．ドラマなどでも観察すると，面白い：

말씀 낮추세요. 저보다 훨씬 어른이신데요.

そんなに**丁寧におっしゃらないでください**（←**おことばをお下げください**）．私よりずっと年上でいらっしゃいますから．

과장님, **말씀 편하게 하세요.**

課長，**丁寧におっしゃらないでください**（←**おことば，楽になさってください**）．

말 놔도 되지? 내가 니 아버지뻘이 되니까 말이야.

「です・ます」とかじゃなくていいよな．俺がお前のおやじの世代にあたるわけだからな．

뭐? 나랑 동갑이야? 그럼 우리 **말 놓자.** 편하게 **반말해도** 되지?

ん？ 私と同い年なの？ じゃ**タメ口でいいよ**ね．**気楽に話して**いいよね？
（←私たち互いに**パンマルで行こう**）．

＊〈非敬意体で話す〉意の，上の〈**말씀을 낮추다**〉，〈**말을 놓다**〉〈**반말을 하다**〉を押さえよ．

05● 할지도 모르다 II-ㄹ지도 모르다 …するかもしれない [不確実な推測]

過去のことについては〈III-ㅆ을지도 모르다〉〈…したかもしれない〉:

어쩌면 먹을 음식이 **넉넉치 않을지도 몰라요.**

ひょっとしたら食べ物が**十分ではないかもしれません.**

동진이는 친구 만나러 **나갔을지도 몰라.**

トンジンは友達に会いに**出かけたかもしれない.**

그때가 내가 가장 밝게 빛나던 **시기였을지도 모르죠.**

あの時が私が最も明るく輝いていた**時期だったかもしれませんね.**

07● 하자마자 I-자마자 …するやいなや. …してすぐに [即時]

〈…するやいなや〉の意の接続形.〈…して/したらすぐに〉の意ではあっても, III-ㅆ-には用いられない:

인스타에 사진을 **올리자마자** "좋아요"를 받았다.

インスタに写真を**上げるやいなや**, いいねをもらった.

침대에 **눕자마자** 잠이 들어 버렸다.　　ベッドに**横になったとたん**, 寝入ってしまった.

● 하나 마나 II-나 마나 …してもしないのと同様 [無駄]

I-자마자と一見形は似ているが, 全く別の形で, 意味も全く異なる.〈하나 마나 하다〉の形で好んで用いられる. なお,〈하나 마나 하다〉はこのように分かち書きする:

아몬드 몇 알 **먹으나 마나**예요. 배고파 죽겠어요.

アーモンド何粒**食べても食べた気もしません**(←おんなじです). お腹すいて死にそうです.

언니랑 **하나 마나** 한 얘기는 이제 그만하고 싶어요.

姉さんと**, 言っても言わなくても**いい(ような)話(をするの)は, もうやめたいです.

非敬意体の疑問形 해? 하나? 하니? 하냐?

非敬意体で用いられる, 해体以外の疑問形を整理しよう.

非敬意体の疑問形

	ニュートラル	疑念法	＋慮(おもんばか)り	＋ぶしつけ
非敬意体	해?	하나?	하니?	하냐?
	밥 먹었어? ご飯, 食べた?	밥 먹었나? ご飯, 食べたのかな?	밥 먹었니? ご飯, 食べたの?	밥 먹었냐? 飯(めし), 食った?
敬意体	해요?	하나요?		
	밥 먹었어요? ご飯, 食べましたか?	밥 먹었나요? ご飯, 食べたんですか?		

15● 하나? **Ⅰ-나?** **…するのかな? [疑念の非敬意体]**

疑念のムードを表す非敬意体の疑問形. 推測していることに対する**確認, 疑念**(ぎねん)**を,** 〈…するのかな?〉と**話し手が独り言のように述べる.** 質問の際にストレートな質問を避け, **聞き手への負担を減らす働きの疑問形**. 丁寧な形の**하나요** **Ⅰ-나요?**(…するのでしょうか)も, ある事実に対する確認, 疑念の意味が加わり, 해요?(…しますか←することになっていますか)という一般的な疑問形に比べ, **聞き手への負担を減らした, より柔らかい疑問形**となる:

우리는 집엔 언제 **가나**?　　私たち家にはいつ**帰れるんだろう.**

석우는 벌써 **갔나**?　　ソグはもう**帰ったかな?**

미세먼지가 심하면 기침도 **심해지나요**?

PM2.5〈微細-〉(こまかなほこりの意)がひどければ, 咳も**ひどくなるものでしょうか?**

疑問文で間接的に命令や依頼を表すのにも用いられる:

유진아, 집에 프린터 종이 사 놓은 거 **없나?**

ユジン, 家にプリンタの用紙, 買っておいたの**ないかな?**(あれば持って来て)

● 하려나? II -려나? …するのだろうか？ [推測自問]

Ⅰ-나?より推測の意が濃くなる. 推測の独り言的な自問に用いる. 心配, 憂慮, 不安の気持ちを伴う. 過去のことについては, **했으려나** 〈**III-ㅆ으려나**〉(…しただろうか)の形をとる. **II -려-**は意志や推測の接尾辞:

형은 군대를 언제쯤 **가려나?** 兄さんはいつごろ**入隊するのかな?**

내 동생도 철이 들면 말을 좀 잘 **들으려나?**

私の弟も物心(ものごころ)がつけば, **いい子になるのかな?**

어버이날에 드린 선물은 부모님 맘에 **드셨으려나?**

「父母の日」に差し上げたプレゼントは, 両親は気に**入ってくれたろうか**.

이 문제는 수진이한테는 **어려우려나? 쉬우려나?**

この問題はスジンには**難しいかな? 易しいかな.**

● 하니? II -니? …するの？ [非敬意体疑問形]

非敬意体の疑問形の1つ. 해?という해体の疑問形より相手への慮(おもんばか)りや思いやりが感じられる. 母が子へ, 友人同士, **年上が年下に**多く用いる. 子が親になどは用いない:

수학여행은 잘 **갔다왔니?** 修学旅行は**良かった?**

오늘은 영어 학원 가는 **날이니?** 今日は英語の塾に行く**日?**

과학 수업 노트 좀 **빌려 줄 수 있니?** 科学の授業のノートちょっと**貸してくれる?**

● 하냐? I -냐? …する？ [非敬意体疑問形]

非敬意体の疑問形の1つ. 兄弟や友人, 年上が年下に用いる. **親しい間柄のみで使う. 非敬意体**(→文法)の中でもぞんざいな表現で, 하니?よりぶしつけな感がある:

지금 뭐 **하냐?** 今, 何**やってんの?**

너, 그게 말이 **되냐?** あんた, そんなの**通じると思ってんの?**(話にならないよ←**ことばになる?**)

리포트 다 **썼냐?** レポート**書き終わった?**

08● 하니 II-니 …するから．…すると［理由・契機］

接続形語尾．書きことばに主に用いられる．話しことばではⅡ-니까．理由や契機を表す：

리프트권까지 같이 **구매하니** 훨씬 저렴하다.

リフト券まで一緒に**購入すると**(理由)，ずっと廉価だ．

맛을 **보니** 간이 하나도 되어 있지 않았다.

味見を**したら**(契機)，味付けが全くできていなかった．

10● 해, 하여 用言のIII …し．…して［原因，動作の先行，動作の様態］

用言のⅢの形だけで接続形となる．書きことばに用いられる．하다用言の第Ⅲ語基は通常は**해**だが，**하여**という第Ⅲ語基が用いられると，非常に固い書きことばになる．これらはいずれも話しことばでは**해서**(Ⅲ-서)が用いられる：

제철 채소로 음식을 **만들어** 이웃과 **나눠** 먹었다.

季節の野菜で料理を**作り**，隣の家と**分けあって**食べた．（書きことば）

오늘은 피자를 **만들어서** 동생들과 **나눠서** 먹었어요.

今日はピザを作って，弟たちと**分けあって**食べました．（話しことば）

이름**하여** 홍길동.

名づけて**曰**(いわ)**く**，洪吉童(ホン・ギルトン)．（書きことば）

이렇듯 만주족이 **대두하여** 명이 멸망하였다.

このように満洲族が**台頭し**，明が滅亡したのであった．（書きことば）

3a

3a 文法

1. 韓国語のスピーチレベル

1a文法では主に書きことばの한다体について確認した. ここでは韓国語の**スピーチレベル**について概観しながら, とりわけ非敬意体について詳しく学ぼう.

英語などとは異なり, 韓国語や日本語は文を**丁寧に言うか, ぞんざいに言うかが, 用言の形造りとなって現れる**. 例えば「します」は丁寧, 「する」はぞんざいである. 丁寧さの度合いがこのように用言の形造りに現れた**丁寧さの段階**を, **スピーチレベル**(speech level)と呼ぶ. 丁寧さの文法範疇は**待遇法**と呼ばれる.

韓国語のスピーチレベルの全体像を見てみよう:

●韓国語の文体とスピーチレベルの全体像

話しことば 입말체				書きことば 글말체	
		文体の名称	命令形による名称		文体の名称
丁寧 ↑	敬意格式体	합니다体	합쇼体	中立体	한다体
	敬意体	해요体	해요体		
	半敬意格式体	하오体	하오体		
↓	非敬意格式体	하네体	하게体		
ぞんざい	非敬意体＝반말	해体	해体		

＊文体の名称は**動詞하다(する)の終止形の平叙形**(平叙法)の形で名づけている. 文法家によっては, 命令形(命令法)を用いて, 합니다体を합쇼体と呼ぶむきもあるが, 합쇼という形は実際には用いられない形なので, そうした名称は推奨しない.

＊**하네体の하네という形はどこまでも平叙法**である. 話の現場における発見的な感嘆に用いられる**感嘆法の하네**(→1a文法1.5)**とは異なる**ものである. 感嘆法には하네요という丁寧な形も存在するのに対し, 하네体の平叙法はぞんざいなこの하네という形だけで, 丁寧な形はない.

＊합니다体よりも丁寧な**하나이다体**(するのでございます)やさらに丁寧な**하옵나이다体**(するのでございます)がある. これらは時代劇など, 擬似的な会話体でのみ用いられる.

韓国語の文体 1

[1]**文体は，話しことばと書きことばで互いに異なる.** ゆえに左の表のように区分するのが良い. ほとんどの文法書は한다体まで入れて一列に並べているけれども，それは実際の言語使用に即(そく)していない.

[2]話しことばでは，大人同士の丁寧な会話では，丁寧な敬意体(けいいたい)である합니다体と해요体を用いる. 敬意体のうち，합니다体は**格式体**(かくしきたい)である. 改(あらた)まった発話に用いられる. どちらかというと，女性より男性の使用が多い. 해요体は今日のソウルことばにおいて，男女を問わず，敬意体の圧倒的な主流をなしている. 非敬意体(ひけいいたい)である해体は，年齢の上下と関わりなく，親しい間柄で，とりわけ親しい友人間や，生徒や学生のクラスメート間，親子などで用いられる. 해体は반말と呼ばれる. **ソウルことばにおけるスピーチレベルは，①합니다体해요体という敬意体と，②해体という非敬意体で，二極構造をなしている.**

한국어의 문체 1

[1] **문체는 입말체와 글말체가 서로 다르다.** 따라서 왼쪽 표와 같이 구분하는 것이 좋다. 대부분의 문법서는 〈한다체〉까지 넣어 한 줄로 나열하고 있으나, 이는 실제 언어 사용에 위배된다.

[2] 입말체에서는 어른의 정중한 대화에서 정중한 경의체인 〈합니다체〉와 〈해요체〉를 사용한다. 경의체 중 〈합니다체〉는 **격식체**이다. 격식을 갖춘 발화에 사용된다. 여성보다 남성이 더 많이 사용한다. 〈해요체〉는 오늘날 서울말에서 남녀를 막론하고 경의체의 압도적인 주류를 이루고 있다. 비경의체인 〈해체〉는 나이의 많고 적음과 상관없이 친한 사이에서, 특히 친한 친구 사이나, 학생들끼리, 부모와 자식 사이에서 사용된다. 〈해체〉는 〈반말〉이라고 불린다. **서울말에서 스피치레벨(대우법의 체계)은 ①〈합니다체〉, 〈해요체〉라는 경의체와 ②〈해체〉라는 비경의체로 양극 구조를 이루고 있다.**

韓国語の文体 2

●敬意体 格式体の합니다体と非格式体の해요体

[3]**ソウルことば**と, ソウルことばを基礎に定めた**標準語**の敬意体は, 格式体である합니다体と非格式体である해요体がある. これまで学んだ大部分の文体は합니다体と해요体であった.

[4]**합니다体**の命令形は尊敬形で하십시오, **해요体**の命令形は非尊敬で해요, 尊敬形で하세요となる.

*韓国の標準語はソウルことばを土台に人為的に定めたことばである. それゆえ公共放送のアナウンサーがニュース等で用いることばが標準語であると言うことはできても, 日常的に標準語で話をする人はいない. ソウルで生まれ育った人々の話しことばは, 基本的にソウルことばであると言える. ソウル出身のアナウンサーたちも日常生活では標準語ではなく, ソウルことばを用いているのである.
*ソウルことば以外の方言では, 方言ごとに話しことばの文体が異なる. 書きことばでは한다体で統一されている勘定になる.

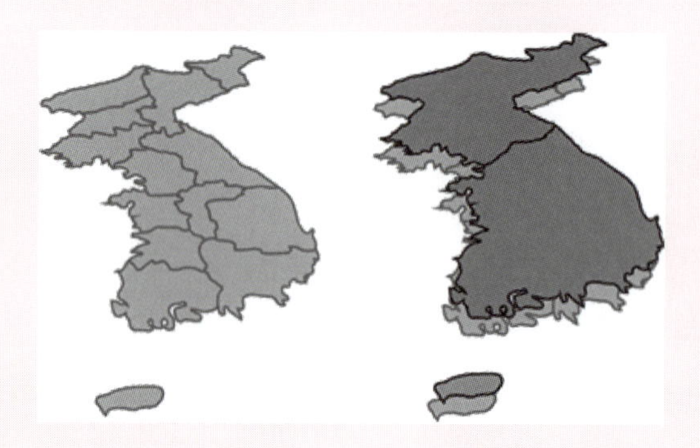

■左は話しことばの区画
=分断前の方言の区画
■右は書きことばの区画
=現在の南北の標準語の区画

■地図のように
話しことばと書きことばは
2層になっている

● 半敬意体 하오体

[5]**하오体**はソウルことばでは消滅しつつある. 합니다体や해요体ほどの敬意を表すわけではないが, 해体よりは丁寧で格式も有している. 現在は時代劇で初対面の両班の男女の会話など, ドラマなどでのみ接することができる. 建物のドアの掲示に付されている命令形「미시오」(押してください)などは, この하오体が残っている稀有(けう)な例である. 하오体の命令形は, 非尊敬形は하오, 尊敬形は하시오である. 해요体同様, 하오体でも平叙形の語尾を上げれば, 疑問形ができあがる. 母音語幹と, ㄹ語幹には-오, 子音語幹には-소がつく.

한국어의 문체 2

● 경의체 격식체인 〈합니다체〉와 비격식체인 〈해요체〉

[3] **서울말**과 서울말을 기초로 정한 **표준어**의 경의체에는 격식체인 〈**합니다체**〉와 비격식체인 〈**해요체**〉가 있다. 지금까지 배운 대부분의 문체는 〈합니다체〉와 〈해요체〉였다.

[4] 〈합니다체〉의 명령형은 존경형으로 "하십시오", 〈해요체〉의 명령형은 비존경형으로 "해요", 존경형으로 "하세요"가 된다.

*한국의 표준어는 서울말을 토대로 인위적으로 정한 말이다. 그러므로 공공방송의 아나운서가 뉴스 등에서 사용하는 말이 표준어라고 할 수는 있어도 일상적으로 표준어로 이야기하는 사람은 없다. 서울에서 태어나 자란 사람들의 입말체는 기본적으로 서울말이라 할 수 있다. 서울 출신의 아나운서들도 일상생활에서는 표준어가 아니라 서울말을 사용하고 있는 것이다.

*서울말 이외의 방언에서는 방언마다 입말체가 다르다. 글말체는 〈한다체〉로 통일되어 있는 셈이다.

● 반경의격식체인 〈하오체〉

[5] 〈**하오체**〉는 서울말에서 점점 사라지고 있다. 〈합니다체〉,〈해요체〉만큼의 경의(敬意)를 나타내는 것은 아니지만 〈해체〉보다 정중하고 격식도 가지고 있다. 현재에는 사극에서 처음 만난 양반 남녀의 대화 등 드라마 같은 곳에서만 접할 수 있다. 건물 문 앞에 붙어 있는 명령형 "미시오"(눌러 주세요) 등은 이 〈하오체〉가 남아 있는 드문 예이다. 〈하오체〉 명령형의 비존경형은 "하오", 존경형은 "하시오"이다. 〈해요체〉와 마찬가지로 〈하오체〉도 어미를 올리면 의문형이 된다. 모음어간, ㄹ어간에는 -오, 자음어간에는 -소가 붙는다.

이 여인의 빚이 얼마이건 다그치지 마시오.
この女人(にょにん)の借財(しゃくざい)がいくらだとて, 催促なさらないでくだされ.

조선 제일의 갑부가 누군지 아오?　朝鮮第一の長者が誰かご存知かな?

어디 다녀오시오? — 장날이라 장터에 다녀왔소.
どちらへおいでになりますの?— 市の立つ日なので, 市場に行って来ました.

非敬意格式体 하네体

[6]**하네体**は，徐々に消滅の方向へと向かっているが，娘の父母が婿に用いるなど，限定的な場面で用いられている．하오体ほどの敬意は有さず，目下の者に用いる文体である．しかし非敬意体としての해体よりは聞き手に対して敬(うやま)う気持ち，礼儀を備えた文体なので，目下ではあってもいたずらにぞんざいな扱いをできない相手に用いる．財閥の会長が家の使用人に用いるなど，ドラマでもしばしば用いられている．하네体の命令形は非尊敬形では하게，尊敬形では하시게という形をとる．하네体の疑問形には하는가，勧誘形は하지などの形が用いられる．

[7]ドラマや戯曲，小説の会話文などの創作物での会話文は，実際の日常会話ではない，〈**擬似会話体**〉(ぎじかいわたい)と呼ぶ．하오体や하네体は擬似会話体で主に用いられる文体となりつつあると言ってよい．

非敬意体 해体＝반말

[8]**해体**は非敬意体＝반말として極めて広く用いられている．目上目下の区別なく，親しい間柄で最も気楽に使える．命令形の形は非尊敬で해，出現頻度は低いが，尊敬形は하셔となる．

＊하셔は尊敬形だが，文末は해体であり，聞き手に対しては非敬意体である．親しい間柄で礼儀を保つための表現などで用いる．

書きことばの文体 中立体 한다体

[9]**書きことばの基本的な文体は한다体である．**シナリオ，小説の会話文，手紙などで，**〈話すように書く〉場合にのみ，話しことばの文体から適切な文体を借りて用いる．**

右ページの韓国語の文章の文体は한다体である．

● 비경의체 〈하네체〉

[6]〈**하네체**〉는 점차 사라지는 경향이 있으나 딸의 부모가 사위에게 사용하는 등 한정적인 장면에서 쓰이고 있다. 〈하오체〉만큼의 경의는 없고 아랫사람에게 사용하는 문체이다. 그러나 비경의체로서의 〈해체〉보다는 듣는 이에 대한 경의와 예의를 갖춘 문체이므로 아랫사람이라도 함부로 가볍게 대할 수 없는 상대에게 사용한다. 재벌 회장이 집안의 직원에게 사용하는 등 드라마에서도 자주 쓰이고 있다. 〈하네체〉 명령형의 비존경형은 "하게", 존경형은 "하시게"라는 형태를 취한다.〈하네체〉의 의문형에는 "하는가", 권유형은 "하지" 등의 형태가 사용된다.

[7] 드라마나 연극, 소설의 대화문 등 창작물의 대화문은 실제의 일상회화가 아닌 〈**의사적 회화체**〉(擬似的會話體)라고 부른다. 〈하오체〉나 〈하네체〉는 의사적 회화체에서 주로 사용되는 문체라고 할 수 있다.

(사위에게) 김 서방, 오늘은 우리 이만 돌아가네. 나오지 말게.

(婿(むこ)に) 金さん, 今日は私たちこれで失礼するからね. 見送らなくていいよ.

회장님, 안녕히 주무십시오.— 그래, 자네들도 편히 주무시게.

会長, お休みなさいませ. — うん, 皆(みな)もぐっすり休みたまえ.

● 비경의체 〈해체〉=반말

[8]〈**해체**〉는 비경의체로 아주 널리 쓰이고 있다. 윗사람, 아랫사람이라는 구별 없이 친한 사람들 사이에서 가장 편하게 쓸 수 있다.명령형의 형태는 비존경형으로 "해", 존경형은 드물지만 "하셔"가 된다.

*"하셔"는 존경형이지만 문말은 〈해체〉이며 듣는이에 대해서는 비경의체이다. 친한 사람들 사이에서 예의를 지키기 위한 표현 등으로 사용한다.

● 글말체 중립체 〈한다체〉

[9] **문장을 쓰는 글말체의 기본적인 문체는 한다체이다.** 시나리오, 소설의 대화문, 편지 등에서 **〈말하듯이 쓰는〉 경우에만 입말체 문체에서 적절한 문체를 빌려 쓴다.**

지금 이 글의 문체는 〈한다체〉이다.

1.1. 日本語と韓国語の文体

日本語と韓国語の文体の対応関係を整理しておこう. 韓国語の方が文体が豊富なので, きれいに対応するわけではない:

	日本語		韓国語			
話しことば	です・ます体	します	敬意格式体	**합니다体**	있습니다	책입니다
			敬意体	**해요体**	있어요	책이에요
			半敬意格式体	**하오体**	있소	책이오
			非敬意格式体	**하네体**	있네	책이네
	だ体	する	非敬意体	**해体**	있어	책이야
書きことば	だ・である体	する	中立体	**한다体**	있다	책이다

1.2. 日本語も韓国語も〈丁寧:非丁寧〉は待遇法,〈尊敬:非尊敬〉は尊敬法

丁寧さの文体によるスピーチレベルを考える際に, **聞き手に対する〈丁寧:非丁寧〉**という敬意を表す軸と, **話題として言及する人物に対する〈尊敬:非尊敬〉**という敬意を表す軸は, 互いに異なるものである. 文法論では**〈丁寧:非丁寧〉は待遇法**と言い, **〈尊敬:非尊敬〉は尊敬法**と呼んで, 区別する. 待遇法は, 受話者に対する〈丁寧:非丁寧〉の段階である.

幸いなことに, これら2つの軸は, 日本語も韓国語と同じように交差する十字分類の仕組みとなっているので, 解りやすい. 待遇法と尊敬法を総称して**待遇表現**と言う.

「先生が来た」ということを, 下記の用言の形のパラダイムでどう表すかを見よう. 待遇法のスピーチレベルと尊敬法が交差していることを, 確認せよ.

話し手Aが聞き手Bに 「先生が来たか」を尋ねる		尊敬法	
		非尊敬 先生に対する敬意なし	**尊敬** 先生に対する敬意あり
待遇法	聞き手に対する敬意なし **非丁寧**	先生来た? **선생님 왔어?**	先生いらっしゃった? **선생님 오셨어?**
	聞き手に対する敬意あり **丁寧**	先生来ました? **선생님 왔어요?**	先生いらっしゃいました? **선생님 오셨어요?**

***話題の人物=聞き手の場合は,** 명희 씨, 왔어?(ミョンヒさん来たの?)や 명희 씨, 오셨어?(ミョンヒさん, いらっしゃったの?)を, 聞き手であるミョンヒさんにも用いることができる.

〈非敬意体＝반말〉とその核をなす해体

2. ぞんざいな非敬意体の文体

非敬意体は반말と呼ばれる.

①해体と, ②その他のぞんざいな形が, 非敬意体＝반말を構成する.「하지.」「하지?」「할래.」「할래?」などぞんざいな終止形はもちろん,「하고.」「해서.」「하면서?」などのように丁寧化のマーカー-요なしで用言を接続形終止させる形も, 非敬意体の一種である:

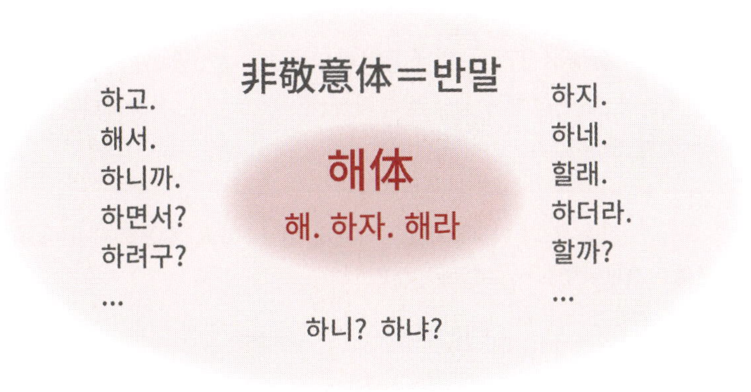

非敬意体＝반말

하고.
해서.
하니까.
하면서?
하려구?
…

해体
해. 하자. 해라

하지.
하네.
할래.
하더라.
할까?
…

하니? 하냐?

2.1. 非敬意体(반말)の核をなす文体＝해体

해体は, 平叙形, 疑問形, 勧誘形, 命令形の全てに, 用言の第III語基の形を使える. イントネーションが異なるだけである. 하다で用言を代表させれば, 해となることから, 해体と呼ぶ. **해体は〈非敬意体〉の用言の形の核をなす**. 해体を整理しておこう:

用言		III	平叙形	疑問形	勧誘形	命令形
動詞	먹다	먹어	먹어.	먹어?	먹어./먹자.	먹어./먹어라.
存在詞	있다	있어	있어.	있어?	있어./있자.	있어./있어라.
形容詞	좋다	좋아	좋아.	좋아?	—	—
指定詞	-(이)다	-야	나야.	나야?	—	—
		-이야	책이야.	책이야?	—	—

①動詞, 存在詞, 形容詞は, 丁寧な**해요体から-요を削除する**と作ることができる. つまり해体は앉아, 있어, 좋아のような, 用言の第III語基で終止する形となる.

指定詞-(이)다は**母音で終わる体言には -야**, **子音で終わる体言には -이야**の形をとる.

②**해体**にはIIIで終止する形のほかに, **勧誘形**には**Ⅰ-자** (例:먹자), **命令形**には**III-라**(먹어라)もある. これらは**해体のヴァリアント**と考えてよい. なお**II-라**(먹으라)は해体ではなく, 한다体の命令形(→1a).

③存在詞の勧誘形, 命令形は, 있다にのみ用いられる. 맛있다, 재미있다などの있다の合成語や없다については勧誘形, 命令形は用いない.

④形容詞には勧誘形, 命令形はない. ただし하다用言のいくつかの形容詞は例外的に用いられる. 행복하다>행복하자(幸せになろう), 행복해라(幸せでいろ). 건강하다> 건강하자(健康でいよう), 건강해라(健康でいろ).

⑤Ⅰ-지요(Ⅰ-죠), Ⅰ-거든요, Ⅰ-는데요/Ⅱ-ㄴ데요, Ⅱ-ㄹ까요?などの終止形語尾も, **-요を削除すれば, 非敬意体**のスピーチレベルの形となる.

2.2. 非敬意体＝반말

多様な語尾のついた, ぞんざいな形も見てみよう. 해体と共に, **非敬意体**の重要なメンバーである. 해体とこうした形を総称して, 一般に**반말**と呼んでいる.

＊ぞんざいな非敬意体＝반말に対して, 해요体や합니다体など丁寧な敬意体を, しばしば**존댓말**〈尊待-〉[tʃondɛnmal]と呼ぶことがある. 존댓말は正しくは아버님や선생님, 따님, 아드님, 진지などのような〈尊敬:非尊敬〉に関わる単語レベルの**尊敬語**(**높임말**:高めることば)のことであって, 用言の〈非丁寧:丁寧〉に関わるスピーチレベルの敬意体の意ではない. しかし日常の言語生活では, 〈**非敬意体 vs 敬意体**〉のことを〈**반말 vs 존댓말**〉という図式で語ることが, 少なくない. なお, 뵙다(お目にかかる), 여쭙다(お伺いする), 드리다(さしあげる)などは単語レベルの謙譲語である.

해体はイントネーションが重要な役割を果たす. 次の例で, 太字部分は非敬意体=반말である:

A: 오늘 어디 **가지?**	A: 今日どこ**行こうか?**
B: 미술관 **가자.**	B: 美術館**行こうぜ.**
A: **그래.** 같이 **가.**	A: うん, 一緒に**行こっか.**
B: 누나한테도 가자고 **할까?**	B: 姉さんにも行こうって**言おうか?**
A: **좋아.** 근데 **가려나?** 누나 **바쁘잖아.**	A: **いいよ.** けど, **行くかな?** 姉さん, **忙しいじゃん.**
B: **아니야. 안 바빠.** 아마 **갈 거야.**	B: **いいや. 忙しくないよ.** たぶん**行くよ.**

3a

아무리 신입 사원이라고, 이런 것도 제대로 **못해?**

—— 왜 저한테 반말이세요?

—— 아니, 그냥 그렇다는 **거지.** 내가 언제 반말을 했다고 **그래?**

いくら新入社員だからって, こんなのもろくに**できないのか?**

——どうして私にそんな話し方なさるんですか(←なんだって私にパンマルなんですか)

——いや, ただそうだって**ことだよ.** 私がいつ偉そうに言ったって**言うわけ?**
(←いつパンマルで話したって言うわけ?)

*近年の知性的な職場などでは部下への해体は徐々に避けられる傾向にある.

コラム

고궁 이야기 古宮物語

[1]王(임금)が住まう宮殿(궁전)を宮闕(궁궐. きゅうけつ. 闕は〈宮殿の門〉の意)と呼び, 古い宮闕を古宮(고궁)と言う. ドラマなどでは「궁으로 가자」(王宮に帰ろう)などという台詞(セリフ)があるように, 宮(궁)だけでも用いられる. 궁はドラマのタイトルになりもした. 대궐〈大闕〉も궁궐と同じ意だが, 王宮や非常に大きな家を言うとき, 「대궐 같은 집」(宮殿のような家)のように用いることが多い.

[2]漢字が異なる「故宮」(Gùgōng. クーコン; こきゅう. 고궁)は, 古典中国語である漢文や現代中国語では「古い宮殿」の意で用いられ, 明(みん. 1368-1644. 청)や清(しん. 1636-1912. 청)の北京の王宮であった紫禁城(Zǐjìnchéng. ツーチンチェン; しきんじょう. 자금성)を指しもする.

以下は朝鮮時代の歴史を拓(ひら)いてきた, 現在のソウルにある五大古宮の物語である:

1. 景福宮 (けいふくきゅう)

[3]高麗時代(고려시대. 918-1392)の武人(무인)であった李成桂(1335-1408. 이성계)は, 自身が擁立(ようりつ)した高麗の第34代国王・恭譲王(공양왕)を排し, 1392年に朝鮮(조선)を建国した. 太祖・李成桂は王都を開京(개경), 今日の開城(개성)から, 現在のソウルである漢陽(한양)に遷都し, 1395年(太祖4年), 漢陽に景福宮を建立(こんりゅう)した.

[4]その後景福宮は朝鮮の王と王族が過ごす法宮(正宮)として使用され, 第4代世宗大王(在位1418-1450)はここに集賢殿を置き, 臣下たちと学問に心酔しもした. しかしこうした景福宮は日本の豊臣秀吉による壬辰倭乱(じんしんわらん. 1592-1598)の時に火災で焼失してしまう. その後, 景福宮は長い歳月, 廃墟として残ることとなった.

[5]1867年(高宗4年)壬辰倭乱で焼失して以来270年が過ぎて, 景福宮が再建される. 日本に主権を奪われた王である第26代・高宗は, 11歳という幼い年で王位につき, 父である興宣大院君(1821-1898)が実質的に権力を掌握した. 興宣大院君は莫大な経費をつぎ込み, 景福宮を大規模に再建し. しかしそれにより国の経済は混乱に陥り, 国力はさらに弱体化し, ロシアなど列強の朝鮮争奪戦は加速化した.

[6]1895年には日本の公使であり予備役陸軍中将であった三浦梧楼の指揮下に, 日本軍といわゆる日本の「大陸浪人」たちが景福宮を奇襲し, 高宗の王妃である明成皇后を弑害(しがい)するということが起こる. この事件を乙未事変(いつみじへん)と呼ぶ. 日本は明成皇后を「閔妃」(びんひ)と呼んで蔑視し, この事件を後に「閔氏事件」と称した.

칼럼

고궁 이야기 古宮物語

[1] 임금이 사는 궁전(宮闕)을 궁궐(宮闕. きゅうけつ. "궐"은 〈궁궐의 문〉이라는 뜻)이라고 부르며, 오래된 궁궐을 고궁(古宮)이라고 한다. 드라마에서 '궁으로 가자' 라는 대사가 있는 것처럼 "궁"(宮)만으로 쓰이기도 한다. "궁"은 드라마 제목이 되기도 했다. 대궐(大闕)도 궁궐과 같은 뜻인데 왕궁이나 아주 큰 집을 말할 때 '대궐 같은 집' 처럼 사용하는 경우가 많다.

[2] 한자가 다른 "고궁"(故宮, Gùgōng, 고궁)은 고전중국어인 한문이나 현대중국어에서 "오래된 궁전"이라는 뜻으로 쓰이며 명(明.1368-1644)과 청(清.1636-1912)의 왕궁이었던 베이징의 자금성(紫禁城)을 가리키기도 한다.

다음은 조선시대의 역사를 일구어 낸 현재 서울의 5대 고궁의 이야기다:

3a

1. 경복궁 (景福宮)

[3] 고려시대 무인이었던 이성계(李成桂, 1335-1408)는 자신이 옹립한 고려의 제34대 왕인 공양왕(恭讓王)을 몰아내고 1392년에 조선을 건국한다. 태조 이성계는 수도를 개경(開京), 오늘날의 개성(開城)에서 현재의 서울인 한양(漢陽)으로 천도하고 1395년(태조4년) 한양에 경복궁을 건립했다.

[4] 그후 경복궁은 조선의 왕과 왕족들이 지내는 법궁(정궁)으로 사용되었으며 제4대 세종대왕(世宗. 재위 1418-1450)은 이곳에 집현전을 두고 신하들과 학문에 심취하기도 하였다. 그러나 이러한 경복궁은 일본의 도요토미 히데요시에 의한 임진왜란(壬辰倭亂. 1592-1598) 때 불타 소실되고 만다. 그후 경복궁은 복구되지 못한 채 오랜 세월 폐허로 남게 되었다.

[5] 1867년(고종 4년), 임진왜란으로 소실된 지 270여년이 지나서야 경복궁이 재건된다. 일본에 주권을 침탈당한 왕인 제26대 왕, 고종(高宗. 재위 1863-1897)은 11세의 어린 나이에 왕위에 올랐고 아버지인 흥선대원군 (興宣大院君. 1821-1898)이 실질적인 권력을 장악했다. 흥선대원군은 막대한 경비를 들여 경복궁을 대규모로 재건하였다. 그러나 그로 인해 나라의 재정, 경제는 혼란에 빠지고 국력은 더욱 약화되었으며 러시아 등 열강들의 조선 쟁탈전은 가속화되었다.

[6] 1895년에는 일본 공사이자 예비역 육군 중장이었던 미우라 고로(三浦梧樓)의 지휘하에 일본군과 소위 일본의 "대륙낭인"들이 경복궁을 기습공격하여 고종의 왕비 명성황후 (明成皇后.1851-1895)를 시해(弑害)하는 일이 벌어진다. 이 사건을 을미사변(乙未事變) 이라고 부른다. 일본은 명성황후를 "민비(閔妃)"라 부르며 멸시하였고 이 사건을 후에 "민씨사건 (閔氏事件)"이라고 칭하였다.

コラム

2. 昌徳宮 (しょうとくきゅう)

[7]朝鮮の第2代の王である正宗(在位 1398-1400)が, 漢陽から開京(개경 : 今日の開城개성)へと遷都したものの, 第3代の王である太宗(1367-1422)は, 1405年(太宗5年)に再び都を漢陽へと遷都し, 景福宮とまた別の宮殿である離宮として, 昌徳宮を建てた. 昌徳宮は昌慶宮と続いており, 園内の北側には秘苑(비원)と呼ばれる, 奥深く美しい宮苑がある. 景福宮の再建まで270余年の間, 朝鮮の王と王族たちが法宮つまり正式の宮, 正宮として用いたところである.

[8]しかしながらここの附属建築物である興復憲(흥복헌)では, 1910年, 庚戌国恥(こうじゅつこくち. 경술국치)即ち35年間に亘(わた)った日本の統治が決定された. また付属の建物である楽善齋(낙선재)などでは, 光復(광복=解放)以降, 大韓帝国の最後の皇室の家族が帰国し, 起居し, 世を去った. 朝鮮の最後の王女として知られた徳恵翁主(덕혜옹주. 1912-1989)は, 日本の支配下にあって対馬の藩主の息子と結婚したが, 解放後の1962年に帰国し, 楽善齋に暮らし, 1989年, ここで世を去った. 昌徳宮は朝鮮王朝の最後を見守った古宮と言えよう.

2. 창덕궁 (昌德宮)

[7] 조선의 제2대 왕인 정종(正宗.재위 1398-1400)이 한양에서 개경(開京: 오늘날의 개성)으로 천도하였으나 3대 왕인 태종(太宗.재위 1400-1418)은 1405년(태종 5년)에 다시 수도를 한양으로 천도하면서 경복궁의 또 다른 궁궐인 이궁(離宮)으로 창덕궁을 세웠다. 창덕궁은 창경궁과 이어져 있고 원내의 북쪽에는 비원(秘苑)이라 불리는 그윽하고 아름다운 궁원이 있다. 경복궁 재건까지 270여년간 조선의 왕과 왕족들의 법궁 즉 정식의 궁, 정궁으로 사용한 곳이다.

[8] 그러나 이곳의 부속건물인 흥복헌(興復憲)에서는 1910년 경술국치(庚戌國恥), 즉 35년간에 이르렀던 일본의 통치가 결정되었다. 또한 부속 건물인 낙선재(樂善齋) 등에서는 광복 이후 대한제국(大韓帝國)의 마지막 황실 가족이 돌아와 기거하다 세상을 떠났다. 조선의 마지막 공주로 알려진 덕혜옹주(德惠翁主) 는 일본 지배 하에서 대마도 번주(藩主)의 아들과 결혼하였으나 해방 후 1962년 귀국하여 낙선재에서 지내다 1989년 이곳에서 세상을 떠났다. 창덕궁은 조선왕조의 마지막을 지켜본 고궁이라 하겠다.

*사진=창덕궁 비원의 모습 (저자 촬영)

コラム

3. 昌慶宮(しょうけいきゅう)

[9]1483年, 朝鮮第4代の王である世宗(세종, 在位1418-1450)が上王の太宗(テジョン:태종)のために昌徳宮(チャンドクグン:창덕궁)の東側に寿康宮(수강궁)を建て, 1483年, 第9代王である成宗(성종)の14年に寿康宮を重建して昌慶宮(창경궁)と改称した. 豊臣秀吉による壬辰倭乱で焼失し, 15代王である光海君(광해군, 在位1608-1623)が1616年に修復した.

[10]1911年, 日本の支配下の時代, 日本は名称を「昌慶園」と格下げし, 動物園と植物園として使用させた. 王宮の名誉と地位はひどく毀損され, 王宮としての姿は失われた. 光復後も長い間動物園として使われていた昌慶園は, 1983年から昌慶宮として名前を再び回復し, 王宮としての姿に復元が行われた.

4. 徳寿宮(とくじゅきゅう)

[11]当初は第9代王である成宗(성종, 在位1469-1494)の兄である月山大君(월산대군)の居所として用いられた. 壬辰倭乱の後は第14代宣祖(선조, 在位1567-1608)が一時的な住居として使用した. 第15代光海君(광해군)が宣祖の継母であった仁穆大妃(인목대비)を幽閉するために使用したこともある.

[12]複雑な外圧の渦の中で1897年, 第26代高宗(고종)が居住地をロシア公使館から徳寿宮(덕수궁)に移した後, 1910年に近代的な西洋式の建物である石造殿(석조전)を建て, ようやく古宮としての威容を整えた. しかし朝鮮の5大宮殿の中でその規模が一番小さい宮殿であった.

[13]古風で温かい感じの徳寿宮の石塀の道は, 今日愛する恋人や家族たちが好んで訪ねる散策路として有名なところでもある.

5. 慶熙宮(けいききゅう)

[14]光海君は昌徳宮を運気の悪い"凶宮"といって避け, 1617年(光海君9年)に慶德宮(경덕궁)を新たに建てた. しかし住まいを移す前に王位から追われた. 1760年に慶熙宮(경희궁)に改名され, 多くの建物が建てられ, 10代にわたって長い間, 王がここを使用した.

[15]日帝強占期(1910-1945), 日本の支配下の時代にほとんどの建物が取り壊され, 日本人学校などが建てられ, 王宮としての姿を完全に失った. 1985年から慶熙宮跡の発掘調査などを行い, 復元事業が行われた.

칼럼

3. 창경궁 (昌慶宮)

[9] 1483년 조선 제4대 왕인 세종(世宗, 재위 1418-1450)이 상왕 태종을 위해 창덕궁 동쪽에 수강궁(壽康宮)을 세웠으며, 1483년 제9대 왕인 성종 14년에 수강궁을 중건하여 창경궁으로 개칭했다. 도요토미 히데요시에 의한 임진왜란으로 소실되었고 15대 왕인 광해군(光海君, 재위 1608-1623)이 1616년에 중수(重修)하였다.

[10] 1911년 일본의 지배 하의 시기, 일본은 명칭을 "창경원(昌慶園)"으로 격하시키고 동물원과 식물원으로 사용하게 하였다. 왕궁의 명예와 지위는 심각하게 훼손되며 왕궁으로서의 모습은 사라지게 되었다. 광복 후에도 오랫동안 동물원으로 사용되던 창경원은 1983년부터 창경궁으로 이름을 다시 회복하고 왕궁으로서의 모습으로 복원이 진행되었다.

4. 덕수궁 (德壽宮)

[11] 처음에는 제9대 왕인 성종(成宗, 재위 1469-1494)의 형인 월산대군의 거처로 사용되었다. 임진왜란 이후에는 제14대 선조(宣祖, 재위 1567-1608)가 임시 거처로 사용하였다. 15대 광해군(光海君)이 선조의 계비였던 인목대비(仁穆大妃)를 유폐하기 위해 사용하기도 하였다.

[12] 복잡한 외압의 소용돌이 속에서 1897년 제26대 고종이 거처를 러시아 공사관에서 덕수궁으로 옮긴 후 1910년 근대 서양식의 건물인 석조전을 지으며 비로소 고궁으로서의 위용을 갖추게 되었다. 그러나 조선의 5대 궁궐 중 그 규모가 제일 작은 궁궐이었다.

[13] 고풍스럽고 따뜻한 느낌의 덕수궁 돌담길은 오늘날 사랑하는 연인이나 가족들이 즐겨 찾는 산책로로 유명한 곳이기도 하다.

5. 경희궁 (慶熙宮)

[14] 광해군은 창덕궁을 운기가 좋지 않은 "흉궁"(凶宮)이라 하여 피하고 1617년 (광해군9년)에 경덕궁(慶德宮)을 새로이 지었다. 그러나 거처를 옮기기도 전에 왕위에서 쫓겨났다. 1760년 경희궁으로 이름이 바뀌었고 많은 건물이 지어지며 10대에 걸쳐 오랫동안 임금들이 이곳을 사용하였다.

[15] 일제강점기(1910-1945), 일본의 지배하의 시기에 대부분의 건물들이 철거되었고 일본인 학교 등이 세워지며 왕궁으로서의 모습을 완전히 상실하였다. 1985년부터 경희궁 터의 발굴조사 등을 실시하며 복원사업이 진행되었다.

練習問題 3a

1. 次の日本語を韓国語に訳しなさい.

1.1. ひょっとしたら今が最も輝く時間かもしれない.

1.2. この野良猫はスジンさんが助けなかったら, 道で凍(こご)え死んでたかもしれませんね.

1.3. 話を聞いてみると, スジンの言うことが合ってるようだな. おまえが謝るのが良さそうだよ.

1.4. スーツを着ていると, 叔父は違う人のようだった.

1.5. 目の周りに乳液を塗るとすぐに, しっとり染み込んだ.

1.6. そのチャンネルに動画を載(の)せても載せなくても同じだよ. 誰も見ないよ.

1.7. 廃墟になった建物を壊し, 新しい市民公園を作った.

1.8. 経済学者の助言に勇気を得て, もう一度事業に挑戦してみることにした.

2. 次の対話を韓国語に訳しなさい.

2.1.

ヒジン : 今登録したら, すぐにオンライン授業がとれる(←聴ける)のかな?

スチョル : 登録してすぐは難しいよ. ここは毎週月曜日が開講日だよ.

2.2.

チユ : お客さんもいないし今日はもう店仕舞(みせじま)いしないといけないかな?

遅くまで店を開けとけば, お客さんがもっと来るかな? (←店の門を開けておけば, お客さんがもっとあるかな)

姉 : 天気も悪いし, 雨が降るかもしれないから, 今日はこれくらいにするのはどう?

2.3.

（兄が弟に小言を言う）

兄：ケータイ見るのそれくらいにしろよ（←それまで見ろよ）.

スマホばっかり見てて，お前の人生台無しにしたいわけ？

弟：兄貴だって毎日ゲームやってるじゃん．何で俺だけに言うわけ？

兄：お前はもうすぐ（←明日，あさって）修能試験じゃないか．勉強はみんなやったのか？

母：お前たち，何けんかしてんの？ けんかしないの！

スマホもゲームもこれからは1日に10分だけにしなさい．

2.4.

（母が婿に：하네体で）

母：この魚は今焼いたばかりのものですよ．一度召し上がってごらんなさいな．

婿：お母さんもご一緒にどうぞ．

母：いやいや．わたしゃさっき食べたよ．

ここに食べるものをちょっと包んでおきましたよ．

子供たちが食べるように持っておゆきなさい．

3b 광화문, 역사의 숨결 앞에

ポイント◆ 引用接続形．引用再確認法

01	대낮의 청명한 푸른 하늘에 별이 보였을 때 그 별들 사이로 얼굴 하나가 쑤욱 들어온다. 설마?	
02	준호	유아 씨, 괜찮아요? 정말 큰일날 뻔했어요
03	유아	앗! 웬일이세요? 바쁘시다더니 여긴 어떻게….
04	창피하게…. 기다렸던 '우리'의 만남이 이거라니.	
05	준호	아니, 석우 씨가 요코 씨만 부르셨던데요?
06		놀러 갈 때는 저도 불러 달라고 얘기했는데.
07		정말 섭섭합니다.
08	밤엔 다 같이 뮤지컬을 보러 갔다.	
09	세종문화회관 앞.	
10	멀리 경복궁이 보이고 세종대왕과 이순신 장군 동상이 내다보이는 광화문 한복판에 내가 서 있다니….	
11	유구하고 치열했던 역사의 숨결 앞에 우리는 한낱 작은 존재에 불과하다.	

12	한참 감동에 빠져 있는데.
13	석우　앗 공연 시작 시간이야. 뛰어!
14	감동의 여운을 뒤로 한 채 친구들과 달려간다.
15	가슴이 벅차올라 크게 소리치고 싶을 지경이야.
16	이제 우린 진짜 친구가 된 모양이라고.

李舜臣（1545-1598）将軍の像

01		真昼の透(す)き通った青空に星が見えたとき, その数多(あまた)の星の間からすーっと顔が一つ覗(のぞ)き込んで来る. まさか?
02	チュノ	ユアさん, 大丈夫ですか. ほんとに大変なことになるところでしたよ.
03	ユア	え? どうしたんですか. お忙しいって聞いたのに, ここはどうしてご存じで….
04		恥ずかしい. 待ち望んでいた「私たち」の出会いがこれだなんて….
05	チュノ	いや, ソグさんが洋子さんだけお呼びになってましたけどね?
06		遊びに行くときは私も呼んでくれって, お願いしたのに.
07		本当に寂しいですよ.
08		夕方にはみんなでミュージカルを見に行った.
09		世宗文化会館の前.
10		遠く景福宮が見え, 世宗(セジョン)大王と李舜臣(イスンシン)将軍の銅像が見わたせる光化門(クァンファムン)のど真ん中に私が立っているなんて….
11		悠久(ゆうきゅう)にして熾烈(しれつ)な歴史の息吹(いぶき)の前に私たちは一介(いっかい)の小さな存在に過ぎない.
12		しばし感動に浸(ひた)っていると.
13	ソグ	あ, 公演が始まる時間だ. 走れ!
14		感動の余韻(よいん)をあとにしたまま, 友人たちと走っている.
15		胸がいっぱいになって, 大声で叫びたい心境だ.
16		もう私たちはほんとうの友達になったようだって.

3b 単語

01	대낮	**真っ昼間. 真昼.** 昼は낮
	청명하다	[形容詞] 〈清明-〉 (天気, 声, 月明かりなどが)**澄んで明るい.** 구름 하나 없는 청명한 날씨 雲一つない澄んだ天気. 청명한 종 소리 澄んだ鐘の音
	푸르다	**青い. III 푸르러. 러変格.** IIIで末尾が러となる点が, 르変格の末尾の ㄹ라/ㄹ러と異なるので注意. 푸른青い… II-ㄴ連体形. 그곳의 나무들은 푸르렀다 そこの草木は青かった
	사이로	**間に. 隙間から.** 그는 골목 사이로 들어갔다 彼は裏道の間へと入って行った. 둘은 친구 사이예요 二人は友人の間柄です
	쑤욱	**すーっと.** 쑥(すっと. さっと)の強調語. 擬態語. 深く入ったり, 外に出るさま 아이의 키가 쑤욱 자랐다. 子供の背がすーっと伸びた
	들어오다	**入って来る. (家に)帰って来る. (ガスや水道が)入る.** →5b文法. 사장님, 알바비가 아직 안 들어왔어요 社長, バイト代がまだ振り込まれてませんよ
	설마	**まさか. よもや. いくらなんでも.** 설마 개가 범인은 아니겠지? まさか犯人はあいつじゃないだろうな?
02	큰일날 뻔했다	**大変なことになるところだった.** 〈II-ㄹ 뻔하다〉→表現
03	웬일이세요?	[웬니리세여] **どうなさいましたか.** 意外な出会いに用いる
	바쁘시다더니	**忙しいとおっしゃってたのに.** I-더니は〈…していたと思ったら〉→6b文法. 바쁘시다더니は引用接続形→文法
	어떻게	**どうして. どのように.** 여긴 어떻게 (알고 왔어요?)…. ここはなんで(知って来たんですか)? 어떻게 알았어요? なんで知ってるんですか? この場合の「なんで」は왜(なぜ)を用いず, 어떻게(どうやって)を用いるので注意
04	창피하다	〈猖披-〉 **恥ずかしい.** 副詞形창피하게は「恥ずかしく」「恥ずかしいことに」. 지각해서 너무 창피했다 遅刻しちゃって, とても恥ずかしかった
	만남	**出会い.** 만나다(会う)の名詞形II-ㅁ
	이거라니	**これだとは. これだなんて.** 이거+指定詞-이다→引用形語幹-이라(-이-の脱落)+-니(…するとは). 話しことばで이것が이거となっている. 書きことばでは이것이라니→1b表現09 하다니

05	부르다	**呼ぶ.** (歌を) **歌う.** 부르셨던데요? お呼びになっておられたようですが. -던데 〈…していたようですが〉→6b文法. 불러 달라고 얘기했는데 呼んでくれと言ったのに. 引用構造→6b文法. III 달라 …してくれ→表現
07	섭섭하다	(失ったり, 別れたり, 足りないなどで) **残念だ. 寂しい. 名残惜しい.** 친구가 연락도 없이 미국으로 떠나서 너무나 섭섭했다 友人が連絡もなしに米国に行ってしまって, とても寂しかった
08	뮤지컬	**ミュージカル.** 연극〈演劇〉演劇. 오페라 オペラ(伊・英 opera). 발레 バレエ(仏 ballet). 연주회〈演奏會〉演奏会
09	세종문화회관	〈世宗文化會館〉 **世宗文化会館.** ソウル鍾路区にある
10	세종대왕	〈世宗大王〉 **世宗大王**(1397-1450. 在位1418-1450). 名君とされる. ハングルを創製
	이순신 장군	〈李舜臣〉 **李舜臣将軍**(1545-1598). 日本では文禄・慶長(ぶんろくけいちょう)の役(えき)と呼ぶ임진왜란〈壬辰倭亂〉(じんしんわらん)(1592-1598)で活躍. 国を救った英雄とされる. 임진왜란の際の日記である『乱中日記』(らんちゅうにっき. 난중일기)が残る
	동상	〈銅像〉 **銅像**
	내다보이다	**見渡せる. 眺(なが)められる. 遠くから見える. 見渡せる.** 내다보이다は自動詞. 내다보다は他動詞で「眺める」. 遠くから見る. (将来を) 見通す. 지은이는 창 밖을 내다보았다 チウンは窓の外を眺めた
	광화문	〈光化門〉 **光化門.** 景福宮(경복궁)の正門. 朝鮮の太祖(たいそ. 태조=王朝を開いた王)・李成桂(이성계)の治世, 1395年に建立(こんりゅう). 1865年再建. 現在はソウルの地域名としても用いる
	한복판	**ど真ん中.** 복판だけでは用いない
	서다	**立つ. 起き上がる.** (動いているものや人が) **止まる.** (市が) **立つ.** 마당 한가운데 서 있는 나무가 운치를 더한다 庭の真ん中に立っている木が, 趣(おもむき)を加えている. 물구나무서기 逆立(さかだ)ち. 「独(ひと)り立ち」は자립〈自立〉, 독립〈獨立〉, 홀로서기
11	유구하다	〈悠久〉 **悠久(ゆうきゅう)だ.** 유구한 대자연 悠久なる大自然
	치열하다	〈熾烈〉 **熾烈(しれつ)だ.** 치열한 투쟁 熾烈な闘争
	숨결	[숨결] **息遣(いきづか)い. 息吹(いぶ)き**
	한낱	**単なる. 取るに足りない…. 一介(いっかい)の. つまらない.** 천하통일은 한낱 꿈에 불과했다 天下統一は単なる夢に過ぎなかった

	존재	〈存在〉**存在**
	-에 불과하다	〈-不過-〉**…に過ぎない**→表現
12	한참	**しばらく. しばしの間**
	감동	〈感動〉**感動**
	빠지다	**陥る. 浸る. 落ち込む. 嵌(は)まる. 抜ける.** 요즘 저는 케이팝에 푹 빠져 있어요 近頃私はK-POPにすっかりはまってるんですよ(꽂혀 있어요とも). 둘은 사랑에 빠졌다 2人は恋に落ちた. **빠트리다/빠뜨리다** 落とす. 抜かす. 다 챙겼어? 뭐 빠진 거 없나? 영희야 뭐 빠뜨린 거 없어? ——아, 여권을 빠뜨렸다 みんな(持って行くものは)用意した? なんか抜けてるもんないかな? ヨンヒ, 忘れてるものない?——あ, パスポート忘れてた. 핸드폰을 물에 빠뜨렸다 ケータイを水に落としちゃった
13	뛰다	(人や動物が足で)**走る. 駆(か)ける. 跳ぶ.** (ぴょんぴょん)**飛び跳ねる. 弾む.** 뛰어 走れ(해体の命令形). 아들은 시험장으로 뛰어 갔다 息子は試験場へと駆けて行った. 그 소식에 가슴이 뛰었다 その知らせに胸が弾(はず)んだ→下記달려가다と区別せよ
14	여운	〈餘韻〉**余韻**(よいん). **日本漢字音の「イン」**は朝鮮漢字音で①인, ②음, ③운, ④その他があるので注意. ①인は印, 引, 因, 寅など. ②음は陰, 飲など. ③운は韻など. 운석 隕石(いんせき). 음운 音韻(おんいん). ④他に원は員, 院. 윤は允, 尹. 은は殷など
	뒤로 한 채	**あとにしたまま.** →表現
	달려가다	**走って行く. 달리다**は(人, 動物や乗物が速く)走る. 달리기はⅡ-기の名詞形で「走り」「駆(か)けっこ」. 「100미터 경주〈競走〉」「100미터 달리기」は, 「100メートル走(そう)」. 뛰기は跳(と)びの意. 높이뛰기は高跳(たかと)び. 멀리뛰기は幅跳(はばと)び
15	벅차오르다	**胸がいっぱいになる.** 감동으로 가슴이 벅차올랐다 感動で胸がいっぱいになった. 계단을 뛰어 올라왔더니 숨이 벅차올랐다 階段を走って上ったら, 息が上がった.
	소리치다	**叫ぶ.** 아무리 소리쳐도 아무도 와 주지 않았다 いくら叫んでも, 誰も来てくれなかった
	지경이다	〈地境-〉**状態だ.** 지경이야 指定詞の해体→表現
16	모양이다	〈模様-〉**様子だ.** 모양이라고 引用接続形→表現

3b

3b 表現

01● 했을 때 III-ㅆ을 때 …したとき. 할 때 II-ㄹ 때 …するとき [時]

予期連体形II-ㄹ＋名詞때(とき)で, 時を表す連体修飾節となる. 過去の時を示すには, 〈III-ㅆ을 때〉を用いる. 過去連体形で「한 때」とは言わない:

네 번째 **만났을 때도** 처음 **만날 때** 같은 설레임이 있었어요.
4回目に**会ったときも**, 初めて**会うとき**のようなときめきがありました.
여기는 내가 **어렸을 때** 자주 오던 떡볶이집이에요.
ここは私が**子供の頃**しょっちゅう来ていたトッポッキ屋さんです.

被修飾名詞が때(とき)の場合のみならず, 依存名詞の즈음(ころ)や무렵(ころ)の場合にも予期連体形II-ㄹを用いる. 主に書きことばで用いる, 〈**-에 즈음하여**〉〈**-에 즈음해서**〉〈**…に臨んで. …にあたって. …に際して**〉, 〈**-에 즈음한**〉〈**…に際しての**〉の形もある. 名詞の後ろにも立ちうる:

잊어버렸을 즈음에 다시 연락 주세요. **忘れた頃**(ころ)に, もう一度連絡ください.
미술관 개관**에 즈음하여** 기념 행사를 열게 되었습니다.
美術館開館**にあたって**, 記念行事を行うことになりました.
철이 들 무렵에는 한 아이의 아버지가 돼 있었다.
世の中のことが解るようになった頃には, 1人の子の父となっていた.

02● 할 뻔하다 II-ㄹ 뻔하다 …するところだった [危機一髪]

「할 뻔했어요」などのように常に過去形で用いる. 〈하마터면 II-ㄹ 뻔했다〉のごとく, 副詞**하마터면**(危(あや)うく. 危ないところで. すんでのところで. まかり間違えば)とよく共起する:

불장난하다가 하마터면 정말 불이 **날 뻔했어요**.
火遊びしてて, 危ないところで火事に**なるところだった**.
나 없었으면 **어쩔 뻔했어**? 私いなかったら, **どうなるところだったの**?
늦잠 자다가 하마터면 비행기를 **놓칠 뻔했지** 뭐야.
寝坊して, まかり間違うと飛行機に**乗り遅れるところだった**んだよ, もう.

05● 하던데 I -던데(요) …していたのだが. …していましたが [体験法]

過去を表す体験法の接尾辞 I -더-(→6b文法)を用いた接続形. 終止形 I -ㄴ데は婉曲法として働く. 過去の体験を後件の前提として語る. 感嘆を表すときにも用いる. 좋았던데のような形容詞の過去形III-ㅆ-の後には用いない. 한다体の後に-던데(요)がつくと引用接続形, 引用再確認法〈…すると言ってたんですけど〉→文法

요코 씨만 **부르던데요**?	洋子さんだけ**呼んでましたが**.
요코 씨만 **부르시던데요**?	洋子さんだけ**お呼びになっていましたが**.
요코 씨만 **부르셨던데요**?	洋子さんだけ**お呼びになっていたのですが**.
요코 씨만 **부르셨다던데요**?	洋子さんだけ**お呼びになっていたそうですが**.
	*한다体+語尾=引用形

이 회사는 인턴을 잘하면 정식 사원으로 채용이 **된다던데요?**

この会社はインターンをうまく務(つと)めると, 正式社員として採用**されるって聞いてますが?**

저기 카페가 새로 **생겼다던데** 가 봤어? —— 어, 분위기가 되게 **좋던데?**

あそこにカフェが新しく**できたって聞いたけど**, 行ってみた? —— うん, 雰囲気まじ**良かったよ.**

06● 해 달라 III 달라 …してくれ [終止形命令法]

달라(くれ)は달다の한다体の命令形. 用言の〈III 달라〉の形は, 〈…**してくれ**〉の意で, 命令の終止形となる. 달다という終止形では使わない. 「메일을 달라고 했어.」(メールをくれと言った)のように, 달라を体言の後ろに置くこともできる.

引用構造〈**III 달라고 하다**〉(→6a)や引用連体形〈**III 달라는**〉〈…してくれという…〉(→4a), 引用終止形〈**III 달래(요)**〉(→2a)などで用いられることが多い:

내게 자유가 아니면 죽음을 **달라.**

我に自由, さもなくば死を**与えよ.**

석우 씨가 시간이 괜찮으면 좀 **도와 달래요.** *引用終止形

ソグさんが, 時間があればちょっと**手伝ってほしいですって**.

공항까지 **마중나와 달라고** 순자 씨가 부탁했어요. *引用接続形

空港まで**迎えに来てくれと**スンジャさんに頼まれたんですよ.

바쁠 때 저를 **불러 달라는** 뜻이에요. *引用連体形

忙しいときは, 私を**呼んでくれという**意味です.

● **해 다오** III 다오. …してくれたまえ [하오体の依頼形]

〈III 다오〉は하오体の文体の依頼形で, 現在では詩や小説, 祈願(きがん)などにごく稀に用いられる. 〈名詞(-을/를)+다오〉で〈…をくれ〉の意となる:

부디 건강하게만 **자라 다오.** どうか健康にだけは**育っておくれ.**

두껍아 두껍아 헌집 줄게 새집 **다오.** (동요)

蛙(かえる)よ蛙, 古いおうちあげるから, 新しいおうち**おくれ.** (童謡)

＊두꺼비はひきがえる, がま. 短縮形は두껍. 두껍아は短縮形を用いた呼びかけの呼格.

11● **体言+에 불과하다** -에 불과하다 …に過ぎない [非超過]

〈**-에 불과하다**〉〈**…に過ぎない**〉〈**…であることを超えない**〉の意. 〈20명에 불과하다〉(20名に過ぎない)のように, **数値にも多用**される:

나이는 숫자**에 불과하다.** 年齢は数字**に過ぎない.**

그가 돈이 없다는 건 핑계**에 불과했다.** 彼が金がないというのは, 言い訳**に過ぎなかった.**

경제가 살아났다는 것은 장관의 망상**에 불과하죠.**

経済が生き返ったというのは, 長官(日本では大臣に相当)の妄想**に過ぎませんね.**

● **불과〈不過〉+数量を表すことば** わずか(…にすぎない) [微少]

불과は数量, 時間などを表す体言の前で副詞として用いられる:

그는 **불과** 2년 전 꿈을 벌써 이루어 냈다. 彼は**わずか**2年前の夢をもう成し遂げた.

창업한 지 **불과** 3개월 만에 폐업하고 말았다. 創業してから**わずか**3カ月で廃業してしまった.

● **体言+-에도 불구〈不拘-〉하고** …にもかかわらず [非関与]

불과〈不過〉と文字上は一見似た形だが, 全く別の形:

자금이 없는 데**에도 불구하고** 그는 그 벤처기업 설립을 포기하지 않았다.

資金がないに**もかかわらず**, 彼はそのベンチャー企業の設立を諦めなかった.

그럼**에도 불구하고** 주가가 급상승했다.

それ(그럼は形容詞그렇다もしくは動詞그러다のII-ㅁ名詞形)にもかかわらず, 株価は急上昇した.

14● **한 채** II-ㄴ 채 …したまま [状態維持]

채は〈(…した)まま〉の意の依存名詞. 〈II-ㄴ 채〉で〈…したまま〉という, 状態維持の意:

한라산의 풍경을 눈에 가득 **담은 채** 아쉬운 발걸음을 돌렸다.

漢拏山の風景を目に焼き付けて(←いっぱい**入れたまま**), なごり惜しい気持ちで歩みを返した.

지난 밤 그 아파트에서 한 남성이 **숨진 채** 발견됐다.

昨晩, そのマンションである男性が**息絶えた状態で**, 発見された.

15● 할 지경이다 II-ㄹ 지경이다 …する始末だ. …の状態だ. …しそう [状態]

지경〈地境〉は〈立場. ありさま. 追い込まれた状態〉の意の依存名詞. 〈**冠形詞(이, 그, 저) ＋지경이 되다**〉〈**II-ㄹ 지경이 되다**〉〈**…する状態になる**〉や〈**II-ㄹ 지경에 이르다**〉〈**…する状態に至る**〉などの形も好んで用いられる. 置かれている状態や都合の, 危ういさま, 緊迫した様子, 興奮する様子を述べる:

금은보화〈金銀寶貨〉가 쏟아져 흥부는 정신을 **잃을 지경**이었다. (古典小説『흥부와 놀부』)

金銀財宝(きんぎんざいほう)が溢(あふ)れ出て, フンブは正気を**失わんばかり**だった.

그 잘나가던 가수가 어쩌다 **이 지경**이 됐을까.

人気だった歌手が, どうして**こんな状態**になったのだろうか.

심각한 환경오염으로 지구가 **멸망할 지경**에 이르렀다.

深刻な環境汚染により地球が**滅亡するまでに**至った.

16● 連体形＋모양이다 連体形＋모양이다 …した様子だ. …したみたいだ [推測]

모양〈模様〉は自立名詞では「形. 様子」の意. これを依存名詞として用いて, 〈連体形＋모양이다〉で〈**…するようだ. …している模様だ**〉の意. 〈할 것이다〉〈II-ㄹ 것이다〉〈…するだろう. …すると思う〉のように, 話し手の主観的な推量を述べるのではなく, **모양つまり様子＝状況がそうだ, 話し手には状況がそう映る**という形で述べる. いわば話し手のストレートな言い方を避ける, 柔らかい述べ方である:

이번 금리인하는 대기업에까지 여파를 **미칠 모양이다**.

今回の金利引き下げは大手企業にも余波を**及ぼす模様だ**.

아무래도 동생이 대형사고를 **친 모양이야**.

どうやら弟が大きな失敗を**したようだ**.

그 뒤처리 때문에 형이 바쁘게 **왔다갔다하는 모양이에요**.

その後始末(あとしまつ)〈-處理〉のために, 兄貴が忙しく**行き来してるみたいですよ**.

3b 文法

1. 한다体が引用表現を造る

引用形の原理を, 本書2a, 2b文法で学んだ. ここでは한다体が引用形を造るありようを今一度確認し, 引用接続形, 引用再確認法をしっかり把握しよう.

1.1.한다体は引用表現のトリガー

文に한다体が現れた. ①한다体は終止形なので, 後続のことばがなければ, そのまま文が終止する. ②ところが, そこで終止するはずの**한다体の用言の直後**に, 한다+죠や한다+니까のようにまた**用言語尾**が現れると, 当該の**用言全体が引用形**となる.

用言の引用形では, [아침부터 일을 한다]죠?「[朝から仕事をする]と言ってるんでしょ?」のように, 한다という用言以前まで含めた, [아침부터 일을 한다]が, まとめて被引用部分となる. **用言の한다体は引用表現を導**(みちび)**くトリガー(trigger:引っぱってくるもの. 引き金. 誘因**(ゆういん)**)となっている**ことが解る:

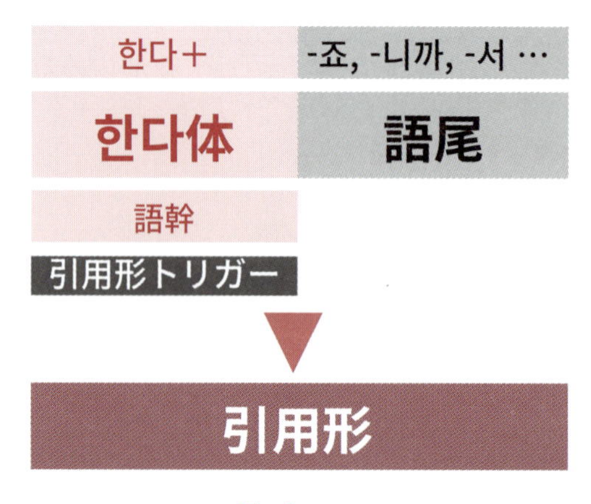

*ちなみに, 한다体の用言の後ろに, -죠, -니까などの用言語尾ではなくて, 하다(言う)や그러다(そう言う)のような引用動詞が現れると, 引用の構造となる. 例えば:

그 사람도 거기 간다 그랬어요.　あの人もそこに行くって言ってましたよ.

このタイプの引用構造は, 6aで詳しく学ぶ. この場合も, 引用を導くという点では, 한다体はやはりトリガーとなっている.

引用形が造られるとき, 한다という形が新しい語幹となる. 만나다のように語幹が母音語幹の用言は, 常にⅠとⅡは同じ形で, 語幹が変わらないのであった. 한다形の語末はㅏで母音語幹だから, ⅠもⅡも同形で한다となり, そこに-죠, -니까などの語尾がつく:

Ⅰ+語尾	Ⅱ+語尾
한다+죠	한다+니까

第Ⅲ語基につく語尾-서や-요などは, 語幹となった한다の最後の다に「ㅣ」をつけ, **引用形の第Ⅲ語基한대という形を造ってから, 語尾がつく.** 하다(する. 言う)のⅢが해, 그러다(そうする. そう言う)のⅢが그래になるのと, 同様である:

Ⅲ+語尾	Ⅲ+語尾
한대+서	한대+요

3b

2. 引用接続形

한다体の後に-면서, -고, -는데, -던데などの接続形語尾をつけると, それぞれの語尾の文法的な働きを生かしながら, 引用接続形ができる. 平叙形のみならず, 疑問形, 勧誘形, 命令形の4つの形を引用する引用接続形を確認しよう:

もとの 한다体		引用接続形	
平叙形	간다	간다면서	行くと言いながら
疑問形	가냐	가냐고	行くのかと言って
勧誘形	가자	가자는데	行こうって言うんだけど
命令形	가라	가라던데	行けって言ってたんだけど

영희는 혼자	간다면서	나갔다.
ヨンヒは一人で	行くと言いながら,	出て行った.
영희는 어딜	가냐고	준호가 물었다.
ヨンヒはどこに	行くのかと,	チュノが尋ねた.
준호가 같이	가자는데	영희는 기다리지 않았다.
チュノが一緒に	行こうと言うのに,	ヨンヒは待たなかった.
누나도 같이	가라던데	영희는 혼자 가 버렸다.
姉も一緒に	行けと言っていたが,	ヨンヒは1人で行ってしまった.

2.1.引用接続形の練習

引用接続形を作る際に，とりわけIII-서のように第III語基につく語尾が来るときは，한다体の한다，하냐，하자，하라の末尾にㅣがついて，한**대**，하**냬**，하**재**，하**래**という第III語基を作ることに留意しよう．表を埋めてみよう．解答は右ページの表：

한다体	引用接続形				
	I -고	I -는데	I -던데	II -면서	III-서
	…と言って	……と言うんだけど	……って言ってたんだけど	…と言いながら	…と言うので
먹는다 食べる	먹는다고				먹는대서
먹냐 食べる？	먹냐고				
먹자 食べよう	먹자고				
먹으라 食べよ	먹으라고				

下記の用例の引用形の形に見えるように，대，내，래となる点に注意：

삼시 세끼 잘 챙겨 **먹는다고** 언니한테 칭찬받았어.

三度三度の食事をきちんと作って**食べてるって，**お姉さんにほめられたよ．

수아가 아까 점심을 같이 **먹자던데** 괜찮아?

スアがさっきお昼を一緒に**食べようって言ってたけど**，いい？

수진이가 **좋아한대서** 떡볶이를 사 가지고 왔어요.

スジンが**好きだってんで**，トッポッキを買って来ましたよ．

민박집 사장님이 **춥냬서** 춥다고 했더니 이불을 더 주셨다.

民泊の家の社長さんが**寒いかと訊(き)くので**，寒いと答えたら，布団(ふとん)をもっとくれた．

아빠가 다 **먹으래서** 싫어하는 당근도 먹었어.

パパが全部**食べろって言うもんだから**，嫌いなニンジンも食べたよ．

解答 引用接続形	引用接続形				
	I -고	I -는데	I -던데	II -면서	III-서
	…と言って	……と 言うんだけど	……って 言ってたんだけど	…と言いながら	…と言うので
먹는다 食べる	먹는다고	먹는다는데	먹는다던데	먹는다면서	먹는대서
먹냐 食べる?	먹냐고	먹냐는데	먹냐던데	먹냐면서	먹내서
먹자 食べよう	먹자고	먹자는데	먹자던데	먹자면서	먹재서
먹으라 食べよ	먹으라고	먹으라는데	먹으라던데	먹으라면서	먹으래서

3b

3. 引用再確認法＝引用接続形の引用終止形への転用が新たな機能を獲得する

引用終止形へと転用された引用接続形が, 主として疑問文に用いられ, 聞き返し, 確認の質問といった新たな働きを獲得する形がある. これらを機能の点に注目し, **引用再確認法**と呼ぶ. 下記の引用再確認法は全て非敬意体. 한다면서요?のように, いずれも-요を付せば, 丁寧な敬意体となる:

引用接続形		引用再確認法	
한다며	すると言いつつ	한다며?	するんだって?
한다면서	すると言いながら	한다면서?	するんだって?
한다고	すると言って	한다고?	するって?
한다는데	すると言っているが	한다는데?	するって言ってるけど?
한다던데	すると言ってたけど	한다던데?	するって言ってたけど?

*上の表の日本語訳は逐語訳で示している. 韓国語と日本語が常に1対1的に対応しているわけではないことに注意.

*引用再確認法の한다며?には, ソウルことばで**한다메?/한다매?**という形も用いられる. 発音は[한다메].

아버지는 **서두르라면서** 몇 번이나 재촉하셨다.

父さんは**急げと言いながら**, 何度も催促した(←催促なさった). ***引用接続形**. 後ろに文が続いている

민석아, 아버지가 **서두르라는데**?

— **서두르라고요?** 아직 시간이 있는데요?

ミンソク, 父さんが**急げって言ってるけど**? ***引用再確認法**

— **急げってですか?** まだ時間がありますけど?

*引用接続形の**終止用法** ***引用再確認法**

누나, **서두르라며?** 아직까지 뭐하고 있는 거야?— 미안. 급한 전화가 와서.

姉さん, **急げって言ってたじゃん.** ***引用再確認法.**

今まで何やってんの?——ごめん. 急ぎの電話が来たもんだから.

世宗大王(1397-1450)の像

3.1. 引用再確認法の区別

引用再確認法の 한다고요, 한다면서요, 한다는데요, 한다던데요

会話で多用されるこれらは, 次のように区別できる. 動詞가다を例に見てみよう:

3b

한다고요?

〈話の現場で知ったことを聞き返し確認する〉

유아가 유학을 간대요. ―― 유아 씨가 유학을 **간다구요?**

ユアが留学に行くんですって. ――ユアさんが留学**に行くですって?**

한다면서요? / 한다며요?

〈聞き手も知っていることを前提. 伝聞. 話の現場で知ったことではない〉

유아 씨가 유학을 **간다면서요?/간다며요?** ――네, 내년에 간대요.

ユアさんが留学に**行くんですって?**――はい, 来年行くそうです.

한다는데요?

〈聞き手は知らないことを前提. 過去に知ったことを語る〉

유아 씨가 유학을 **간다는데요?** 알고 계셨어요? ――저도 방금 들었어요.

ユアさんが留学に**行くそうなんですけど.** ご存知でした?

―― 私も今聞きましたよ.

한다던데요?

〈聞き手は知らないことを前提. 過去に聞いたことを過去の経験として語る〉

유아 씨가 유학을 **간다던데요?** ―― 그래요? 언제 간대요?

ユアさんが留学に**行くって言ってましたけど?**

――そうですか. いつ行くって言ってました?

詩のことば

하늘 밑 푸른 바다가 가슴을 열고
흰 돛 단 배가 곱게 밀려서 오면

내가 바라는 손님은 고달픈 몸으로
청포(靑袍)를 입고 찾아 온다고 했으니

내 그를 맞아 이 포도를 따 먹으면
두 손은 함뿍 적셔도 좋으련 (이육사)

空を支え青々とした海は 胸元(むなもと)を開き
白き帆(ほ)を備(そな)えた船が 優しく揺(ゆ)られて来れば

我が待ち望む客(ひと)は 草臥(くたび)れた身で
青き衣(ころも)を纏(まと)って訪(おとな)うと

我 彼(か)の人を迎え この葡萄(ぶどう)を摘(つ)み喰(く)らわば
両(りょう)の手はしとど濡(ぬ)れてもよかろうものを

詩人で独立運動家でもあった李陸史(이육사.1905-1944)の「청포도」(青葡萄)から.
李陸史は慶尚北道, 現在の安東(안동)の生まれ. 朝鮮時代の儒学者である退渓(퇴계)・李滉(이황)の血筋(ちすじ)を引くという. 日本や中国の北京や広州でも学ぶ. 39年の生涯に17回の監獄生活を送った. 北京駐在日本総領事館監獄で獄死.

3b

練習問題 3b

1. 次の日本語を韓国語に訳しなさい.

1.1. 布団をかけたときの柔らかいこの感触がいいです.

1.2. 頭がごちゃごちゃしてるとき(←複雑なとき), 考え事が多いとき, この歌を聞いてみて.

1.3. 駐車スペースが狭くて, 危うく隣の車とぶつかるところでした.

1.4. 夜, 寝床(ねどこ)に入るときはいつも本を読んでくれと(言って)父にねだった. 父は疲れているにもかかわらず, 私が寝入る時まで読んでくれた(←読んでくださった)

1.5. 私たちの今回の勝利は始まりに過ぎません.

1.6. 私の至(いた)らなさにもかかわらず私にご支援いただき, 本当にありがとうございます.

1.7. ワールドカップのベスト4進出はほんの2時間前までは(←2時間前までにしても)夢に過ぎなかった.

1.8. おじいさんが椅子に座ったまま居眠りしていた(←していらっしゃった).

1.9. カルビを食べ過ぎてお腹がはちきれそうだ.

1.10. 最近, 流通事業が金利引き上げによりジレンマに陥った模様だ.

1.11. ピクニックの途中で雨が降り始めた. 雨よ, 止んでおくれ.

2. 次の対話などを韓国語に訳しなさい.

2.1.

(あるカフェの前で)

トンミン：ここのコーヒーやたらに苦いって言ってたけど?

ヨンヒ：え? 苦いですって? 誰が言ってましたか?(←誰がそう言っているんですか)
私はおいしかったですけど?

練習問題 3b

2.2.

(会社で同僚と共に)

ミヨン:ソキョンさんがアメリカ出張から明日帰って来るんですって?

ユミ:何ですって? 明日帰って来るですって?

ミヨン:あ, ご存じなかったのね. 明日帰って来るそうですけど?

急に帰って来るってんで, 私たちもちょっと驚いたんですよ.

仕事がうまく行かなかったみたいですよ(←よく解けなかったみたいですよ)

2.3.

(夫と電話で)

妻:友達が私たちの町にカフェを開くって言うから, 一度行ってみようかなって

(思ってるんですよ). 私にも投資しろって言ってたけど, 一度やってみよっか?

夫:友達が言ってるからって投資したらだめですよ.

うちは投資みたいなの(をするに)はまだまだだってば.

前は俺に会社の仕事を(←でも)一所懸命やれって(言っといて).

妻:いや, あなたも前はカフェもやりたいし, 建物も建てたいって言ってたじゃない.

建物のオーナーが夢だって言ったでしょう?

何? 夢は(夢)見てるときが一番幸せだって?

3b

3월, 새로운 출발

3月，新たな出発

4

● 일본어와 한국어의 외래어의 차이에 대해서 얘기해 봐요. 그 차이 때문에 곤란한 경험을 한 적은 없나요? 또 다른 언어권으로 여행을 갔다가 언어가 통하지 않아 겪었던 재미있는 에피소드가 있으면 같이 공유해 봐요!

日本語と韓国語の外来語の違いについて話してみましょう．その違いのために困った経験をしたことはありませんか？ また異なった言語圏へ旅行に行って，言語が通じずに経験した，面白いエピソードがあれば，一緒に共有してみましょう！

4a 개나리가 만발하는 계절

ポイント♦ 引用連体形．造語法：接頭辞と接尾辞

01	3월1일은 '삼일절'. 공휴일이다.	
02	1919년 3월 1일 일제강점기 시대에 전국적이고 대대적으로 일어난 독립운동을 기념하는 날이다.	
03	그리고 드디어 맞이한 3월 2일은 입학식이다.	
04	개나리와 진달래가 만발하는 계절.	
05	아직 제법 찬 바람이 불기는 하지만 새로운 친구들을 만날 기대와 설레임으로 발걸음은 가볍기만 하다.	
06	벚꽃이 휘날리는 4월에 입학식을 맞이하는 일본과 달라 무척 흥미롭다.	
07	어학당 입학을 축하하기 위해 바쁜 와중에도 지은과 석우가 틈을 내어 와 주었다.	
08	짠! 얼굴을 뒤덮는 꽃다발!	
09	기쁘기도 하지만 고마움에 울컥한다.	
10	유아	대단한 것도 아닌데 이렇게 와 주셔서 감사합니다.

11	준호	(요코와 함께 손을 흔들며 다가온다) 입학을 축하합니다.
12	유아	고맙습니다. 바쁘실 텐데 어떻게 오셨어요?
13	준호	(웃으며) 아무리 바빠도 이런 날 절대 빠질 수 없죠.
14	석우	와, 요코 씨도 이 어학당이세요? 이건 정말 놀랄 만하네요.
15		이렇게 만나지기가 쉽지만은 않거든요.
16		(장난스럽게) 정말 환상적이에요.
17	호탕한 석우 덕분에 한바탕 화기애애한 인사를 주고받고 입학식은 그렇게 무르익어 갔다.	

개나리

01		3月1日は「三一節」. 公休日である.
02		1919年3月1日, 日本帝国主義の統治下にあった時代に, 全国的で, 大々的に起きた独立運動を記念する日である.
03		そしていよいよ迎えた3月2日は入学式だ.
04		れんぎょうやつつじの花が満開の季節.
05		いまだかなり冷たい風が吹きはするが, 新しい友人たちに出会う期待とわくわく感で足取りも軽い(←軽いばかりだ).
06		桜の花びらが舞う4月に, 入学式を迎える日本とは異なっていて, とても興味深い.
07		語学堂の入学式を祝うために, 忙しい中にもチウンとソグが時間を割(さ)いて, 来てくれた.
08		“ジャーン!” 顔を覆(おお)う花束!
09		嬉しくもあるけれど, ありがたさにじんと来る.
10	ユア	たいしたことでもないのに, こうして来ていただいてありがとうございます
11	チュノ	(洋子と一緒に手を振りながらやって来る) ご入学おめでとうございます.
12	ユア	ありがとうございます. お忙しいでしょうに, おいでくださったんですね.
13	チュノ	(笑いながら)忙しいけれど, こういう日に来ないわけにはいきませんよね(←こういう日を絶対に抜(ぬ)けるわけにはいかないでしょ).
14	ソグ	あ, 洋子さんもこの語学堂で(いらっしゃるんで)すか? これはほんとに驚きですね.
15	ソグ	こんな出会いも(←こんなふうに出会うのも), 容易なことではないですからね.
16	ソグ	ほんと最高(←幻想的)ですよ
17		大らかなソグのおかげで, ひとしきり和気藹々(わきあいあい)とした挨拶を交(か)わし, 入学式はかく進み行くのであった.

4a 単語

01	삼일절	〈三一節〉 **三一節.** 1919年に起こった3·1独立運動の記念日
	공휴일	〈公休日〉 **公休日**→単語欄の末尾参照
02	일제강점기 시대	〈日帝强占期時代〉 **日本の植民地時代.** 解放後, 20世紀初めまでは「일제시대」〈日帝時代〉という術語が広く使われていたが, 2003年より「일제강점기」ということばが教科書に採択され, 21世紀には「일제강점기」が広く用いられるようになった
	전국적	〈全國的〉 **全国的**
	대대적	〈大大的〉 **大々的.** 그 법률은 이번에 대대적으로 개편될 예정이다 その法律は今回, 大々的に改編される予定である.
	일어나다	(事件などが)**起こる.** (人などが眠りから)**起きる.** 오늘은 몇 시에 일어났어요? 今日は何時に起きましたか
	독립운동	[동니분동] 〈獨立運動〉 **独立運動.** [終声のㄱ+初声の流音ㄹ]は, ①[ㄱ+ㄴ]となる. これを**流音の鼻音化**と言う. ②さらに口音の鼻音化で口音の[ㄱ]が鼻音[ㅇ]となり, 「독립」の発音は[동닙]となる. 입력(入力)→[임녁]や「몇 리」(何里)→[면니]もこの類(たぐい)
	기념하다	〈紀念-〉 **記念する.** 日本語と用いる漢字が異なる
	날	**日.** 固有語. **날のほとんどは自立名詞.** 「날이 갈수록」(日が経つにつれ)や「날이 저물었다」(日が暮れた)や「마지막 날」(最後の日), 「이런 날」(こんな日), 「입학식 날」(入学式の日), 「처음 만난 날」(初めて会った日)など. また「어버이날」(父母の日)のような**合成語の造語成分**として用いる. 「스무 날 동안」(20日の間)などは, 稀な**依存名詞**としての用法. 漢字語の일〈日〉**のほとんどは依存名詞なので, 前に修飾語が必要.** 「삼 일 동안」(=사흘 동안. 三日の間)や「3월 3일」などの일はみな依存名詞. 稀に**自立名詞**として用いられるのは, 「일 삼회 복용」(1日3回服用)などのみ. その他に漢字語形態素として, **漢字語の造語成分**となる. 「기념일」(記念日), 「일요일」(日曜日)など
03	드디어	[副詞] **いよいよ. ついに. とうとう.** 드디어 결전의 날이 왔다 ついに決戦の日が来た
	맞이하다	**迎える.** 맞이 迎え. 合うこと. 맞다 合う
	입학식	〈入學式〉 **入学式.** 激音化と濃音化で[이팍씩]

04	개나리	**連翹**(れんぎょう). 개나리는 이른 봄에 피는 노란 꽃이다 レンギョウは早春に咲く黄色い花だ
	진달래	**躑躅**(つつじ). 진달래는 봄에 피는 분홍색 꽃으로 우리를 행복하게 해 준다. 두견화〈杜鵑花〉라는 이름도 있다 ツツジは春に咲くピンクの花で, 私たちを幸せにしてくれる. 杜鵑花(とけんか)の名もある. ホトトギス(杜鵑)が鳴く頃に咲くことから. 杜鵑花は日本語ではサツキ
	만발하다	[動詞]〈万發-〉**満開になる**
05	제법	[副詞] **なかなか. 案外.** 검 솜씨가 제법이네 剣の腕前はなかなかだな
	차다	**冷たい.** 찬 冷たい…. 形容詞차다の現在連体形Ⅱ-ㄴ
	불다	**吹く.** 바람이 불다 風が吹く. 피리를 불다 笛を吹く. 입김을 불다 息を吹きかける
	새롭다	**新しい. 新ただ.** -롭다は母音語幹の새(新しい)など特定の冠形詞や名詞について形容詞を造る造語接尾辞→文法. 가소〈可笑〉롭다 こっけいだ. 片腹(かたはら)痛い. 슬기롭다 賢い. 이〈利〉롭다 利がある. ためになる. 풍요〈豐饒〉롭다 豊かだ. 위태〈危殆〉롭다 危(あや)うい. 자유〈自由〉롭다 自由だ. 단조〈單調〉롭다 単調だ. -롭다はㅂ変格 Ⅱ-로우 Ⅲ-로워
	기대	〈期待〉**期待.** 기대하다 期待する. 기대와 달리 우리 팀은 패배했다 期待とは異なり, 我がチームは敗北した. 기대에 미치지 못했다 期待に及ばなかった. 내일 발표 기대할게. 파이팅! 明日の発表, 楽しみにしてるから. 頑張って!
	설레임	[名詞形] **わくわく. わくわく感. ときめき.** 動詞설레다(どきどきする. わくわくする)が標準語形. 誤用とされる설레이다という形も実際には多用されている. そのⅡ-ㅁ名詞形(→1b文法)も설렘が標準語形だが, 설레임の形も多用されている. 歌詞などにも両方の形が出現する
	발걸음	[발꺼름] **足取り. 歩**(あゆ)**み. 歩き.** 발걸음을 재촉한다 歩みを速める
	가볍다	**軽い**
06	벚꽃	**桜の花**
	휘날리다	**翻**(ひるがえ)**る. 乱れ飛ぶ.** 깃발이 바람에 휘날렸다 旗が風に揺れた
	다르다	[形容詞] **異なる. 違う.** 르変格 Ⅲ달라

	무척	**とても. 大変.** 書きことばでよく用いられる
	흥미롭다	〈興味〉**興味深い**
07	어학당	〈語學堂〉**語学堂.** 大学付属の語学学校
	입학	〈入學〉**入学.** 입학하다 入学する
	와중	〈渦中〉**渦中**(かちゅう). 바쁜 와중에도 忙しい中にも
	틈	(時間の)**隙**(すき). **暇**(ひま). 틈을 내다 時間を作る. 逐語訳すると「暇を出す」. 틈을 타서 隙を見て. (時間の)合間をぬって
08	짠	**ジャーン.** 登場などを表す擬態語. ちなみにベートーヴェン(베토벤)の「운명」(運命)は「짜짜짜 짠〜」(ジャジャジャ ジャーン)と始まる
	뒤덮다	**覆う.** (一面などを)**占める. 뒤-**は「全て. やたらに」などの意の接頭辞→文法
	꽃다발	**花束. ブーケ.** 다발は「束(たば)」
09	고마움	**ありがたさ.** 고맙다(ありがたい) の名詞形Ⅱ-ㅁ→1b文法
	울컥하다	**感情が混みあげてくる**
10	대단하다	**すごい. すばらしい. 大したものだ.** 대단한 것도 아닌데 たいしたもの/ことでもないのに. 謙遜の表現として用いている
11	흔들다	**振る. 揺らす.** 손을 흔들어/흔들며 나를 맞이해 주었다. 手を振って/振りながら私を迎えてくれた. この文で「手を振りながら」の意では흔들고は不可. 「振ってから」の意になってしまう
	다가오다	**近づいて来る**
12	바쁘실 텐데	**お忙しいでしょうに.** 바쁘시다の〈Ⅱ-ㄹ 텐데〉(…するだろうに)→1a表現05
13	빠지다	**陥る. 落ちる. 抜ける. 抜け出す.** 아이가 게임에 빠져 있어요. うちの子はゲーム中毒です 이 모임에 제가 빠질 수는 없죠 この集まりに私が参加しないわけにはいきませんよね. 준비물이 하나 빠졌나봐요 準備すべき物が1つ抜けているみたいです.
14	놀라다	**驚く. びっくりする.** 깜짝 놀랐어요 びっくりしました. 〈Ⅱ-ㄹ 만한다〉で놀랄 만하다 驚くに値(あたい)する→表現
15	만나지다	(自然に)**会える.** (自(おの)ずから)**出会う.** 動詞のⅢ-지다は自発の意の自動詞を造る. 만나다→만나지다(自発). 쓰다 書く→써지다(自然に, すらすら)書ける→5a文法

16	환상적	〈幻想的〉**幻想的.**「素晴らしい」ことを比喩的にも言う
17	호탕하다	〈豪宕-〉 **豪放**(ごうほう)**だ. 豪快**(ごうかい)**だ.** この「宕」(トウ. 탕)は「ひろい. おおまか. ほしいまま」の意
	한바탕	**ひとしきり.** 한바탕 큰 소동이 벌어졌다 ひとしきり大騒ぎになった
	화기애애하다	〈和氣靄靄-〉 **和気あいあいとしている**→6b語彙 四字熟語
	주고받다	**やりもらいする. 交**(か)**わす. ギブアンドテイクする**
	무르익다	(果実や穀物が)**実る. 熟**(う)**れる.** (時期やことが)**熟**(じゅく)**す. 満ちる.** 가을이 되어 들판의 곡물이 무르익듯 우리의 한국어 실력도 무르익어 갔다 秋になり, 野の穀物が実りゆくように, 私たちの韓国語の実力もついてきた(←実ってきた)

● 한국의 공휴일 韓国の公休日

1月1日	새해 첫날	陽暦の正月	양력[양녁]〈陽曆〉 설や簡単に설날とも
陰暦 1月1日	설날	陰暦の正月	음력[음녁]〈陰曆〉 설とも. 陰で1月1日を数えるので, 陽暦の日にちは毎年変わる. 陽暦で2月初めとなることが多い. 2026年は2月17日
3月1日	삼일절	三一節	1919年3月1日に全国的に行われた独立運動を記念する日
5月5日	어린이날	こどもの日	
陰暦 4月初8日	부처님 오신 날	釈迦生誕の日	2024年なら陽暦では5月15日. 毎年変動するが, 近年では陽暦5月2-28日の間. 석가탄신일〈釋迦誕辰日〉, 사월초파일〈四月初八日〉とも. 日本語では灌仏会(かんぶつえ)や花祭りと称される日
6月6日	현충일	顯忠日	国と民族のために命を捧げた殉国の烈士(순국열사)[숭궁녈싸]の忠誠を記念する日
8月15日	광복절	光復節	日本の支配からの解放, 独立を記念する日
陰暦 8月15日	추석	秋夕(しゅうせき)	陽暦で毎年9月中旬から9月末になることが多い. 3日ほど連休になる.
10月3日	개천절	開天節	檀君神話(だんくんしんわ)〈단군신화〉に基づいて, 国の建国を記念するための日. 〈天を開く節〉の意
10月9日	한글날	ハングルの日	[한글랄] 訓民正音(훈민정음)の公布(こうふ)(반포〈頒布〉)を記念する日. 한글의 날とも
12月25日	성탄절	クリスマス	〈聖誕節〉. 크리스마스

05● 하기는 하다 Ⅰ -기는 하다 …することはする. …しはする. …ではある [可能性の限定]

動詞, 存在詞の場合は〈…することはする〉, 形容詞, 指定詞では〈…ではある〉の意. 可能性を限定する意を表す. 能力を表すことができ, 親しい間柄などで謙遜の形をとりながら自慢することにも用いられる. 形は似ているが, 意味が異なる〈하기는(요)/하긴(요)〉〈…するなんてとんでもない〉の形については→4b表現20:

찬 바람이 **불기는 하지만** 설레임으로 발걸음은 가볍다.
冷たい風が**吹きはするけれど**, ときめく気持ちで, 足取りは軽い.

초등학교 때부터 영어공부를 했으니 영어를 조금 **하기는 해요**. (잘한다고 생각하지만)
小学生の時から英語を勉強しているので, 英語が少し**できることはできます**. (よくできると思っているけれど)

저를 닮아서 애가 좀 **예쁘기는 하죠**? (예쁘다고 대놓고 얘기는 못하지만)
私に似て, 子供が**可愛いことは可愛いでしょ**? (可愛いと堂々と言うことはできないけれど)

05● 하기만 하다 Ⅰ -기만 하다 …してばかりいる. もっぱら…する. …するだけだ. …であるだけだ [限定]

多様な用言に用いられる. 後ろの하다はいろいろな接続形でも用いられる:

친구 결혼식장에 가서 저는 맛있게 **먹기만 했네요**.
友人の結婚式場に行って, 私はおいしく**食べてばかりいましたね**.

수빈이는 **착하기만 해서** 문제야.
スビンちゃんは**優しいだけなのが**問題だよ.

왜 오빠가 손을 **대기만 하면** 뭐든지 다 부서져 버릴까요?
どうしてお兄さんが手を**触れるだけで**(←触れさえすれば), 何でも壊れてしまうんでしょうか.

マイナス評価を否定し, **プラス評価を述べる**のにも用いる:

우리 준석이가 어디가 별로라고 그래? **멋있기만 한데**.
チュンソクのどこがいまいちだって言ってるの? **かっこいいじゃない**(←すてきであるばかりだけど).

뭘 그렇게 가난하다고 난리야? 집도 있고 차도 있고 **부자기만 하네.**

何がそんなに貧しいって言うの? 家もあって車もあって**金持ちじゃない**. (←金持ちなばかりだね)

● **하기만 해/해라** | -기만 해/해라 [捨(す)て台詞(ぜりふ)的警告]

逐語訳すると,「…することだけせよ」「…することだけしてみよ」の意. これを用いて〈**(やれるもんなら)…してみろ, 許さないぞ**〉という反語的, 捨て台詞的な表現で強い警告を表す. 〈**やれるもんならやってみろ**〉の類(たぐ)い:

나 돌아오기 전에 다 **먹기만 해라**. 가만 안 둘 줄 알아.

私が戻る前に全部**食べちゃった日には覚悟しといて**(←食べることだけしろ). ただじゃすまないよ.

엄마 돌아올 때까지 숙제 다 해 놔. **게임하기만 해 봐.** 혼날 줄 알아.

ママが帰って来るときまでに, 宿題みんなやっときなさい. **ゲームなんかやってみなさい.** 怒るからね.

09● **하기도 하다** | -기도 하다 **…することもある. …したりもする. …でもある. とても…である** [追加]

動詞, 存在詞では〈**…することもある**〉〈**…したりもする**〉の意で, 形容詞, 指定詞の場合は〈**…でもある**〉の意:

괜찮아, 시험에 **떨어지기도 하지**. 어떻게 매번 붙겠니?

大丈夫! 試験に**落ちることもあるさ**. 毎回受かるなんてないからね.

그녀는 커피를 **따라 주기도 하고 마시기도 하며** 쉴새없이 수다를 떨었다.

彼女はコーヒーを**注いであげたり, 飲んだりしながら**, 休まずしゃべっていた.

동생이 있을 땐 귀찮았는데 유학 가고 없으니 무척 **보고 싶기도 해.**

弟がいるときは面倒だったけど, 留学に行っていなくなると, とても**会いたい気もする.**

어머나 **신기하기도 해라**. 이 알을 깨고 새끼가 나왔네.

あらま, **不思議なこともあるね**. この卵から赤ちゃん鳥が出て来たよ.

13● 해도 III-도 …しても [仮想，譲歩]

〈…**しても**〉という**仮想，譲歩**を表す．後ろには反意のことがらが述べられる：

우리 언니는 아무리 **먹어도** 살이 안 쪄요. 부러워요.

うちの姉さんはいくら**食べても**，太らないんですよ．うらやましいです．

이 옷은 **불편해도** 단정해 보인다.

この服はちょっと**楽じゃないけれど**，端正に見える．

집안 일은 **해도 해도** 끝이 없어.

家事は**やってもやっても**，きりがないよ．

하기 **싫어도** 해야 하는 일이 있다.

したくなくても（←するのが**嫌でも**），しなければならないことがある．

아무리 **그래도** 그건 너무하는 거 아냐?

いくら**何だって**，そりゃやり過ぎなんじゃない？

4a

14● 할 만하다 II-ㄹ 만하다 …するに値(あたい)する．それなりに…するのは悪くない [価値評価]

高い価値評価を表すときにも用いるが，〈悪くはないけれど，すごく良いわけでもない〉〈そこそこいける〉といった評価でも用いる：

훈민정음의 이 구절은 **주목할 만하다**.　訓民正音のこの一節は**注目に値する**．

이 집 김치찌개는 **먹을 만해요**.　このお店のキムチチゲは**まあまあおいしいです**．

회사 일 어때요?──**버틸 만해요**.

会社の仕事はどうですか．──**何とかやってますよ**（←そこそこ悪くありません←頑張るに値します）．

15● 하기(가) 쉽다 Ⅰ-기(가) 쉽다 …しやすい. …しがちである [容易. 傾向]

쉽다は〈易しい. 容易だ〉の意の形容詞. 〈Ⅰ-기(가) 쉽다〉のⅠ-기には一般に動詞を用いる. 存在詞있다や指定詞-이다でも稀に用いられる.「남아 있기 쉽다」(残っていがちだ)のような補助存在詞있다では多用. 通常, Ⅰ-기を形容詞や存在詞では用いない. -기は名詞形なので, 後ろに助詞-가や-도がつくこともある:

두부는 **으깨기 쉬워요.**

豆腐は**潰しやすいですよ.**

경주의 호텔에서 첨성대까지는 자전거로 **가기도 쉬워요.**

慶州のホテルから瞻星台(せんせいだい)までは自転車で**楽に行けますよ**(←**行きやすい**です).

〈Ⅰ-기 쉽다〉の形では形容詞にはほとんど用いられないのに対し,〈Ⅰ-기 쉽지 않아〉〈Ⅰ-기 쉬운 줄 알아?〉などの形では形容詞や存在詞も現れる:

이렇게 **멋있기가 쉽지는 않지.**

こんなに**カッコいいのも楽じゃないぜ.**(自慢)

요즘 같은 불경기에 저렇게 **바쁘기가 쉬운 줄 알아?**

近頃みたいな不景気なときに, あんなに**忙しくしてるのもちょっと並みのことじゃないね.**

(=ありえないでしょ. 困難なことをしていると, 褒(ほ)めている)

이 재료로 요리해서 이렇게 **맛없기도 쉽진 않겠다.**

この材料で料理して, こんなに**まずいってのも並大抵**(なみたいてい)**じゃないね.**

(親しい間柄などで冗談のように語っている)

● 하기 십상이다 Ⅰ-기 십상이다 …しがちである. …しがちなものだ [十中八九]

〈하기 쉽다〉と類似の表現で,〈傾向としてそうなりやすい〉. 십상〈十常〉は十中八九, 例外がないの意. 悪い結果を予想するのに, 好んで用いられる.〈…하면 …하기 십상이다〉〈…**すれば…くなりやすい**〉のように仮定の-면と結合することも多い:

친한 동료에게서 그런 말을 들으면 **상처 받기 십상이에요.**

仲のいい同僚からそんな話を聞くと, **傷つきやすいものですよ.**

그렇게 게으르면 **굶어 죽기 십상이야.**

そんなに怠け者では**飢え死にするのがおちだ**ぞ.

17● 体言＋덕분에 体言＋덕분에 のおかげで. 한 덕분에 過去連体形＋덕분에 …したおかげで [助成. 要因]

〈**体言＋덕분에**〉〈…のおかげで〉, 〈**過去連体形＋덕분에**〉で〈…したおかげで〉という, 助けとなった要因を表す. ほとんどはプラス評価のことがらが後続するが, 稀にマイナス評価のことでも皮肉のように用いられる.

過去連体形は動詞のⅡ-ㄴ, 存在詞, 形容詞, 指定詞のⅢ-ㅆ던が用いられる.「Ⅰ-던 덕분에」の形は用いにくい:

불이 날 뻔했는데 **반려견 해피 덕분에** 살았어요.

火事になるところだったけど, **愛犬ハッピーのおかげで**助かりました.

잠을 푹 **잘 잔 덕분에** 오랜만에 개운했다.

ゆっくり**寝たおかげで**, 久しぶりにすっきりした.

언니 얘기가 **재밌었던 덕분에** 즐거운 식사시간이 됐어요.

先輩の話が**楽しかったおかげで**, 楽しい食事のひと時となりました.

키피를 많이 **마신 덕분에** 밤에 잠이 오지 않았다.

コーヒーをたくさん**飲んだおかげで**, 夜寝付(ねっ)けなかった.

● 〈体言＋때문에〉〈…のおかげで〉〈…のために〉. 하기 때문에 〈Ⅰ-기 때문에〉〈…するおかげで〉〈…するために〉 [要因]

マイナス評価の要因として述べられることが多い:

옆집 **강아지 때문에** 시끄러워서 잠을 잘 수가 없다.

隣のうちの**犬のおかげで**, うるさくて, 眠れない.

이사를 했기 때문에 어쩔 수 없이 전학을 가게 됐다.

引っ越しをしたので, 仕方なく, 転校することになった.

아이들이 핸드폰만 **보기 때문에** 수업 시간엔 압수했다.

子供たちがケータイばかり**見ているので**, 授業時間には取り上げた.

4a 文法

1. 引用連体形

引用の表現について, 2a, 2b, 3bで見てきた. ここでは引用形のうち, 引用連体形について習熟しよう. 〈…**する**…〉の意の単なる連体形と区別しよう. 引用連体形は〈**…するという…**〉の意で, 引用形全体が, 後続の体言を修飾する形である:

벚꽃이 휘날리는 4월	**連体形**	桜の花が**舞い散る**4月.
벚꽃이 휘날린다	**한다体終止形**	桜の花が**舞い散る**.
벚꽃이 휘날린다는 4월	**引用連体形**	桜の花が**舞い散るという**4月.

動詞と存在詞の現在連体形Ｉ-는の**-는**や, 過去目撃連体形のＩ-던の**-던**を, 한다体の終止形の語幹につけると, **現在引用連体形**と**過去引用連体形**ができる. Ｉ-는もＩ-던も第Ｉ語基なので, 形の変化を気にする必要はない. 指定詞は-이다を-이라に, 아니다を아니라にそれぞれ変え, 引用形の語幹とするのであった:

한다는	**するという…**	**한다던**	**するといっていた…**
좋다는	**良いという…**	**좋다던**	**良いといっていた…**
책이라는	**本だという…**	**책이라던**	**本だといっていた…**
아니라는	**違うという…**	**아니라던**	**違うといっていた…**

1.1. 現在引用連体形 **한다는** **…するという…**

〈…するという…〉〈…しているという…〉や〈…だという…〉の意. 한다形の時制にかかわらず, 現在連体形語尾-는で引用できる:

영희가 **결혼한다는** 소식을 오늘 들었다. ヨンヒが**結婚するという**知らせを今日受け取った.

영희가 **결혼했다는** 소식을 오늘 들었다. ヨンヒが**結婚したという**知らせを今日受け取った.

이 집은 **맛있다는** 소문이 자자했던 맛집인데 지금은 손님이 없어요.

この店は**おいしいという**噂でいっぱいだった名店なのに, 今はお客さんがいません.

면접에서 영어로 자기소개를 **해 보라는** 말에 긴장했어요.

面接で英語で自己紹介を**してみろという**ことばに緊張しました.

오늘은 **삼일절이라는** 공휴일이래요.　今日は**三一節という**公休日だそうです.

동네 야구는 자기 스타일이 **아니라는** 동생은 프로야구에 대한 꿈을 포기하지 않았다.

草野球は自分のスタイルじゃないという弟は, プロ野球に対する夢を諦(あきら)めなかった.

1.2. 過去引用連体形 한다던 …すると言っていた…

〈…するといっていた…〉〈…しているといっていた…〉や〈…だといっていた…〉の意. 多くはことがらを, 過去のある一点から話し手や第三者が目撃した体験として, 話し手が引用する. 過去の한다体終止形を用いたIII-ㅆ다던であれば〈…したといっていた〉の意:

일이 **힘들다던** 동생이 드디어 회사를 그만뒀어요.

仕事が**大変だと言っていた**弟が, とうとう会社を辞めました.

일이 **힘들었다던** 동생이 불쌍했어요.

仕事が**大変だったと言っていた**弟が, かわいそうでした.

일이 뭐가 **힘드냐던** 오빠가 얄미웠어요.

仕事の何が**大変なんだと言っていた**兄さんが, しゃくにさわりました.

일이 그렇게 **힘들었냐던** 오빠는 맛있는 저녁을 사 줬어요.

仕事がそんなに**大変だったのかと言っていた**兄さんは, おいしい夕食をおごってくれました.

제품을 만들기만 하면 **팔린다던** 시대는 이미 끝났다.

製品を作りさえすれば**売れると言われていた**時代は, 既に終わった.

강아지를 왜 **키우냐던** 아버지가 이젠 강아지 없이는 못 살겠대요.

子犬をどうして**飼うのかと言っていた**父が, もう子犬なしでは暮らせないんだそうです.

돈 때문에 일하는 게 **아니라던** 그 사람도 CEO가 되니까 일을 하지 않게 되었다.

仕事は金のため**ではないと言っていた**彼も, CEO(시이오 [씨이오])になったら, 仕事をしなくなった.

4a

2. 造語法＝単語の造り方

基本的な**単語造り**による単語の分類を見ると, 韓国語は概ね次の3種がある:

① 単純語

それ以上の形に分割できない単語

하늘(空), 저(私), 먹-다(食べる), 그(その)

② 複合語

単純語が組み合わさってできる単語

손목(手首←손＋목), 알아듣-다(聞き取る←알다＋듣다)

③ 派生語

単純語や複合語に接頭辞や接尾辞がついてできる単語

빗나가-다(はずれる←빗＋나가다), 정답-다(むつまじい←정＋답다)

ここでは③の派生語の単語の造りについて見てみよう.

2.1. 接頭辞と接尾辞

単語の核となる形態素を語基と呼ぶ. 語基の前に立つ形態素を接頭辞(prefix), 後ろにつく形態素を接尾辞(suffix)と呼ぶ. 接頭辞, 接尾辞を合わせて**接辞**(affix)と言う. 接辞のうち, 単語の最も後ろに来る形を語尾(ending)と呼ぶ. 接尾辞には, 尊敬の-시-, 過去の-ㅆ-, 現場判断の-겠-, 体験の-더-など, 文法的な働きに特化した**文法接尾辞**と, -스럽다, -답다, -거리다など, 新しい単語を造るのに関与する**造語接尾辞＝語彙接尾辞**がある.

*用言の末尾の-다は語尾である. 従って-스럽다なら-스럽と-다とにさらに分けて考えることができる.

韓国語では文法的な接頭辞はほとんど見られず, 語彙的な接頭辞がほとんどである. 韓国語や日本語は接辞のうちとりわけ**接尾辞がいくつも重なって結合する**ことができる点が特徴である. 韓国語では例えば「제가 보낸 우편물을 아버지는 그저께쯤에 받으셨겠더라구요.」(私が送った郵便物を父はおとといくらいに受け取ったようでしたよ)の「받으-셔-ㅆ-겠-더-라-구-요」(お受け取りになったようでしたよ)は接尾辞がたくさん結合しているが, こうした形は特に珍しい例ではない. このようなタイプの言語を, 膠(にかわ＝糊(のり)として用いる)でべたべたくっついていく姿をとるので, **膠着語**(こうちゃくご. agglutinative language. 교착어)という→ぷち言語学

2.2. 韓国語の造語接頭辞と造語接尾辞

韓国語の接頭辞と接尾辞を意識して学ぶと, 新しい単語に遭遇したときや, 語彙を増やすのに, 役に立つ. ここでは造語接頭辞と造語接尾辞の例を確認し, 意識化しておこう:

接頭辞	もとの単語	接尾辞	
되- 繰り返して- 再び-	새기다 묻다 돌아가다 살아나다 찾다 풀이		反芻(はんすう)する 問い返す 戻る 生き返る 取り戻す 繰り返し
빗- はずれて- ゆがんで-	나가다 대다 맞다 금		逸(そ)れる. 外(はず)れる ほのめかす. はぐらかす 外れる. あたらない 斜線
뒤- 全て- やたらに-	덮다 엉기다 늦다		覆(おお)い尽くす からみつく 手遅れだ
	걱정 사랑 자연 만족 우스꽝 거추장	-스럽다 -らしい -のようだ 形容詞を造る	心配だ 愛らしい 自然だ 満足できる おどけた. こっけいだ 手に余る. めんどうだ
	반짝 소곤 머뭇 중얼 출렁	-거리다 -くりかえす オノマトペ語基について動詞を造る	きらきらする ひそひそ話す もじもじする. ためらう ぶつぶつ言う. つぶやく ざぶざぶする. 波打つ

4a

무슨 일이 있어도 잃어버린 땅을 **되찾아야** 해.

どんなことがあっても, 失った地を**取り戻さなければ**ならない.

뒤늦은 후회를 하지 않도록 열심히 공부했다.

後になって後悔をしないように, 一所懸命勉強した.

반짝거리는 아이디어로 **만족스러운** 결과를 이끌어 냈다.

輝くような(←きらきら輝く)アイデアで**満足の行く**結果を引き出した.

뭘 그렇게 혼자 **중얼거리고** 있어?

何をそんなに1人で**ぶつぶつ言ってるの?**

ぷち言語学

語幹 어간, 語基 어기, 語源어원, 語根 어근

語形変化を見る基礎になる形は, **語幹**(stem)と呼ばれる.「잡다は子音語幹の動詞」だとか「母音語幹の体言には助詞-은ではなく, -는がつく」などが, 語幹という術語を用いた例である. 別の語幹や, 接辞や語尾が結合する際に「語幹」が用いられる.

語形変化と造語の双方に, 特に形だけをとりだして問題にする際に, **語基**(base)という術語が用いられている.「잡다の第Ⅰ語基は잡-, 第Ⅱ語基は잡으-, 第Ⅲ語基は잡아-」だとか,「用言の3つの語基は語幹の3つの現れである」とか,「잡-という語基に接尾辞-히-がついて잡히다ができる」などが語基という術語を用いた例である.

単語の形や用法の歴史を語る際には, 例えば次のように**語源**(origin; etymology)という術語が活躍する:

「英語のphilosophy(哲学)は, 古典ギリシャ語のphilosophiaが語源である」

1つの時代の言語だけでなく, 歴史言語学的な観点を含めて, 単語を造る造語の基礎になる形は**語根**(root)と呼ばれる. 語根や語源という術語は, 1つの言語内だけでなく, 同系の言語や他言語についても広く使われる:

「この-sophyはギリシャ語語根である」

「これこれの単語の印欧語根(いんおうごこん)(英独仏露語やギリシャ語, ラテン語やサンスクリット語, ヒンディー語などの祖語と言われるインド=ヨーロッパ祖語のこと)は…」

膠着語，孤立語，屈折語，抱合語という言語の4つの類型

7000-8000もあると言われる世界の言語は，概ね次の4つの類型に分けうる．言語学の19世紀以来の言語類型論による古典的な分類法だが，言語のおおよその特徴を簡単につかむのに便利である：

(1) **膠着語**(こうちゃくご)（agglutinative language. 교착어）

日本語のように「食べ＋させ＋られ＋ない＋かも＋しれ＋ない」のように，接辞などをぺたぺたとくっつけながら単語の文法的な働きを構成する仕組みの言語．①トルコ語系の言語，②モンゴル語系の言語，③清（청）帝国の支配者たちの言語であった満洲語（1932-1945年の日本の傀儡(かいらい)国家「満州国」の言語の意ではない）などツングース語系の言語，これら3つを総称して**アルタイ諸語**（Altaic languages）と呼ぶ．アルタイ諸語や韓国語，琉球諸語，日本語は膠着語のタイプの言語である．

(2) **孤立語**（isolating language. 고립어）

1つの形態素が1つの単語となり，語形変化のほとんどない中国語，チベット語，ベトナム語，タイ語のようなタイプの言語．

(3) **屈折語**（fusional language. 굴절어）

助詞のように切り離せない，単語内部の語尾の語形変化が特徴的である．ドイツ語やフランス語，スペイン語，ロシア語やラテン語やギリシャ語，ヒンディー語，サンスクリット（古代インド・アーリア語の一種．東アジアでは梵語(ぼんご)と呼ぶ．범어）などの言語．英語も屈折性はそう強くはないが，屈折語の一種である．

(4) **抱合語**(ほうごうご)（polysynthetic language. 포합어）

文を構成する諸要素が密接に結合して，全体が1語のように造られる言語．アメリカ先住民の多くの言語やアイヌ語などが抱合語とされる．輯合語(しゅうごうご)〈집합어〉とも．

칼럼

삼일절과 삼일운동

[1] 19세기 이른바 2차 산업혁명을 맞이하며 구미의 산업자본주의는 대불황(1873-1896)을 겪었고 독점자본주의로 변질되었다. 이윽고 영국,프랑스, 나아가 독일, 러시아, 미국 등의 국가들은 식민주의에 입각한 제국주의로 변모되며 세계는 제국주의 단계에 접어들게 되었다.

[2] 제국주의적 정책을 채택한 열강들은 치열한 식민지 쟁탈전을 벌이게 된다. 그 포문을 연 것이 제1차 세계대전(1914-1918)이었다. 이러한 제국주의적 식민주의에 맞서 전 세계적으로 민족독립운동과 반식민주의적인 투쟁이 전개되었다.

[3] 동아시아에서 일본은 메이지유신(明治維新) 이후 공공연하게 제국주의의 길로 나아가게 된다. '잠자는 사자'로 불리며 동아시아의 강대국이었던 청(清, 1636-1912)은, 청일전쟁(1894-1895)에서 패배하며 열강의 지배하에서 반식민지화 상태에 놓이게 된다. 조선은 1910년에 일본 제국주의의 식민지가 되었다. 한국에서는 1910-1945년을 〈일제강점기〉(日帝強占期)라 부르고 있다.

[4] 1917년에 러시아 혁명이 차르(Tsar. 러시아 황제)를 정점으로 하는 러시아 제국주의를 타도하자 반제국주의적인 폭풍은 전 세계로 확대되었다. 1918년 독일 혁명, 1919년 헝가리 혁명, 1922-23년 터키 혁명 등이 일어났다. 중국에서는 1919년 5·4운동이, 인도에서는 반영운동이 격화되었다. 일본에서는 쌀 운동이 일어나고 반체제적인 운동과 사상이 확산되었지만 혁명 등에는 이르지 못했다.

[5] 이런 가운데 1919년 일본의 지배하의 조선에서도 독립운동이 일어났다. 삼일운동 혹은 삼일독립운동, 독립만세운동이라 불리운다. 기미년에 일어났기 때문에 기미독립운동(己未獨立運動)이라고도 한다.

[6] 1919년 2월 8일에 도쿄에서 이광수(李光洙. 1892-1950) 등에 의해 독립선언서가 채택되고 유학생들이 주도한 독립선언식이 이루어졌다. 그즈음 건강했던 고종황제가 경복궁에서 갑작스런 죽음을 맞이하고 국민들의 분노로 인한 민족주의적 항일의식은 고조되었다. 3월 1일에 개신교, 천도교, 불교 인사 등, 이른바 민족대표 33인이 종로에서 삼일독립선언서를 선포한다. 천도교 3대 교주 손병희(1861-1922)와 불교 승려이자 시인인 한용운(1979-1944) 등이 민족대표로 알려져 있다. 선언문은 "우리는 이에 조선이 독립국임과 조선인이 자주민임을 선언한다."로 시작된다.

コラム

三一節と三一運動

[1]19世紀, いわゆる第二次産業革命を迎え, 欧米の産業資本主義(산업자본주의)は, 大不況(1873-1896)を経て, 独占資本主義(독점자본주의)へと変質した. やがて英仏, さらに独露米といった国家は植民地主義(식민주의)に立脚した帝国主義(제국주의)へと変貌し, 世界は帝国主義段階を迎えることとなった.

[2]帝国主義的な政策を採る列強(열강)は, 激しい植民地争奪戦を繰り広げることになる. その砲門を開いたのが, 第一次世界大戦(제일차 세계대전.1914-1918)であった. こうした帝国主義的な植民地主義に対し, 世界中で民族独立運動(민족독립운동)や反植民地主義的な闘いが展開されていった.

[3]東アジアにおいて日本は明治維新の後, 公然と帝国主義としての道を歩むことになる.「眠れる獅子」(잠자는 사자)と言われ, 東アジアの大国であった清(청. 1636-1912)は, 日清戦争(청일전쟁.1894-1895)に敗北し, 列強の支配下のもと, 半植民地化状態に置かれることとなる. 日本帝国主義は朝鮮を1910年に植民地とする. 韓国では1910-1945年を日帝強占期と呼んでいる.

[4]ツァーリ(차르. 露語 царь. ロシアの皇帝)を頂点とするロシア帝国主義を, 1917年にロシア革命(러시아혁명)が打倒するや, 反帝国主義的な嵐は世界中に拡大した. 1918年にはドイツ革命, 1919年にはハンガリー革命, 1922-23年にはトルコ革命などが起こる. 中国では1919年に五・四運動が, インドでは反英運動が激化する. 日本では米騒動が起こり, 反体制的な運動や思想が広まるものの, 革命などには至らなかった.

[5]こうした中で1919年, 日本支配下の朝鮮では独立運動が起こる. これが三・一運動, あるいは三・一独立運動(삼일독립운동), 三・一万歳運動(삼일만세운동)と呼ばれる運動である. 己未の年に起こったので, 己未独立運動(기미독립운동)とも言う.

[6]1919年2月8日には東京で李光洙(이광수.1892-1950)らによって独立宣言書が採択される. 3月3日には改新教(개신교.プロテスタント), 天道教(천도교), 仏教(불교)の人士など, いわゆる民族代表33人(민족대표 삼십삼인)が鍾路(종로)で三・一独立宣言書を宣布(せんぷ)する. 天道教(東学)の第3代教主・孫秉煕(1861-1922)や仏教の僧侶であり詩人でもある韓龍雲(1979-1944)らが知られている. 宣言は「吾らはここに, 我が朝鮮が独立国であり朝鮮人が自由民である事を宣言する.」(우리는 이에 조선이 독립국임과 조선인이 자주민임을 선언한다.)と始まる.

[7] 독립선언서 낭독 후 민족대표는 체포되었고, 당시의 京城(게이죠. 경성), 지금의 서울 종로의 파고다공원에 학생들과 시민들이 모여 '독립만세'를 외치는 시위로 발전하였다. 수만 명의 평범한 시민이 무기도 없이 참가한 평화시위였으나 일본은 이를 저지하기 위해 경찰 뿐만 아니라 군대를 동원하여 탄압하였다. 이에 항거하여 독립만세운동은 전국으로 확대되었고 날이 갈수록 대규모 독립운동으로 치열하게 전개되어 갔다. 일본 조선총독부의 공식 발표에 따르면 3월1일의 독립만세운동에는 106만 명이 참여했다고 한다.

[8] 이어서 1919년 4월 11일에는 중국 상하이(上海)에서 대한민국 임시정부 수립이 선포되었다. 실체적 힘은 없었으나 그 상징적 의미는 평가 받았으며, 현재 대한민국 헌법에는 그 법통을 계승한 것이 대한민국이라고 공표하고 있다.

[9] 군대와 경찰을 동원하여 조선총독부는 철저한 탄압을 가했다. 29명이 학살된 4월 1일의 제암리 학살 사건을 비롯해 각지의 가혹한 탄압은 잘 알려져 있다. 당시 이화학당 고등부 1학년 학생으로 독립운동에 참가한 소녀 유관순(柳寬順. 1902-1920)은 1919년 징역 3년형을 선고받고 서대문형무소에 수감되었으나 1920년에 옥사하였다. 후일에 유관순 열사로 불려지며 오늘날 독립운동가의 상징적인 인물로 남겨지게 되었다.

[10] 서대문형무소는 독립운동가들이 당한 탄압의 현장으로 1998년부터 서대문형무소 역사관(西大門刑務所歷史館)으로 지정되어 일반에 공개되고 있다.

[11] 일본에서는 삼일운동을 '폭동'으로 규정하는 담론이 일반적이었다. 그러나 '민본주의'(民本主義)로 유명한 요시노 사쿠조(吉野作造, 1878-1933)는 삼일운동에서의 천도교를 평가하고, "조선인에 대한 차별대우 철폐"를 논하였다. 사회운동가인 미야자키 도텐(宮崎滔天, 1871-1922)은 독립운동에 대하여 "사람은 영원토록 다른 사람을 노예 취급을 해서는 안 되는 것처럼 나라와 나라 사이에서도 필경 그렇게 되어야 한다. 그것에 위배되는 것을 비인도라 한다"고 하였으며, 민예운동이나 조선미술에 대한 높은 평가로 알려진 야나기 무나요시(柳宗悦, 1889-1961) 가 "반항하는 그들보다 더 어리석은 것은 억압하는 우리들"이라 하는 등, 3·1운동을 평가한 담론도 존재한다.

[12] 3·1절은 이러한 3·1운동을 기리는 날로 공휴일로 지정되어 있다.

[7]独立宣言書朗読後, 民族代表は逮捕され, 当時の京城, 現在のソウル, 鍾路にあるパゴダ公園(파고다공원)には数千人の学生が集結し,「独立万歳」(독립만세)を叫ぶデモへと発展した. 数万名の平凡な市民が武器もなく参加した平和的な示威(しい)であったが, 日本はこれを阻止するために警察のみならず軍隊を動員し, 弾圧を遂行した. これに抗(こう)し, 独立万歳運動は全国へと拡大し, 日ごとに大規模な独立運動として熾烈(しれつ)に展開されていった. 日本の朝鮮総督府(조선총덕부)の公式発表でも106万人が参加したとされる.

[8]1919年4月11日には中国上海で大韓民国臨時政府の樹立が宣言された. 実体的な力は持たなかったが, その象徴的な意義は評価され, 現在の大韓民国憲法ではその法統を継承するのが, 大韓民国であると公(おおやけ)にされている.

[9]軍隊や警察を動員し, 朝鮮総督府は徹底した弾圧を加えた. 29名が殺害された4月15日の提岩里虐殺事件(제암리 학살 사건. 提岩里教会事件とも)をはじめ, 各地の過酷な弾圧が知られている. 当時梨花学堂(이화학당)の高等部1年の学生として独立運動に参加した少女・柳寛順(유관순. 1902-1920)は懲役3年の判決を受け, 西大門刑務所(서대문형무소)に収監されたが, 1920年に獄死した. 後に柳寛順烈士と呼ばれ, 今日, 独立運動家の象徴的な人物として知られることとなった.

[10]西大門刑務所は独立運動家たちに対する弾圧の現場として1998年からは西大門刑務所歴史館(서대문형무소 역사관)として公開されている.

[11]日本では運動を「暴動」とする言論が一般的であった. しかし「民本主義」で知られる吉野作造(よしの・さくぞう. 1878-1933)が, 三一運動における天道教を評価したり,「朝鮮人に対する差別待遇の撤廃」を説いたり, 社会運動家の宮崎滔天(みやざき・とうてん. 1871-1922)が独立運動について「人は永久に他の人を奴隷扱いにすべからざる如く国と国との間も、結局そうでなければならぬ. それに違反するものを呼んで非人道と謂(い)ふ」と書いたり,「民藝運動」や朝鮮美術への高い評価で知られる柳宗悦(やなぎ・むねよし. 1889-1961)が「反抗する彼らよりも一層愚かなのは, 圧迫する我々である」と述べるなど, 三・一運動を評価する言説も存在する.

[12] 三一節はこうした三・一運動を称(たた)える日で, 祝日となっている.

練習問題 4a

1. 次の日本語を韓国語に訳しなさい.

1.1. 誰でも全盛期を迎えもするが, スランプに陥(おちい)ることもある.

1.2. (姉が弟に)あなたはチキンを見ただけで(←チキンさえ見れば), 心ここにあらずなのね. 姉さんいないとき一人で食べられるもんなら食べてみなさい, ただじゃおかないからね.

1.3. 感染病の予防はやり過ぎということはない(←やり過ぎても不足しない).

1.4. この俳優は映画祭で大賞を受けるに値する.

1.5. パーマかけたら, 髪のお手入れが楽です.

1.6. 法をよく知らないと, 詐欺にやられるってもんだ.

1.7. 甘いイチゴケーキのおかげで, 気分がずっとよくなった.

1.8. 人気が急上昇したおかげで, 東京ドームでコンサートをすることになった.

1.9. 子供の頃からパンが好きだったというヨンヒさんは, 結局デザートカフェの社長になった.

1.10. 今日もぐずぐずしていて, 愛らしい彼女にことばをかけることもできなかった.

1.11. 今までの生を振り返ってみる.
恩師のことばをかみしめながら, もう厄介な縛(しば)り(←枠)から抜け出して, 自由な生を生きてゆきたい.

2. 次の対話を韓国語に訳しなさい.

2.1.

おば：我等が甥っ子もおしゃれすると(←こうして着ると)格好いいね(←格好いいばかりだね).

甥：ぼくがちょっとカッコいいでしょ(←カッコいいことはいいよね). 選んでくれたおばさんのセンスもいいし(←センスがいいこともあるし).

2.2.

学生：単語をいくら覚えても頭に入って来ないんですよ.

先生：大丈夫だ. 何度繰り返しても難しいときがあるんだよ. そういうときは1テンポ休んでも遅くはないよ. また文やテクストをたくさん読んでも(←読むことだけしても), 単語は自然に覚えられると思うよ.

2.3.

(入社後, キョンヒが知人に会った)

ミンス：あの会社, どう?(←働くに値する?)

キョンヒ：ええ, いいですよ. 働けそうです(←いるに値するような感じです).
会社のお昼も悪くないし(←食べるに値するし), 退(ひ)けるのも(←退勤時間も)早いですしね.

2.4.

(韓国に留学に行って来た健太さんが経験を語る)

健太：韓国に行って食べるもので苦労しましたよ.

スジン：そうだったんですね(←そうでいらしたのですね). 辛い食べ物が多くておなかを壊しやすいですよね.

健太：(笑いながら)いいえ, アプリで注文するデリバリーの食べ物が多すぎて, 食べるのを我慢するのが, 楽じゃなかったんですよ. ずいぶん太っちゃいました.

함바가, 햄버거, 오오,

ポイント♦ 意志の諸形．外来語

01	입학식이 끝난 후 찾은 모던한 분위기의 레스토랑.	
02	석우	다들 양식 좋아하시길래 인스타그램으로 찾아 봤어요.
03	요코	석우 씨가 찾아서 그런지 분위기가 너무 좋은데요.
04	지은	(웃으며) 그래서 그런지는 모르겠지만.
05		(메뉴 사진을 보며) 암튼 요리는 맛있겠다.
06		오빠, 나 오늘 실컷 먹는다.
07	석우	그래. 여러분도 많이 드세요.
08		오늘은 제가 내겠습니다
09	준호	(웃으며) 무슨 말씀을. 제가 낼 겁니다.
10		뭐 드시겠어요?
11	지은	유아 씨, 스테이크 먹을까요?
12	유아	아니 전 한바구 먹을래요.
13	준호	햄버거 말씀이세요?
14	유아	아니, 한바구요.

15	요코	한바구는 일본어식 외래어 발음이죠.
16		(메뉴의 사진을 가리키며) 이건 한국어로는 함박 스테이크라고 해요.
17	유아	(웃으며) 그렇군요.
18		가르쳐 주셔서 고마워요.
19	석우	요코 씨는 알면 알수록 친절하실 뿐만 아니라 한국말도 많이 아시네요.
20	요코	(손사래 치며) 아니에요. 많이 알긴요.
21		(겸연쩍게 웃으며) 전 다들 아시다시피 대학생 때 한국으로 유학을 온 적도 있어서요.
22		근데 갑자기 저는 햄버거가 먹고 싶어졌는데요.
23	유아	혹시 함바가 말씀이세요?
24	요코	(웃으며) 네, 맞아요.
25		(의미심장한 표정으로) 그리고 계산은 각자 내기로.
26	준호, 석우, 유아	헐! 대박.

01	入学式が終わったのち訪(おとず)れた, モダンな雰囲気のレストラン.	
02	ソグ	みんな洋食がお好きなようでしたので, インスタグラムで探してみました.
03	洋子	ソグさんが見つけてくれたからか, 雰囲気がとてもいいですね.
04	チウン	(笑いながら)それでなのかは, わからないけど.
05		(メニュー写真を見て)とにかく料理はおいしそう.
06		お兄ちゃん, 私今日は嫌というほど食べる!
07	ソグ	わかった. 皆さんもたくさん召し上がってください.
08		今日は私がおごります.
09	チュノ	(笑いながら)何をおっしゃってるんですか. 私が出しますよ.
10		何召し上がります?
11	チウン	ユアさん, ステーキ食べましょうか.
12	ユア	いや, 私は「ハンバーグ」食べます.
13	チュノ	ハンバーガーのことですか?
14	ユア	いえ, ハンバーグです.
15	洋子	「ハンバーグ」は日本語式の外来語発音ですね.
16		(メニューの写真を指して)これは韓国語では[ハムバクステイク]って言うんですよ.
17	ユア	(笑って)そうですね!
18		教えていただいて, どうも.
19	ソグ	洋子さんは, 知れば知るほど, 親切なだけじゃなくて, 韓国語もたくさんご存知ですね.
20	洋子	(違うという仕種(しぐさ)で)いいえ, たくさん知ってるだなんて.
21		(照れくさそうに笑って)私は, 皆さんご存知のように, 大学生の時に韓国に留学に来たこともありますので.
22		ところで急に私はハンバーガーが食べたくなりましたけど.
23	ユア	もしかして「ハンバーガー」のことですか?
24	洋子	(笑いながら)ええ, その通りですよ.
25		(意味深長な表情で)それからお勘定は割り勘(わりかん)で.
26	チュノ, ソグ, ユア	わ, 凄い!

4b 単語

01	찾다	**探す. 見つける. 訪(たず)ねる. 訪(おとず)れる. 求める.** 지갑을 여기저기 찾았는데도 못 찾았어요 財布をあちこち探したんだけど, 見つかりませんでした. 즐겨 찾던 집 好んで訪れていた店. よく行った店. 書きことばのかたい文体では「求める」で訳せることが多い.『만남을 찾아서』出会いを求めて(美術家・李禹煥の著書名)
	모던하다	**モダンだ.** 모던한は모던하다(modern하다)のⅡ-ㄴ現在連体形. 今風でしゃれていること. このように〈**英語の形容詞＋하다**〉で韓国語の形容詞を造る. この-하다は造語接尾辞→接尾辞4b文法. 例えば, 고저스한 식장 ゴージャスな式場. 타이트한 옷 タイトな服.〈**英語の名詞類＋하다**〉は動詞になることが多い. 캠핑하는 사람들 キャンプする人々. 우리 같이 스터디해요 一緒に勉強会しましょ.〈**外来語＋指定詞-이다**〉のこんな例もある:그렇게 해 주면 나는 땡큐지 そうやってくれたら, 僕はサンキューさ
	분위기	〈雰圍氣〉**雰囲気.** 분위기 파악을 해야지 空気読めよ(←雰囲気の把握をしなくちゃ). 분위기가 깨지잖아 雰囲気が台無しじゃないか(←壊れるじゃないか)
	레스토랑	**レストラン**
02	양식	〈洋食〉**洋食.** 日本の「和食」は일식〈日食〉
	인스타그램	**インスタグラム.** 인스타とも言う
	찾아보다	**調べる. 探してみる**
03	찾아서 그런지	**見つけたからかどうか**→表現
04	그래서 그런지	**それでそうなのか. もしやそういうわけなのか**→表現
05	암튼	[副詞] **とにかく.** 아무튼の短縮形
06	실컷	**思う存分. 飽きるほど. 嫌(いや)というほど.** 싫다(嫌だ)の語根싫の古形슳+것から. 것が激音化している
08	내다	(ものを)**出す.** (お金を)**支払う.** 여기(식당)는 제가 낼게요. ここ(食堂)は私が払います. 레포트는 어제 냈어요 レポートは昨日提出しました
09	무슨 말씀을	**何のことを**(おっしゃるんですか). **とんでもない.** 相手のことばを否定する. 非難にも謙遜にも使える

4b

11	스테이크	**ステーキ.** 英語 steak [steɪk] . 英語では1音節の二重母音[eɪ]は韓国語では[ㅔ 이]と2音節になる. 語末の[k]は[크]. cake[keɪk]케이크
12	한바구	外来語表記法による日本語の「ハンバーグ」のハングル表記
13	햄버거	ハンバーガー. 英語 hamburger [ˈhæmbɜːrgər]からの外来語表記. 1音節目の母音[æ]を広いㅐで表記することに注目. ただしソウルことばの発音では狭い母音ㅔとなり, 発音は一般に[헴버거]
	말씀이세요?	**…ということですか？ …というおことばですか？ …のことをおっしゃっておられますか？** 聞き返し表現→談話の表現
15	일본어식	〈日本語式〉 **日本語式**
	외래어	〈外來語〉 **外来語**→語彙 外来語
16	가리키다	**指**(さ)**す. 指差**(ゆびさ)**す.** もともとは誤用だが, しばしば가르치다(教える)の意で用いられている. 알려 주다 は「知らせてやる」
	함박 스테이크	**ハンバーグステーキ**
19	친절하다	〈親切-〉 (行いが)**親切だ. 優しい.** 착하다は〈心根(こころね)などが善良でやさしい. いい人だ. いい子だ〉
20	손사래	**手による否定のジェスチャー. 손사래(를)치다** 相手に解るように, 手を大きく横に振る仕種(しぐさ)をする. 強い否定, 否認に用いる動作. Ⅱ-며(…しながら)がついて,「手を大きく横に振りながら」の意
	알긴요	**知っているだなんて.** 하긴요→表現
21	겸연쩍다	〈慊然-〉 **照れくさい. 気まずい.** Ⅰ-게の副詞形겸연쩍게で「照れくさそうに」「決まり悪そうに」.「慊」は日本語では「あきたりる(満足する)」の意
23	함바가	外来語表記法に則(のっと)った햄버거ではなく, 日本語の「ハンバーガー」の音をハングル表記した形
25	의미심장하다	〈意味深長-〉 **意味深長だ.** 의미심장한 意味深(いみしん)な
	표정	〈表情〉 **表情.** 표정 관리 좀 하세요 (感情を)顔に出さないでくださいね(←表情管理してください)
	계산	〈計算〉 **勘定.** (算数などの)**計算**
	각자 내기	**割り勘**(わりかん).「割り勘」の意では韓国語でも더치페이(←Dutch pay)が用いられているが,「オランダ式支払い」の意で, 英語からのオランダ人に対する民族差別的表現なので推奨しない
26	헐	**え？ うぐっ. がーん.** 戸惑ったり呆れたりしたときの間投詞

대박	**すごい.** ここでは感嘆の間投詞. ここで皆が「헐! 대박」と言って驚く理由は,「한턱내는」(おごる)習慣がある韓国語圏において, 非母語話者である洋子が「각자 내기」という難しい表現で宣言するがごとくに堂々と語ったからかもしれない

4b 談話の表現

13●換言確認の表現 …말이에요? …のことですか

…말씀이세요? …のことでいらっしゃいますか. …のことをおっしゃっておられますか

〈…のことですか〉〈…ということですか〉〈…のことをおっしゃっているのですか〉のごとく, **相手の言ったことばを言い換えて確認する, 換言確認表現**. 말씀は말(ことば. 言っていること)の尊敬語:

햄버거 **말이에요?** ハンバーガー**のことですか?**

햄버거 **말씀이세요?** ハンバーガー**のことで(いらっしゃいま)すか?**

이 한밤중에 라면을 먹겠다는 **말씀이세요?** この夜中にラーメンを食べるという**ことですか.**

저 이거 진짜 좋아해요. —— 이 치즈 김밥 **말이에요?**

私これ, めちゃ好きなんですよ. ——このチーズキムパプ**のことですか?**

● …말이에요 …のことですが. …なんですけどね. そういうことなんですよ.

平叙形なら〈…のことですが〉の意で, 換言, 再確認し, 事態を説明しながらの**間**(ま)**つなぎ表現**になる. 話し手の話題をとりたてて明示する気持ちで用いられる. 非敬意体なら**말이야**となるなど, 多様な文体で現れる.

①**文頭の〈体言+말이에요〉**は, 体言で表された, 語りたい主題をとりたてる気持ち:

김 선생님 **말이에요**, 다음 달에 전근 가세요?

金先生**なんですけどね**, 来月, 転勤なさるんですか?

저 어학연수 **말인데요,** 사정이 생겨서 못 갈 것 같아요.

あの語学研修**のことなんですけどね,** 事情で(←事情が生じて), 行けなさそうなんですけど.

김 대리 **말이야**, 피곤해 보이던데 잠깐 쉬게 해 주는 게 좋지 않을까?

金係長**なんだけどさ**, 疲れてるみたいだったけど, 少し休ませてあげるのがいいんじゃないか?

4b

②**文末の〈말이에요〉**は直前で述べたことをとりたてて強調する気持ち：

그랬으면 건강을 잃지 않았을 텐데 **말이에요.**

そうしてたら，健康を損(そこ)なわなかった**でしょうに**(残念です).

그건 제 잘못이 아니란(아니라는) **말이에요.**　　それは私の過(あやま)ちじゃないって**ことですよ.**

● 있잖아요 あのですね [前置き表現] …のことなんですけどね [話題確認]

〈있잖아요〉(←あるじゃないですか)は話の冒頭に置くと，〈**あのですね**〉という話の**前置き表現**として使われる．これを単語などの直後に置くと，말이에요と同じく〈…**のことなんですけどね**〉という，換言確認しながら話題確認を行う間(ま)つなぎ表現として用いられる．非敬意体なら**있잖아**：

있잖아요, 제가 병원에 가야 해서 내일 알바 스케줄 좀 바꿔 줄 수 있을까요?

すみませんが，私が病院に行かなくちゃいけなくて，明日のバイトのシフトを変えてもらえますか?

그 드라마 **있잖아요**(=말이에요), 다음 주 마지막 회에서 어떻게 될 것 같아요?

あのドラマ**なんですけどね，**来週の最終回でどうなると思いますか?

니가(←네가) **있잖아**(=말이야), 아까 같은 경우에는 양보를 하는 게 도리란다.

お前が**だな，**あんな場合は譲ってやるのが，道理ってもんなんだよ. *-(이)란다は言い聞かせの形

26● 間投詞の表現 어, 아니, 헐/헉 あれ? いや. うわっ

いくつかの間投詞を見る.

① **間投詞 어**は, イントネーションを上げた疑問形で用いると, 何かを発見したときの間投詞となる.〈**あれ?**〉〈**え?**〉〈**ん?**〉の類(たぐ)い:

어? 어느새 벚꽃이 피었네.　　**あれ?** いつの間にか桜が咲いたな.

間投詞 어を平叙形で用いると, 非敬意体における〈**うん**〉という答えとなる:

어디 가? —— **어**, 일이 좀 있어서.　　出かけるの?—— **うん**, 用事があって.

②**間投詞 아니**のいくつかの用法を整理しよう. いずれも文頭に置く.

(a) **否定的な驚きの間投詞**:

아니, 이건 그렇게 드시면 안 돼요.　**いや**, これはそうやって召し上がっちゃいけませんよ.

(b) 否定的な意味を持たず, 話を始める際の**前置き表現としての間投詞**:

아니, 어제 내가 신주쿠에 갔거든. 거기서 연예인을 본 거야.

あの, 昨日私, 新宿に行ったんだけど. そこで芸能人に会ったんだよ.

(c) **否定の答えとしての間投詞**, 아뇨(いいえ←아니+丁寧化のマーカー-요)の非敬意体:

햄버거 먹을래? —— **아니**, 난 함박 스테이크.

ハンバーガー食べる?—— **いや**, 俺はハンバーグ.

③**間投詞 헐/헉**は,〈うわっ〉〈ん?〉〈あれま〉のように, 予想外のできごとや唖然(あぜん)としたできごとに驚いたり, 呆(あき)れてことばを失ったときなど, 描写的に用いる. 現実に声にならずともしばしばこう表現する. 息がつまった様子を헉하다(うわっと驚く)という動詞でも用いる:

이거 내가 다 먹는다. ——**헐.** 어이가 없네. 내 거니까 손대지 마라.

これ私全部食べるよ. ——**へっ.** 呆れちゃうね. 俺んだからさわらないで.

나 저 배우 공항에서 보고 너무 멋있어서 **헉했잖아요.**

私あの俳優, 空港で見て, あんまりかっこいいんで, **驚いちゃいましたよ.**

*헐/헉はSNSのコメント, 書き込みなどで〈あたかも話しているように書く〉際に多く用いられていた. つまり基本的に〈書かれたことば〉としてのみ用いられたものが, 現在は実際に話すときにも多く用いられるようになった. 固有語の間投詞は原則として全て〈話されたことば〉から生まれ, 書かれるようになるのに対し, 헐/헉は逆に〈書かれたことば〉から生まれ,〈話されたことば〉となった, 実に興味深い表現だと言える.

02● 하길래 Ⅰ-길래 …なので.…だから［責任の所在を述べる］

Ⅰ-길래は〈このせいで仕方なく〉といった強い述べ方で理由を語る. 話し手が他者や事態のせいにする気持ちを表わし, しばしば言い訳(わけ)的な表現となる. 話しことば的.「너무 예쁘길래 샀어요」は,「あまりに可愛いので, 仕方なく, どうしようもなくて, 買いました(私の意志というより, この可愛さのせいですね)」といった意になる. 한다体の後に-길래をつけると, 引用接続形となる.「너무　예뻐서　샀어요」は「あまりに可愛いので(当然の流れで)買いました(ごく自然な原因と結果です)」のような**해서**つまり**Ⅲ-서**は,〈ことがらが自然とそうなる〉という形で, 原因を表す. Ⅰ-길래と区別せよ:

사랑이 **뭐길래** 카톡(라인) 한 통에 뛰어나갈까?

愛ってすごいな(←愛ってのは, いったい**何だったら**), カカオトーク(ラインの類)1通で飛び出して行くんだから(←行くのだろう?).

뭘 **먹길래** 피부가 이렇게 좋아요?

いったい何を食べてると, お肌がこんなにきれいなんですか?

(←何を**食べてたら**, 皮膚がこんなに良いのですか?)

걷기 대회에서 5km **걷는다길래** 운동이 되겠다 싶어 참가했어요.

歩き大会で5km**歩くというので**, 運動になりそうだと思って参加しました.(한다体+-길래:引用接続形)

● 하기에 Ⅰ-기에 …するので.…なものだから［理由］

Ⅰ-기에は, Ⅰ-길래に比べると, 書きことば的でフォーマル. 後続のことがらに対する理由を表す. 言い訳的な印象ではなく, それに起因する理由を格式をもって述べる表現. 한다体の後に-기에をつけ, 引用接続形として用いられる:

허준의 “동의보감”을 조금 **읽었기에** 한의학에 대한 존경심을 가지고 있었다.

許浚(1539-1615)の『東医宝鑑』(1613)を少し**読んだものだから**, 東洋医学(←漢方医学)についての尊敬心を持っていた.

오빠가 **온다기에** 기쁜 마음으로 마중을 나갔다.

兄さんが**来ると言うので**, 嬉しい気持ちで迎えに出かけた.

03● 해서 그런지 III-서 그런지 …なのでか. …だからか. …したせいか [曖昧な原因]

用言のIIIに接続形語尾-서がつき, 그렇다(そうだ)の第II語基に-ㄴ지(…なのかどうか)がついた形. 直訳なら「…なのでそうなのかどうか」の意となる:

빵을 방금 **구워내서 그런지** 따끈따끈하고 너무 맛있어요.

パンを今**焼いたばかりだからか**ほかほかしてとてもおいしいです.

이 집은 **리모델링해서 그런지** 너무 깔끔하고 완전 내 스타일이에요.

この家は**リモデリングしたからかどうか**とてもすっきりして完全に私の好みです.

19● 하면 할수록 II-면 II-ㄹ수록 …すれば…するほど [漸次(ぜんじ)条件]

A면 A수록 のように2か所の用言は同一の用言が入る.「I-게 되다」(…するようになる)が後続し結合する場合も多い:

수학은 문제를 많이 **풀면 풀수록** 잘하게 된다.

数学は問題をたくさん**解けば解くほど**, よくできるようになる.

짜장면(자장면)은 **비비면 비빌수록** 소스가 면에 잘 스며든다.

チャジャンミョンは**混ぜれば混ぜるほど**, ソースが麺(めん)によく染み込む.

이 일은 **가면 갈수록** 문제가 태산이네.　この件は**進んで行けば行くほど**, 問題が山積みだね.

4b

19● 할 뿐만 아니라 II-ㄹ 뿐만 아니라 …のみならず. …だけでなく [追加]

用言のIIの後, あるいは名詞の後について〈…**のみならず**〉の意で用いられる:

요리도 **잘 할 뿐만 아니라** 먹는 것도 잘 먹는다.

料理も**上手なだけじゃなく**, 食べるのもよく食べる.

모든 고귀한 것은 **힘들 뿐만 아니라** 드물다.

あらゆる高貴なものは**困難であるとともに**稀である.

친구에게 **화가 났을 뿐만 아니라** 너무 실망해서 눈물까지 났다.

友人に**腹が立っただけではなく**, あまりに失望して, 涙まで出た.

맛 뿐만 아니라 가격까지 잡은 가성비 최고의 찐맛집.

味だけじゃなく, 価格まで満足できる, コスパ〈価性比〉(価格対性能比の意)最高のマジおいしい店.

20● 하긴(요) Ｉ-긴(요) …するだなんて(とんでもない) [提起されたことがらの否定]

Ｉ-기は名詞形(→ep.1b). 하기는で**文が終わる**形. 短縮形の Ｉ-긴(요)でよく用いられる. 相手の評価に対する**否定**や謙遜を表す. 自分に関する評価のことがらであれば, ことがらを否定しながら, **謙遜の意を表せる**. 第三者のことがらについては, それを否定するので, しばしばきつい物言いになり, **皮肉(ひにく)るような表現とも**なりうる:

오늘 많이 드시네요. ── 많이 **먹긴요**. 두 그릇밖에 못 먹었어요.

今日はたくさん召し上がりますね. ──いっぱい**食べるだなんて**(否定). 2杯しか食べてませんよ.

밖에 비 와요? ── 비가 **오긴요**. 바람 부는 소리예요.

外は(←外に)雨が降ってるんですか? ──雨が**降ってるだなんて**(否定). 風が吹いてる音ですよ.

(제가) 영어를 **잘하기는요**. 잘 못해요.

(私が)英語が**上手だなんて**(否定. 謙遜). そんなにはできませんよ.

(제가) **돈이 많긴요**. 월급 받아 겨우 겨우 살고 있는데요.

(私が)**お金持ちだなんて**(否定. 謙遜). 給料もらって, やっとの思いで暮らしているんですよ.

딸이 **예쁘기는요**. 그렇게 봐 주셔서 감사해요.

娘が**可愛いだなんて**(謙遜). そのように見てくださって, ありがとうございます.

저희 언니가 **바쁘긴요**. 하루종일 유튜브 보다가 좀 전에 놀러 나갔는데요.

うちの姉さんが**忙しいだなんて**(皮肉). 一日中YouTube見てて, ちょっとさっき遊びに出かけましたよ.

21● 하다시피 Ｉ-다시피 …するように. するかのようにして [説明の前提. 比喩例示]

動詞と存在詞で, ①〈…しているごとく〉という説明の前提の例示, ②〈…するかのように〉という比喩の例示に用いられる. 〈Ｉ-다시피 해서〉〈…するかのようにして〉の形も多い:

너도 **알다시피** 우리 누나가 좀 똑똑하잖아.

お前も**知っているように,** うちの姉貴はちょっと賢いだろ.　①説明の前提

보시다시피 예쁘고 천이 부드러워서 최애 머플러예요

ご覧のように, 可愛いし, 生地が柔らかいので, お気に入りのマフラーです.　①説明の前提

김 과장님이 **말씀드렸다시피** 지금 업계는 위기적인 상황입니다. ①説明の前提

金課長が**申し上げました通り**, 今業界は危機的な状況であります.

동진이는 **도망치다시피 해서** 한밤중에 서울을 빠져나갔다.

トンジンは**逃げるようにして,** 夜中にソウルを抜け出した. ②比喩例示

시은이는 과자를 동생들에게 뺏길까 봐 게 눈 **감추다시피** 먹어 치웠어요.

シウンはお菓子を弟たちに取られるかと, 素早く(←蟹(かに)が目を**隠すように**)食べてしまいました. ②比喩例示

4b 文法

〈意志〉を表す/尋ねる

1. 意志を表す諸形

韓国語で話し手の〈意志〉を表したり, 聞き手の〈意志〉を尋ねるには, いろいろな形がある. よく「겠は意志を表す」などと書いてあるが, 単に「意志を表す」という説明では解りにくい. 意志を表すのにも, 多くの形があるからである. 私たちにとっては, 〈どのような意志を表すか〉を知ることが, 大切なのである. ここでは話しことばで用いられる代表的な形を, 動詞の하다(する)を使って, 丁寧な敬意体の形で整理する. ①話し手の意志を表す形, ②話し手の意志を聞き手に相談する形, ③話し手が意志を宣言する形, ④聞き手の意志を尋ねる形, 以上の4つに分けて見てみよう:

1.1. 話し手の意志を表す平叙形

해요/합니다 [既然確言法]

既にそうなっていること, そう決まっている, ある条件のもとでは常にそうしているという語り口で意志を述べる

그 일은 제가 해요
その仕事は私がします
(することになっています)

할 거예요 [推量法]

非現場的なことがらとして事態を推量しながら意志を述べる気持ち. 〈すると思います〉にも似る. 推量の典型的な形

그 일은 제가 할 거예요
その仕事は私がします
(すると思っていますから)

할래요 [意向法]

話の現場において話し手の一方的な意向を表明, 通告する. 目下や親しい相手に用いる. 目上の相手や格式の場では使えない

그 일은 제가 할래요
その仕事は私がします
(文句言わないで)

하겠어요/하겠습니다 [現場判断法]

話の現場において話し手がいま・ここでそう思った, そう決めたという判断を述べる. 意志以外の現場判断にも多用する

그 일은 제가 하겠습니다
その仕事は私がします
(今そう判断しています)

할게요 [約束法]

そのようにしますからねと, 相手にあたかも約束をするように, 相手の存在を認識しながら述べる. 目上にも, 格式の場でも使える

그 일은 제가 할게요
その仕事は私がしますから
(よろしいですか)

하려고요 [意図説明法]

そうする心づもりにあると, 意図を知らせたり, 説明する. 接続形 II -려고の終止用法.
〈…しようと思っています〉

그 일은 제가 하려고요
その仕事は私がしようと
思ってるんですよ

4b

1.2. 疑問形で聞き手に話し手の意向を相談する形で話し手の意志を伝える

할까(요)? [相談法]

そのようにしましょうかと，相手の意向を尊重しながら尋ねる．目上にも，格式の場でも使える．平叙形はない

그 일은 제가 할까요?
その仕事は私がしましょうか？
（あなたのご意向は？）

左のように，相談法の할까요?で相手に相談しながら，聞き手の意志を尋ねることができるだけでなく，事実上，話し手の意志を相手に相談しながら，伝えることになる．相談法もまた意志を表す形である．

相談法は「우리 같이 갈까요?」（私たち一緒に行きましょうか？）のように，相手を含めた우리＝weで使える（inclusive包含的）．

1.3. 宣言感嘆法で聞き手に話し手の意向を宣言する

한다 [宣言感嘆法]

自分がするからと，聞き手に，短く，感嘆的，一方的に言い放(はな)つ．格式のある場では使いにくい

그 일은 내가 한다
その仕事は私がやる
（問答無用だよ）

宣言感嘆法の한다形があった→1a文法．宣言的に意志を言い放つ用法として，ここでも位置づけておこう．文末を引き延ばすなど，しばしば独特のイントネーションで現れる．

意志を表すこうした諸形は，話し手の気持ち（ムード mood）によって使い分けるムード形式である．

1.4. 聞き手の意志を尋ねる疑問形 (聞き手である준호 씨に尋ねる)

해요? [既然確言法]

既にそうなっているか, そう決まっているか, ある条件のもとでは常にそうしているかを尋ねる

그 일은 준호 씨가 해요?
その仕事はチュノさんがしますか?

할 거예요? [推量法]

非現場的なことがらとして事態を推量しながら意志を尋ねる. 〈しようと思っていますか〉も近い. 推量の基本的な形

그 일은 준호 씨가 할 거예요?
その仕事はチュノさんがするんですか?

할래요? [意向法]

話の現場において聞き手の一方的な意向を尋ねる. 目下や親しい相手に用いる. 目上相手や格式の場では使えない

그 일은 준호 씨가 할래요?
その仕事はチュノさんがしますか?

하겠어요? [現場判断法]

話の現場において聞き手がいま・ここでどう思うかという判断を尋ねる. 意志以外の現場判断にも多用する

그 일은 준호 씨가 하겠어요?
その仕事はチュノさんがしますか?

約束法の疑問形はない

하려고요? [意図説明法]

そうする心づもりにあるか, 意図を尋ねる. 接続形 II - 려고の終止用法.
〈…しようと思ってるんですか〉

그 일은 준호 씨가 하려고요?
その仕事はチュノさんがしようと思ってるんですか?

4b

1.5. 話し手の意志は他にもいろいろな形で表せる

他にも〈하죠〉(しますよ, 当然), 〈할 것 같아요〉(しそうです, 状況を見るとそうですよ), 〈하는데요?〉(しますけど, 何か?), 〈하거든요〉(するもんですからね, あなたはご存じないでしょうけど), あるいはまた〈할 수 있어요〉(できますよ, 大いに可能です)などといった, 様々な形でも意志を表すことはできる. 実のところ, 例えば「제가 해요.」(私がします)のように, 話し手の意志で左右できるような, 未発のことがらを, 話し手が非過去形で言うと, 概ね意志的なことがらを表すことになる. 即ち**〈意志動詞, 未発, 非過去, 話し手〉という条件が揃えば, 概ね意志を表す**ことになる. 根幹は1.1の諸形で充分である.

1.6. 話し手の意志を表す平叙形のスピーチレベル

上の諸形を**敬意体**のうち, 합니다体にすると, 既に学んでいる通り〈해요〉は〈합니다〉, 〈할 거예요〉は〈할 겁니다〉〈할 것입니다〉, 〈하겠어요〉は〈하겠습니다〉となる. 1.1.の〈할래요〉, 〈할게요〉, 〈할려고요〉には합니다体はない.

1.1.の諸形を**非敬意体**にして, ぞんざいに言うと, どうなるだろう. -요で終わっているものは, 基本的には-요をとればよい. 〈할　거예요〉だけは最後が指定詞なので, 〈할　거야〉となる. なお, 한다体に相当する形として, 〈할래요〉には〈할란다〉という形がある.

1.1.と1.2.の諸形の, 4つの文体でのパラダイムを確認しておこう:

非敬意体		敬意体	
한다体	해体	해요体	합니다体
한다	해	해요	합니다
할 것이다 할 거다 *	** 할 거야 **	** 할 거예요 **	할 것입니다 할 겁니다
하겠다	하겠어	하겠어요	하겠습니다
—	할래	할래요	—
—	할게	할게요	—
—	하려고	하려고요	—
—	할까?	할까요?	—

*〈할 거다〉は〈할 것이다〉の短縮形. 依存名詞것が話しことばの거となった形.

**해体や해요体は話しことば的な非格式の文体なので, 것を用いた〈할　것이야〉と〈할　것이에요〉は, あまり用いられず, 〈할 거야〉と〈할 거예요〉が多用される.

外来語

韓国語の語彙は, それぞれの単語の造られ方に基づいて, (a)**固有語**, (b)**漢字語**, (c)**外来語**, そしてそれらの(d)**混種語**からなる. (b)漢字語の場合, **朝鮮漢字音と日本漢字音の対応**を知ると, 漢字語の単語を知るのに絶大な威力を発揮する. それはもともと古典中国語の時代からの音が, 韓国語圏と日本語圏に伝わって来たもので, 源泉は古い中国語の同じ音であることによる.

同様に, (c)**外来語**も, 例えば英語の単語の音が, 韓国語と日本語に外来語として定着する. **韓国語と日本語は音の体系が異なる**がゆえに, それぞれの言語音の体系に合わせて定着する. 例えば英語のもとの音は1つなので, それを受け容(い)れる韓国語と日本語は当然どこかしら似ていながら, 異なる. つまり**韓国語と日本語の外来語には, 一定の音の対応がある**. それに気づくかどうかが, 外来語を速く正確に把握できる:

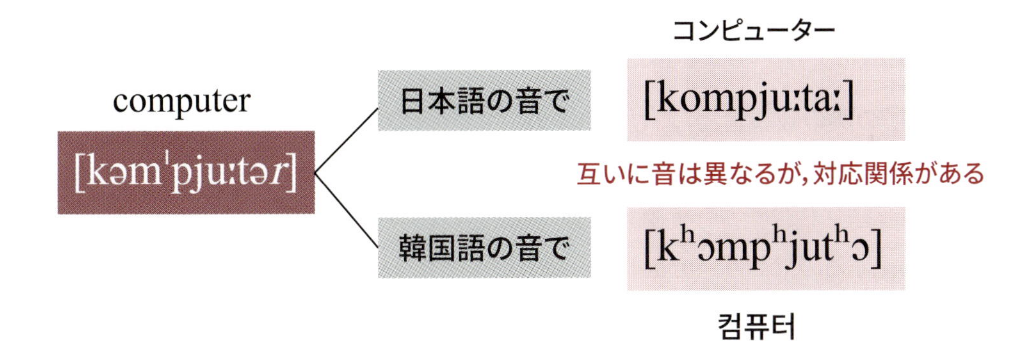

漢字語と違って外来語は, 日本語式発音でも通じると錯覚しまいがちだが, しばしば全く通じない. 中上級の学習者でも, 外来語は意外に誤りが多い.

ここでは知っていると役立つ, いくつかのポイントに絞って, 英語からの外来語のいくつかの音の対応について確認しておこう. **韓国語外来語表記法の基本原理は発音主義**であって, 英語の綴りではなく, 発音に基づいている.

① **日本語で長母音となるものは，韓国語では全て短母音．**例えば「ユーチューブ」という日本語は, 韓国語では유튜브[jut^{h}jubɯ][ユテュブ]で, 長母音はすべてなくなる. pool [puːl] →「プール」 풀 [p^{h}ul]. color [ˈkʌlər]→「カラー」 컬러 [k^{h}ɔllɔ].

② 英語の[æ]**は ㅐ**となり, [ʌ][ə]**は基本的に ㅓ**となる. これらは**日本語ではア段**になるので注意. apple [ˈæpəl]「アップル」 애플. couple [ˈkʌpəl]「カップル」 커플. arrange [əˈreɪndʒ]「アレンジ」 어레인지. **英語の長母音**[ɑː]は多くは日本語でもア段, 韓国語でもㅏ. ただし短母音. archive [ˈɑːrkaɪv]「アーカイブ」 아카이브. car [kɑːr]「カー」 카.

③ 日本語の外来語で**イ段，ウ段，エ段**となっているものは, 韓国語ではそれぞれ**ㅣ，ㅜ，ㅔと対応**しているものが多い. imitation「イミテーション」 이미테이션. chemistry「ケミストリー」 케미스트리.

④ 英語の[aɪ]など**二重母音**は1音節で発音される. 韓国語と日本語は[ai]で写し, **2音節になる．ハングルでは2文字にまたがる．** light [laɪt]「ライト」 라이트. [aʊ] [eɪ] [ɔɪ]も同様に2音節となる. house [haʊs]「ハウス」 하우스. K-POP [keɪ pɑːp]「ケーポップ」 케이팝. boy [bɔɪ]「ボーイ」 보이.

⑤ **音節の頭の破裂音/p/, /t/, /tʃ/, /k/は，激音のㅍ，ㅌ，ㅊ，ㅋ，摩擦音/s/は平音のㅅ．**/p//t//tʃ//k/と/s/に**濃音は用いない**. campaign「キャンペーン」캠페인. Internet「インターネット」 인터넷. ただし実際には以下の[ ]内のように, 濃音で発音されるけれども, 濃音で表記するのは誤り. game 게임[께임]. sign 사인 [싸인]. bus 버스 [뻐스].

⑥ **音節の頭の摩擦音**[f]，[v]は日本語では**ハ行音とバ行音**で, 韓国語では**ㅍとㅂで**写す. fan 「ファン」팬. olive 「オリーブ」 올리브. **摩擦音**[ð]**はㄷ，**[θ]**はㅅ．**the 「ザ」 더. theater [θɪətər]「シアター」시어터.

⑦ **語中の**[r]**はㄹで，**[l]**はㄹㄹ**で写す. graph「グラフ」 그래프. flash「フラッシュ」 플레시. **語頭では**[r]**と**[l]**の区別なくㄹ．**radio「ラジオ」라디오. refill「リフィル」리필. line「ライン」라인. leader「リーダー」리더. 日本語では語頭と語中, 全て/r/と/l/の区別なく**ラ行**.

⑧ 韓国語の外来語表記法では, **終声字母は7つ**, 〈ㄱ, ㄴ, ㄹ, ㅁ, ㅂ, ㅅ, ㅇ〉のみを用いる. ㅋやㅍなど, その他の字母は用いない. Netflix「ネットフリックス」넷플릭스. rapper「ラッパー」○래퍼 ×랩어.

⑨ 伝統的に用いられてきた外来語は, そのままの形を容認している. gum「ガム」껌

⑩ 랜선〈LAN線〉(オンラインの意), 국룰〈國-〉[궁눌](国民のルール, 定番)のように, 外来語+漢字語というハイブリッド=組み合わせになった**混種語**もある.

⑪ **和製英語**のように, 英語圏との用法が異なる外来語もある. reform「リフォーム」리폼. study「勉強会」스터디. handphone「携帯電話」핸드폰(mobile phone).

次の単語を母音と長母音や, 音節のリズムなどに注意し, 発音してみよう:

캠페인 キャンペーン
더 글로리 ザ・グローリー
맥아더 マッカーサー
아이패드 iPad アイパッド
퀴즈 クイズ
룰 ルール
앱/어플 アプリ
콜라 コーラ
탑 トップ
컬러 カラー
더 킹 ザ・キング
맥도널드 マクドナルド
캔터키 ケンタッキー
리더쉽 リーダーシップ
북카페 ブック・カフェ
요한 세바스티안 바흐 ヨハン・ゼバスティアン・バッハ Johann Sebastian Bach
빈센트 반 고흐 フィンセント・ファン・ゴッホ/ヴィンセント・ヴァン・ゴッホ Vincent van Gogh

以下のような単語はどうなるだろう. 漢字語になっているものもある:

ホットコーヒー
チームワーク
タクシー
マザー
ノートパソコン
サラリー
コンセント
コピー
ビール
アルバム
サンキュー
タッチパネル
セロリ
インストール
フライドポテト
ワールドカップ
ホチキス
アパート
アフターサービス
サッカー
オンライン

前ページの単語はこうなる：

뜨거운 커피*
팀워크/ 팀웍*
택시
마더
노트
월급〈月給〉*
콘센트*
카피
맥주〈麥酒〉
앨범
생큐/ 땡큐*
텃치스크린
셀러리 (celery)
설치〈設置〉/ 인스톨*
후렌치후라이/ 감자튀김*
월드컵
호치키스/스테이플러
아파트(日本語のマンションに相当)
애프터서비스
축구〈蹴球〉*
온라인 [올라인]/랜선〈-線〉

*핫커피とは言わない. 熱いコーヒーはただの커피もしくは뜨거운 커피.
*후라이드포테토ではなく, 후렌치후라이あるいは감자튀김
*正書法では팀워크だが, 팀웍も多く用いられている
*땡큐は表記法上は誤りだが多く用いられている.
*샐러리(salary)とは言わず, 월급. 他に봉급〈俸給〉, 연봉〈年俸〉など.
*球技(구기)名は漢字語が多く用いられている. 野球 야구〈野球〉. バレーボール 배구〈排球〉. バスケットボール 농구〈籠球〉. 卓球 탁구〈卓球〉.
*壁などの凹型(おうがた)の穴が開いた差し込み口が콘센트=outlet/ socket. プラグplugは플러그.
콘센트에 플러그를 꽂아 주세요 コンセントにプラグを挿してください.
*IT用語のインストールは漢字語で설치あるいは인스톨. 綿矢(わたや)りさ(1984-)の小説『インストール』の韓国語版の題名は『인스톨』(김난주 번역)となっている.

次のような固有名詞の, 日本語との違いも確認しよう. ()は現地の言語表記：

팔레스타인 Palestine パレスチナ
캐나다 Canada カナダ
멕시코 México メキシコ
쿠바 Cuba キューバ
콩고 Congo コンゴ
호주〈濠洲〉オーストラリア
튀르키예 (Türkiye 튀르키예) トルコ
독일〈獨逸〉ドイツ
영국〈英國〉イギリス
네덜란드 Nederlands オランダ
그리스 (Ελλάδα 엘라다) ギリシャ
아르헨티나 Argentina アルゼンチン
필리핀 (Pilipinas 필리피나스) フィリピン
뉴질랜드 New Zealand ニュージーランド
인도〈印度〉インド
튀니지 チュニジア
태국〈泰國〉タイ
대만〈臺灣〉台湾

4b

練習問題 4b

1. 次の日本語を韓国語に訳しなさい.

1.1. レストランがヨーロッパ感覚(←感性)だというのでヨーロッパ料理を期待したが, 店の名前が「ヨーロッパ感性」だったよ.

1.2. 夜遅くに仕事を終え, お腹が空いたので, 私たちは屋台に向かった.

1.3. うちの兄はたくさん本を読んでいるからか, 物知りです.

1.4. チュクミが旬(しゅん)だからか, ほんとうにおいしかったですよ.

1.5. ソンジンさんは付き合えば付き合うほど, 知れば知るほど, ほんとに本物(←うそ偽(いつわ)りのない誠実な人)です.

1.6. これは見れば見るほど, 朝鮮時代の青磁(せいじ)のようです.

1.7. 兄は皿洗いだけではなく洗濯まで, ほとんどの家事を引き受けてこなした.

1.8. チュノは注意深いだけでなく, 他人に対する配慮の心も秀(ひい)でている.

1.9. ハウンは赤ちゃんの時から私が全部育てたようなもんだよ.

1.10. ご存じのように, 再開発地域で強制撤去によって追い出されるようになった住民たちがたくさんおられます. 私どもの団体はその方々を必ずお助けします.

2. 次の対話を韓国語に訳しなさい.

2.1.

チウン:おばさん, 魚持っていってって言うので来ました.

おば:そう. 市場で新鮮だったからちょっと多めに買ってきたもんだからね.

2.2.

(カフェの店長がバイトの学生と話す)

店長:初めてする仕事なので大変じゃないですか?

ミニ:大変だなんて. やりたかった仕事だからか, ただただとっても嬉しいです.
最善を尽くします.

2.3.

（チュノがマキに尋ねる）

チュノ：漢江公園に行って一緒に自転車乗りませんか（←乗りますか）？

マキ：いいですよ. そこで一緒にヤンニョム・チキンとって（出前で）食べましょう.

あ, 漢江ラーメンも食べますよ.

2.4.

（チウンがマキを招待する）

チウン：うちに遊びにいらっしゃいませんか. 私がステーキを用意しておきますから.

マキ：わあ, いいですよ. じゃ, 私はワインをちょっと買って行きましょうか.

2.5.

（友達に旅行計画を話す）

ミンジ：今度の休暇にはソウルにカフェ・ツアーしに行こうと思ってるんですよ.

キョンヒ：私も行く. いつ行くの？ 一緒に行こうよ.

2.6.

（バイト仲間に語学研修計画を話す）

ソグ：私, 来月ニューヨークに行きます.

チウ：（いたずらっぽく） 自由の女神像を見に（←見ようと）ですか？

ソグ：（笑って） はい, それも見てですね, 英語の勉強もがんばろうと思って（←やろうと

ですよ）.

チウ：うらやましいですね. 私は一所懸命バイトしてますね.

4월, 캠프의 불빛

4月，キャンプの炎

● 일본어와 한국어의 좋아하는 문학 장르에 대해서 얘기해 봐요. 좋아하는 이유, 싫어하는 이유도 서로 물어보고 대답해 볼까요?
日本語と韓国語の好きな文学ジャンルについて話してみましょう．好きな理由，嫌いな理由もお互いに話し合ってみましょうか．

모닥불 피워 놓고

ポイント♦ 呼称と呼格．変容のIII-지다と帰結のＩ-게 되다

01	준호	여보세요? 유아 씨, 주말에 회사 동료들끼리 양평으로 캠프를 가기로 했어요.
02		괜찮으시면 같이 가시겠어요?
03		바람도 쐴 겸 친구들이랑 함께 오시죠.
04	맞아. 4월은 MT의 계절.	
05	기차에서 내려 버스로 갈아타고 들어간 양평 캠프촌은 정말 아름다웠다. 벚꽃 축제가 한창이었다.	
06	동료1	준호야, 과일 좀 씻어 와.
07		장작도 더 필요한데?
08	요코	준호 씨, 근처도 둘러볼 겸 같이 자전거 타러 가요.
09	동료2	김 준호 씨, 여기 온 김에 트레킹이나 갑시다.
10	모두 준호 씨만 찾는 탓에 준호 씨한테는 말을 걸기도 힘들다.	
11	그러나… 우리는 이곳을 즐길 따름이다.	

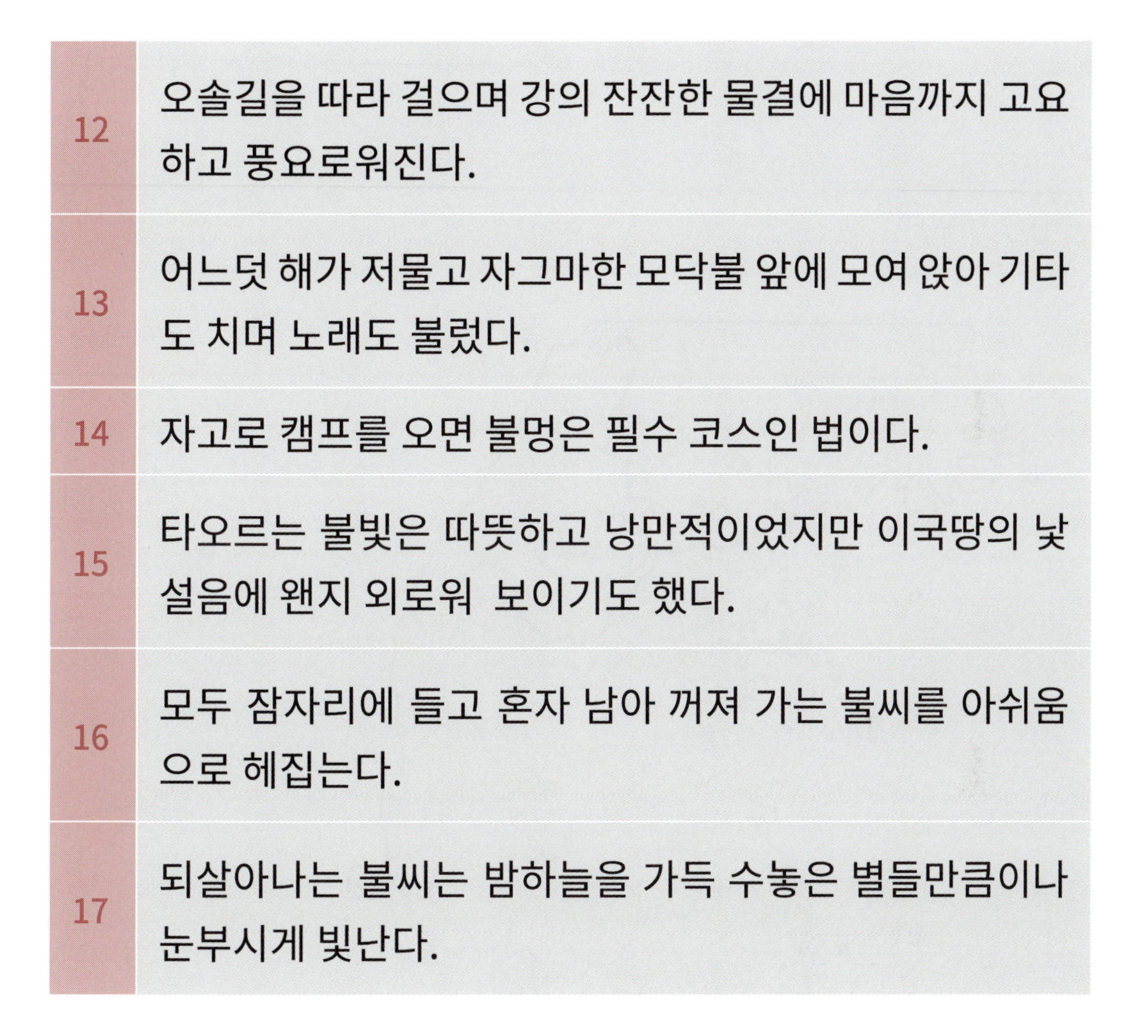

12	오솔길을 따라 걸으며 강의 잔잔한 물결에 마음까지 고요하고 풍요로워진다.
13	어느덧 해가 저물고 자그마한 모닥불 앞에 모여 앉아 기타도 치며 노래도 불렀다.
14	자고로 캠프를 오면 불멍은 필수 코스인 법이다.
15	타오르는 불빛은 따뜻하고 낭만적이었지만 이국땅의 낯설음에 왠지 외로워 보이기도 했다.
16	모두 잠자리에 들고 혼자 남아 꺼져 가는 불씨를 아쉬움으로 헤집는다.
17	되살아나는 불씨는 밤하늘을 가득 수놓은 별들만큼이나 눈부시게 빛난다.

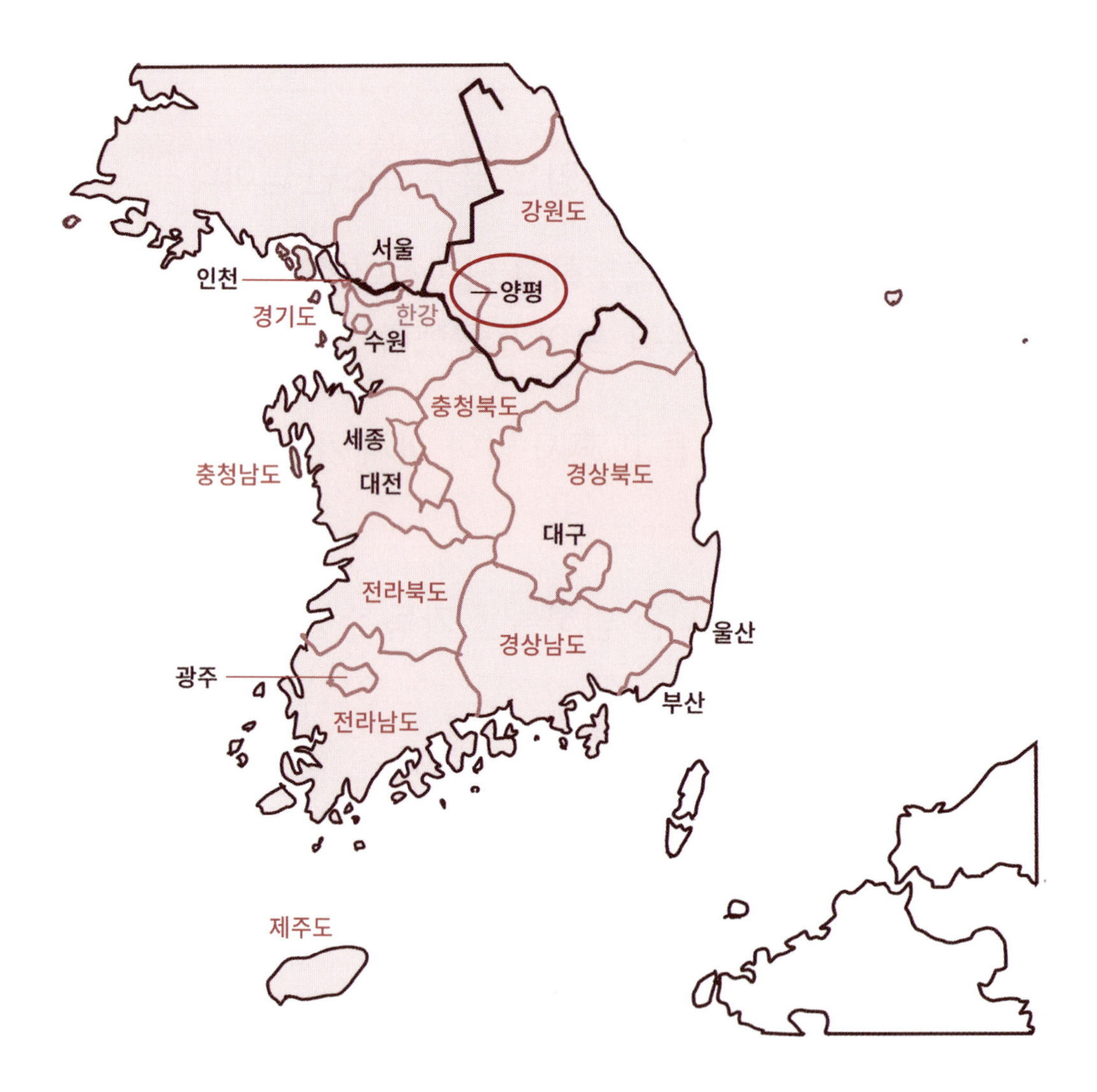
강원도
서울
인천
양평
경기도
한강
수원
충청북도
세종
충청남도
대전
경상북도
대구
전라북도
울산
경상남도
광주
부산
전라남도
제주도

01	チュノ	もしもし. ユアさん. 週末, 会社の同僚同士で楊平(ヤンピョン)へキャンプに行くことになりました.
02		よかったら一緒に行きませんか.
03		風にあたりがてら, お友達とご一緒にどうぞ.
04	そう, 4月はキャンプの季節.	
05	列車から降り, バスに乗り換え, 入(はい)った楊平のキャンプ村は本当に美しかった. 桜祭りで盛り上がっていた.	
06	同僚1	チュノ, 果物ちょっと洗ってきて.
07		薪(たきぎ)ももっと要(い)るんじゃない?
08	洋子	チュノさん, あたりも回ってみがてら, 一緒に自転車乗りに行きましょう.
09	同僚2	キムジュノさん, ここに来たついでに, トレッキングでも行きましょう.
10	みんなチュノさんばかりを呼んでるせいで, チュノさんに話しかけることも難しい.	
11	しかし…私たちはここを楽しむのみだ.	
12	小道に沿って歩きながら, 川の静かな波に, 心まで静かで豊かになる.	
13	いつしか日が暮れ, 小さな焚(た)き火(び)の前に集まって, ギターも弾いて, 歌も歌った.	
14	もとよりキャンプに来たら, 炎の前でぼーっとするのは, 決まりごと(←必須のコース)というものだ.	
15	燃え上がる炎(ほのお)は, 温かくロマンチックだったけれど, 異国の地の馴染(なじ)みのなさに, なぜか寂しくも見えた.	
16	みんな寝床(ねどこ)に入(はい)り, 一人残って, 消えてゆく火種(ひだね)を名残(なご)り惜(お)しさで引っ掻(か)いてみる.	
17	再び燃え上がる炎は, 夜空いっぱいに彩(いろど)った星たちほどに眩(まぶ)しく輝いている.	

5a 単語

01	동료	〈同僚〉 **同僚**
	-끼리	**…同士.** 体言の後につく接尾辞. 이거 우리끼리 얘기야. これ, ここだけ(=俺たちだけ)の話だぞ
	양평	〈楊平〉 **楊平.** 경기도〈京畿道〉 양평군〈楊平郡〉→前ページと1aの地図参照. 漢江中流の西側. 漢江の上流を辿(たど)ると, 북한강北漢江[부칸강]〈北漢江〉は朝鮮民主主義人民共和国の금강군〈金剛郡〉に発し, 韓国へ入る. さらに京畿道楊平郡のその名も양수리〈両水里〉で남한강〈南漢江〉と交わり, 漢江となってソウルを西へ貫き, 황해〈黄海〉へと流れる. 韓国ドラマ「겨울 연가」〈-戀歌〉「冬のソナタ」で広く知られた남이섬〈南怡-〉も近い. 大きな島の名は제주도〈濟州島〉や강화도〈江華島〉のように, 多くは漢字語で〇〇島〈-도〉と呼ばれる
	캠프	**キャンプ**→4b語彙 外来語. 「캠프에 가다」ではなく, 「캠프를 가다」と言う
03	쐬다	(風に)**当たる.** (太陽を)**浴びる.** (煙・水蒸気を)**当てる.** 바람을 쐬러 나왔어요 風に当たるために出て来ました. 햇빛을 쐬고 있어요 日光を浴びています. **햇빛**(日の光)を浴びるのは쐬다, **햇볕**(陽光)や日の温かさを浴びるのは쬐다. 햇볕을 쬐고 있어요 ひなたぼっこをしています. 쐴 겸→表現
04	MT	**合宿.** 엠티. Membership Trainingの略. 大学生のグループや会社の同僚などの合宿
	계절	〈季節〉 **季節.** 「四季」は사계〈四季〉とは言わず, 사계절 〈四季節〉. 書きことばでは「비발디 사계」(ヴィヴァルディ Vivaldi 四季)のように사계は主に名称などで用いられる
05	기차	〈汽車〉 **列車.** 열차〈列車〉など一般的な鉄道車両. 기차は遠く離れた地方へ行く列車をこう呼ぶ. 전철〈電鐵〉(電車)も열차〈列車〉と言えるが, 기차とは呼ばない. 超高速列車はKTX(케이티엑스)
	내리다	**降りる.** Ⅲ내려で, ここでは接続形
	갈아타다	**乗り換える.** 「배에 갈아타다」ではなく, 方向を示す助詞-로/으로を用いて, 「배로 갈아타다」と言う. 캠프장까지는 기차에서 내려서 버스로 갈아타야 해요 キャンプ場までは列車から降りてバスに乗り換えねばなりません

	캠프촌	〈-村〉**キャンプ村.** 캠프지〈-地〉, 캠프장〈-場〉とも言う
	축제	〈祝祭〉**祭り.** 벚꽃 축제 桜祭り
	한창	**真(ま)っ盛(さか)り. 最中(さいちゅう).** 한창이다 真っ盛りだ
06	씻다	**洗う.** 対象の表面を水などを用いて「洗う」のは씻다,「髪を洗う」のは「머리를 감다」,「洗濯物を洗う」は「빨래를 하다 / 옷을 빨다」,「顔を洗う」は세수하다〈洗手-〉
07	장작	〈長斫〉**薪(まき). 薪(たきぎ).** 장작을 패다 薪を割る. 장작을 때다 薪をくべる
08	둘러보다	**見回す. 見渡す**
	자전거	〈自轉車〉 **自転車.**「車」を「거」と発音する자전거と인력거〈人力車〉に注意. 자동차〈自動車〉のように, その他ほとんどは「차」
	타다	**乗る.** 타러はⅡ-러(…しに). 移動のために「**…に乗る**」のは「**-을/를 타다**」, 座席に「**乗り込む**」は「**-에 타다**」. 오실 때는 전철을 타세요 いらっしゃるときは, 電車にお乗りください. 앞에 타지 마시고 뒤에 타세요 前に乗らないで後ろに乗ってください
09	트레킹	**トレッキング.** trekking. 韓国語では本格的な山登りを含め, トレッキングもしばしば등산〈登山〉と呼ぶ
	찾다	**探す. 呼ぶ. 訪ねる. 求める.** 찾는 탓에 求めるせいで→表現
	힘들다	[形容詞] **疲れる. 大変だ.** ㄹ活用なので, 連体形なら「힘든 일」(疲れる仕事. 大変な仕事) となる. ここではⅠ-다で한다体. Ⅰ-기(가) 힘들다 …すること(が)大変だ/つらい→表現.「힘이 들다」(力が要る)の들다は動詞. 한다体終止形ならⅡ-ㄴ다で「힘이 든다」. 힘이 드는 작업 手の要る作業=大変な作業
11	즐기다	**楽しむ.** 形容詞즐겁다(楽しい)と同根. 맡기다(預ける)←맡다(預かる), 남기다(残す)←남다(残る), 웃기다(笑わせる)←웃다(笑う), 옮기다(移す)←옮다(移る)など, 接尾辞-기-は動詞語根に他動, 使役などを造る. ここでは他動
12	오솔길	[오솔낄] **穏やかで人気(ひとけ)のない小道.** 落ち葉の積み重なっている小道などを想起させる
	-을 따라	**…に沿って. 従って. ついて.** 따라 걷다 …に沿って歩く. 따라 읽으세요 あとについて読んでください
	잔잔하다	(波などが)**穏やかだ. 静まった. 静かだ.** 그녀는 잔잔한 미소를 짓고 있었다 彼女は穏やかな微笑をたたえていた

	물결	**波.** 물결이 인다 < 일다 波が立つ. 물결이 출렁이다 波が揺れる. 물결치다 波打つ
	고요하다	**静かだ. 静まり返った.** 조용하다(静かだ)より詩語的. 햇살이 비추는 산속의 호수는 아름답고 고요했다 日の光が差し込む山奥の湖は, 美しく静まり返っていた
	풍요롭다	〈豊饒-〉 **豊かだ.** 書きことば的. 抽象的なことにも用いる. 이윽고 풍요로운 열매를 맺는 계절이 되었다 やがて豊かな実を結ぶ季節となった. -롭다→ 4a文法 接尾辞
13	어느덧	**いつしか. いつの間にか.** 書きことばで多用. 그토록 뜨겁던 여름이 가고 어느덧 가을이 되었다 あれほどまでに熱く燃えた(←熱かった:気候が「暑い」というだけでなく気持ちも「熱い」)夏が去り, いつしか秋となった
	저물다	(日が)**暮れる.** 해가/날이 저물다 日が暮れる
	자그마하다	**小さめだ. やや小さい. 小振(こぶ)りだ.** 자그마한 강아지 ちっちゃな子犬. 자그마한 카페 こぢんまりとしたカフェ. 자그마한 행복 ささやかな幸せ
	모닥불	**焚(た)き火(び).** 모닥불을 피웠다 焚き火を焚いた. 모닥불을 쬐었다 焚き火にあたった
	모이다	**集まる.** 모여 앉았다 集まって座った
	기타를 치다	**ギターを弾く.** 피아노를/ 오르간을 치다 ピアノを/オルガンを弾く. 바이올린을/첼로를 켜다 バイオリンを/チェロを弾く
14	자고로	〈自古-〉 **昔から.** 예로부터とも. 자고로 악인이 오래 사는 법이지 昔から悪人が長生きするものだよ
	불멍	**焚火をぼーっと眺(なが)めること.** 불(火)+멍하다(ぼーっとする)の新造語
	필수	〈必須〉 **必須(ひっす).** 同音異義語に〈**必修**〉がある
	코스	**コース.** 코스인 법이다→表現
15	타오르다	**燃え上がる.** 르変格. Ⅰ・Ⅱ타오르 Ⅲ타올라. 타오르는 질투심〈嫉妬心〉燃え上がる嫉妬心
	불빛	**炎の明かり. 火の光**
	따뜻하다	**温かい. 暖かい.** 따뜻한 봄바람이 불기 시작했다 暖かい春風が吹き始めた. 이렇게 따뜻하게 맞아 주셔서 감사합니다 こんなふうに温かくお迎えいただき, ありがとうございます

	낭만적	〈浪漫的〉**浪漫的.** 낭만적이다 ロマンチックだ
	이국땅	〈異國-〉**異国の地**
	낯설음	**面識がないこと. 見慣れなさ. なじみが薄いこと. 不慣れ.** 形容詞낯설다のII-ㅁ名詞形. 낯は単独では「顔」の意の卑語. 설다は「慣れない」意の形容詞. 反意語は낯익다[난닉따](見慣れている. 顔なじみだ)
	왠지	[副詞] **なんだか. なんとなく.** 〈副詞왜(なぜ)+指定詞-이-の脱落+語尾-ㄴ지(…なのか)〉(なぜであるのか)からなる.「웬지」は正書法上は誤り. 왠지 이 사람하고는 잘 맞을 것 같았다 なぜかこの人とはうまくいきそうな気がした. 왠지 모를 불길한 예감이 들었다 なぜかわからぬ不吉な予感がした.「どうしたこと」の意を表す**名詞**は「웬일」. 이게 웬일이야? これはどうしたことだ?
	외롭다	**寂(さび)しい.** 외로워 보이다 寂しく見える.〈III 보이다〉は〈…に見える〉→2a表現08. 외롭다は〈主に心が, 孤独だ. ひとりぼっちだ. 孤独で寂しい〉. 쓸쓸하다は〈主に場などの雰囲気が, 寂しい〉. 적적하다〈寂寂-〉はやや書きことば的で〈暮らしなどが, ひっそりと寂しい. わびしい〉, 호젓하다は〈通りや山奥などが, 人気もなくひっそり静かで寂しい〉, 허전하다は〈あるべきものが欠けていて, 寂しい, 虚(むな)しい, 空(むな)しい, うつろだ〉
16	잠자리에 들다	[잠짜리에-] **寝床(ねどこ)に入る. 床(とこ)につく.** 잠(眠り)+자리(場)という合成語における濃音化. 濃音化を起こさず[tʃamdʒari]と発音する잠자리は合成語ではなく単純語で, 昆虫の「とんぼ」の意
	남다	[남따] **残る.** ここのIII남아は第III語基だけで造られる接続形→3a表現10
	꺼져 가다	**消えてゆく.** 꺼지다 (火や泡(あわ)などが)消える. (人が眼の前から)消える. III 가다→5b文法
	불씨	**火種**(ひだね)
	아쉽다	**名残惜しい. 物足りない. 心残りだ. 残念だ.** 아쉬움残念さ. 心残り. II-ㅁ名詞形. 이번 스테이지에서 의상이 좀 아쉬웠어요 今回のステージは皆良かったけれど, 衣装がちょっと残念でしたね
	헤집다	**かき分ける. いじる. かき回す.** 강아지가 흙을 헤집고 있었다 犬が地面をほじくり返していた. 사람들을 헤집고 앞으로 나가 보았다 人をかき分けて, 前に出てみた

17	되살아나다	**生き返る. 蘇**(よみがえ)**る.** 가을이 되니 식욕이 되살아났다 秋になったら, 食欲が戻った→4a文法 接頭辞
	밤하늘	**夜空.** 밤하늘을 가로지르는 은하수 夜空を横切る銀河
	가득	**いっぱい.** 컵에 물을 가득 채웠다 水をいっぱいに満たした. 웃음 가득한 하루 되세요 (写真のキャプションで)笑顔いっぱいの1日になりますように
	수놓다	〈繡-〉 **刺繡**(ししゅう)**する. 縫**(ぬ)**い取りする.** 〈수를　놓다〉とも言う. 용포 즉 임금의 옷에는 용의 수를 놓았다 龍袍(ヨンポ)即ち王の服には龍の刺繡をほどこした. 밤하늘을 수놓은 수 많은 드론 夜空を彩(いろど)った数多くのドローン
	-만큼이나	**…ほども. …ほどまでに.** 이만큼이나 좋은 한국어 사전은 없어요 これほどまでにいい韓国語辞典はありませんよ
	눈부시다	**まぶしい.** 눈부시게は눈부시다(まぶしい)の副詞形Ⅰ-게. 그 시기에 IT(아이티) 산업은 눈부시게 발전했다. あの時期にIT産業はめざましい(←めざましく)発展を遂げた
	빛나다	**輝く.** 빛이 나다(輝く←光が出る)とも. 그 보석은 어둠 속에서도 밝게 빛나고 있었다 その宝石は暗闇の中でも明るく輝いていた. 최첨단 기술이 빛난다 最先端技術が輝く

03● 할 겸 Ⅱ-ㄹ 겸 …することを兼ねて. …しがてら [付帯(ふたい)]

動詞と存在詞있다に用いられる. **겸**〈兼〉は依存名詞.「아침 **겸** 점심」(朝食**兼**昼食)のように体言を結ぶ用法は日本語と同じ. 予期連体形Ⅱ-ㄹで修飾し〈**Ⅱ-ㄹ 겸**〉の形で〈…することを兼ねて〉の意となる:

외자계 기업 **견학도 할 겸** 그 회사를 방문했다.

外資系企業〈外資企業〉の**見学がてら**, その会社を訪問した.

(전화로) 너무 배불러서 **소화도 시킬 겸** 공원 산책하고 있어. 언니두 **운동도 할 겸** 나와.

(電話で)あまりにおなかいっぱいで, **消化のためにも**, 公園で散歩してるんだ. 姉さんも**運動がてら**, 出て来なさいよ.

AI 기술 역량 강화를 위해 최수빈 팀장을 **이사 겸 대표**로 신규 선임했다.

AI技術の(力量)強化のためにチェ・スビンチーム長を**取締役兼代表**として, 新規に選任した.

09● 하는 김에 Ⅰ-는 김에 …するついでに [ついで]

김は〈ついで. 機会〉の意の依存名詞. 動詞の現在連体形の〈**Ⅰ-는 김에**〉は〈**…するついでに**〉, 過去連体形の〈**Ⅱ-ㄴ 김에**〉は〈**…したついでに**〉:

은지야, 김치 **담그는 김에** 할머니네 것까지 담궈 드리자.

ウンジ, キムチを**漬けるついでに**, おばあさんとこの分まで漬けてあげようね.

그럼 말 **나온 김에** 시시비비를 정확하게 따져 보자구요.

じゃあ, **話が出たついでに**, 是々非々(ぜぜひひ)をはっきりさせましょうよ.

한국에 **온 김에** 한우 맛집에 들러야겠다.

韓国に**来たついでに**, 韓国牛のおいしい店に寄らなくちゃ.

09● 합시다 II-ㅂ시다 …しましょう [対等以下への改まった勧誘]

対等や目下, または**相手が定まっていない聴衆**にやや改まった勧誘を表す. 明らかな目上にはやや使いにくい. 尊敬の接尾辞を入れたII-십시다でもやはり目上には使いにくい. **成人の男性**が多く用いる:

(등산) **힘 냅시다**. 다 올라왔어요.

(登山. ハイキング)**頑張りましょう**. もう頂上に着きますから.

(팀장이 팀원 직원들에게)여러분, **화이팅 합시다.**

(チーム長がチームの社員たちに)皆さん, **頑張りましょう**(←ファイティングしましょう)!

(길에서) 조금만 비켜 주세요. **지나갑시다.**

(道で)ちょっと空けてください. **通ります**!

(아파트 주민 중재 위원회에서) 조용히 하세요. 상대방의 얘기도 **들어 봅시다.**

(マンションの住民仲裁委員会で)静かにしてください. 相手の言い分も**聞いてみましょう.**

10● 하는 탓에 I-는 탓에 …するせいで. …のおかげで [原因の特定]

탓は〈(…の)**せい. 原因**〉の意の依存名詞. 〈**I-는 탓에**〉(…するせいで), 〈**II-ㄴ 탓에**〉(…したせいで). 多くは望まない結果をもたらした原因として語り, 不満の気持ちも示す. 改まった感じで, 書きことばによく用いる:

밥을 너무 빨리 **먹는 탓에** 언제나 소화가 잘 안된다.

ごはんをあまりにも早く**食べるせいで**, いつも消化が悪い.

바쁜 탓에 집 안 청소도 제대로 못하고 있다.

忙しいせいで, 家の掃除もろくにできないままだ.

날씨가 갑자기 **더워진 탓에** 열사병에 걸리는 사람들이 많아졌다.

天気が急に**暑くなったせいで**, 熱中症にかかる人たちが増えた.

● 하는 바람에 I-는 바람에 …するせいで. …する拍子に [原因の特定]

話しことばでよく使われる. 不満や, 良くない結果を起こした原因を述べるのに用いる:

늦게 **일어나는 바람에** 비행기를 놓쳐 버렸어.

遅く**起きたせいで**, 飛行機に遅れちゃったよ.

바람이 너무 세게 **부는 바람에** 모자가 날아가 버렸지 뭐예요.

風があまりにも強く**吹くもんだから**, 帽子が飛んでいっちゃったんですよ.

10● 하기 힘들다 Ⅰ-기 힘들다 …するのが大変だ[困難]

この힘들다は形容詞.〈Ⅰ-기(가/는/도) 힘들다〉で,〈…するの(が/は/も)大変だ〉:

(전화로) 무슨 일 있으세요? **통화하기가 힘드네요.**

(電話で)なんかあったんですか? **電話がなかなかつながりませんね.**

표정이 너무 안 좋아서 무슨 일인지 **물어보기도 힘들어.**

表情があまりに険(けわ)しくて, 何があったかも**尋ねにくい**(←を尋ねるのも大変だ).

● 하기 어렵다 Ⅰ-기 어렵다 …するのが, 憚(はばか)られる. …するのを控えたくなる [困難]

〈하기(가/는/도) 어렵다〉は〈하기 힘들다〉より心理的な困難さを表すのに好んで用いられる:

우리 아버지는 만사가 너무 까다로우셔서 **모시기가 어려운** 분이셔.

うちの父は, あれもこれも(←万事が)とても厳しく(←ていらっしゃっ)て, **面倒を見るのが大変な人**(←お仕(つか)えするのが難しい方)なのよ.

11● 할 따름이다 Ⅱ-ㄹ 따름이다 …するだけである[気持ちの強い限定表示]

따름は〈**…のみ. ばかり**〉の意の依存名詞. 体言を修飾語にはできない.〈**Ⅱ-ㄹ 따름이다**〉で〈**…するのみである**〉,〈**Ⅲ-ㅆ을 따름이다**〉で〈**…しただけである**〉. それしかないという, 改まった強い気持ちが表れる:

대표님의 결정에 **따를 따름입니다.** 代表の決定に**従うのみです.**

이렇게 헤어지는 게 **아쉬울 따름이에요.** こうお別れするのが, **心残りなばかりです.**

저의 버팀목이 되어 주셔서 그저 **감사할 따름이죠.**

私どもの支え〈-木〉となっていただき, ただ**感謝あるのみでございます.**

그저 해야 할 임무를 **수행했을 따름입니다.** ただなすべき任務を**遂行しただけです.**

● 할 뿐이다 Ⅱ-ㄹ 뿐이다 …するだけである[気持ちの限定表示]

뿐は〈**…だけ. のみ**〉の意の依存名詞.〈Ⅱ-ㄹ 따름이다〉に比べれば, より軽く使える表現. 따름と違って,「이것 **뿐**이야.」(これだけだよ)や「너 **뿐**이야.」(おまえだけだよ)のように, 뿐は体言の後ろにも来る.〈Ⅲ-ㅆ을 뿐이다〉で〈…しただけである〉:

5a

형,《기생충》봤어? 정말 **놀라울 뿐이야.**

兄貴,『パラサイト』〈寄生蟲〉見た? ほんと**驚くばかりだよ.**

말투만 **바꿨을 뿐인데** 인생이 달라졌어요.

言い方を**変えただけなのに,** 人生が変わりました.

● 한다体終止形＋뿐이다 …するだけである [ことがらの限定表示]

〈한다体＋뿐이다〉〈…するというだけではない〉の形で〈한다体での文をまるごと引用する〉引用構造(→6a文法)となっている. 한다体の文の直後に依存名詞 **뿐**が来る:

개네들이 사이가 **좋다 뿐인가** 진짜 천생연분이지.

あいつらは仲が**いいってだけじゃないよ**(←**いいというだけか**)まさに天が定めた縁ってもんだよ.

처음에는 그냥 한 마디 **해야겠다 뿐이었겠죠.** 일이 이렇게 커질 줄 알았겠어요?

最初はただ一言**申し上げるというだけだったんでしょうよ.** ことがここまで大きくなるなんて, 思ってもなかったんじゃないですか?

〈**A 한다体 뿐이지 B-는 아니다**〉〈**Aであって, Bではない**〉の形でも好んで用いられる:

이번에 우리 입장을 **밝힌다 뿐이지** 계획을 무산시켜려는 건 아냐.

今回は我々の立場を**明らかにするというだけであって,** 計画を空中分解させる(←霧散させる)というわけじゃないんだ.

학교를 **그만뒀다 뿐이지** 공부를 포기한 건 아니에요.

学校を**やめたっていうだけで,** 勉強を諦(あきら)めたわけじゃありません.

14● 하는 법이다 Ⅰ-는 법이다 当然…になるものだ [当然の道理]

법〈法〉は〈法律. 道理〉の意の自立名詞であるが, ここでは依存名詞.〈**Ⅰ-는 법이다**〉〈…するものだ. …する道理だ〉の形で用いる:

나이가 달라도 통하는 사람들끼리는 금방 **친해지는 법이다.**

年が違っても, 通じる人同士は, すぐに**親しくなるものだ.**

자연이 파괴되면 인간도 **살 수 없는 법이죠.**

自然が破壊されれば, 人間も**生きていけないってもんですよ.**

노력하는 자에게 문은 **열리는 법이지.**

努力する者に, 扉は**開かれるものだ.**

● 할 법도 하다 **II-ㄹ 법도 하다 …するのももっともだ [あるべき道理]**

補助形容詞 **법하다**〈法-〉「(…する)決まりだ. ものだ」に助詞-도が挿入された形.

II-ㄴ 데形をとった〈**II-ㄹ 법도 한데**〉は〈**…しそうなものなのに**〉〈**…してもよさそうなところなのに**〉という, 逆接的な〈**あるべき道理の不在**〉を表す. 形は補助形容詞なので, 하는데とはならず, 한데. 〈**III-ㅆ을 법도 한데**〉(…していたってよいところだったのに)という形も用いられる:

이 메뉴는 나이대에 따라 호불호가 **갈릴 법도 하네요.**

このメニューは年齢層によって好き嫌いが**分かれるのももっともですね.**

이 시간이면 김 팀장이 **와 있을 법도 한데** 오늘은 왜 안 보이지?

この時間だったら金チーム長が**来てそうなものだけど**, 今日はどうして姿が見えないのかな?

남자 친구가 먼저 **사과했을 법도 한데** 아직까지 연락이 없는 걸 보면 단단히 삐진 모양이다.

(けんかして)彼のほうから先に**謝っても良さそうなところだったのに**, まだ連絡がないところを見ると, 相当すねちゃってるようだ.

● 하기 마련이다 **I-기 마련이다 当然…することになるものだ. …するのは常だ [当然の理]**

この**마련**は〈(…する)はず〉の意の依存名詞:

아우는 형을 보고 **배우기 마련이다.**

弟は兄を見て**学ぶものだ.**

몸이 아플 때는 별별 생각이 다 **들기 마련이에요.**

体の具合が悪いときは, あれこれ**考えてしまいがちなものですよ.**

같은 사람들이 계속 권력자로 있는 한 권력은 **부패하기 마련이다.**

同じ人々が権力者であり続ける限り, 権力は**腐敗するのが常だ.**

5a 文法

呼称と呼格

1. 人名と呼称，敬称

〈人名(＋呼格助詞-아/야,-여/이여)〉など，人名の呼び方を**呼称**と言う．韓国語の世界における呼称にはいくつかの型がある．**敬意体で話す場では，敬意を表す敬称をつけた〈人名＋敬称〉**の呼称が原則である．

1.1. 敬称：님と씨など

① 선생님(先生)，교수님(教授)，대표님(代表)，사장님(社長)，팀장님(チーム長)，사모님(奥様)などのように，**직함〈職銜〉(肩書き)**を用いる敬称が広く用いられる．肩書きには基本的に全て**-님を付して尊敬語にする**．肩書きにつく-님は**接尾辞**なので，つけて書く．

〈김준호 선생님〉(キム・ジュノ先生)を〈김 샘〉あるいは〈김 쌤〉(キム先生)，同僚同士で〈김준호 변호사님〉(キム・ジュノ弁護士)を〈김 변〉(キム弁)とするなど，肩書きにはしばしば略称も用いられる．略称は初対面や改まった場では一般には使わない．

② 敬称としては依存名詞の**씨〈氏〉**が広く用いられる．ただし씨は日本語の「さん」よりは使用できる範囲がはるかに限られる．「김 준호 팀장님」のように肩書きで呼べるような相手を，「김 준호 씨」のように씨で呼ぶのは，失礼となることが多い．学生同士や職場の同僚同士などで，肩書きで呼ぶ必要のない相手に，씨が使える．新聞やニュース，放送などでは씨が頻出する．

③ 近年は씨の代わりに，「김 준호 님」のように，より敬意を伴った依存名詞の**님**を用いる場合が多くなってきている．名前につく씨と님は**依存名詞**なので，正書法上は分かち書きする．しかし日常ではしばしばつけても書かれている．

1.2. 人名の回避

また，近所同士，子供の学校の親同士の会話などでは，人名＋씨ではなく，相手の子どもの名を用いて，〈윤희 엄마〉(ユニのママ)，〈윤희 아빠〉(ユニのパパ)のように，**〈子どもの名＋親族名称〉**の形で間接的に呼ぶ方法が多用される．こうした意味では，知り合ったら，相手のフルネームなどは尋ねず，互いに子どもの名を覚えることが，ごく普通のことである．直接人名を呼ぶことを回避するわけである．

1.3. 手紙，メールの宛先

手紙やメールの宛先には，님のほか，堅いフォーマルな形では**귀하**〈貴下〉，団体には**귀중**〈貴中〉がある.〈김 준호 귀하〉〈열린 인권센터 귀중〉など.〈김 준호 변호사님 앞〉，目下には〈준호　앞〉のように**앞**も用いられる. 年配者の手紙の冒頭などに〈누님　보시오〉や〈준호　봐라〉のように，動詞〈보다〉(見る)を用いるスタイルもある.

2. 呼称のまとめ

01	김　준호	이　지은	姓名		
02	준호	지은	名		
03	김　준호 씨	이　지은 씨	姓名 씨	씨〈氏〉	依存名詞
04	준호 씨	지은 씨	名 씨		
05	김　준호 님	이　지은 님	姓名 님	님	依存名詞
06	준호 님	지은 님	名 님		
07	준호야	지은아	名야/아	야/아	呼格助詞. 話しことば
08	바다여	하늘이여	名여/이여	여/이여	呼格助詞. 書きことば
09	바다시여	하늘이시여	名시여/이시여	시여/이시여	呼格助詞. 書きことば尊敬形
10	바다님이시여	하늘님이시여	名시여/이시여	시여/이시여	呼格助詞. 書きことば尊敬形

01　出席をとるなど，フォーマルな場で用いる，非丁寧な呼び方. 家庭内など，近しい人を呼ぶ際にも用いる. 例えば親が子を叱(しか)る時など，改まった場などで多用. 小説などの書きことばで客観的な記述には多用.

02　呼びかけにはほとんど用いない. 話しことばでは名をひとりごとでつぶやくときなど. 小説などの書きことばで客観的な記述には多用.

03　フォーマルな場などでの丁寧な呼び方として広く用いられる. 부장(部長)，선생(先生)など，肩書きのある相手には，님をつけた肩書きを用いる方が丁寧.

04　親しい間柄で用いる丁寧な呼び方. 目下にも用いる. 目上には用いない.

05　空港，銀行，デパート，病院などで，客を呼ぶ際に用いる. 話しことばの呼び方としては比較的新しい傾向で，拡大しつつある. 書きことばでは手紙やメールの宛名や客観的で丁寧な記述として用いる.

06　最近は若い人々の間や親しくない人への敬称として多く用いられてきている. 目上には用いない.

07 呼びかけの助詞.〈준호야〉のように〈母音語幹＋-야〉,〈지은아〉のように〈子音語幹＋-아〉. 親しい間柄で, 同年齢同士や, 目上の者が目下, とりわけ子どもなどに用いる. 高校生くらいまでの生徒に先生が個人的に呼びかける際などにも用いられる.

08 呼びかけの助詞.〈바다여〉(海よ!)のように〈母音語幹＋-여〉,〈하늘이여〉(天よ!)のように〈子音語幹＋-이여〉. 格調ある書きことばで用いる.〈…よ!〉に似る. 多くは〈하늘이여〉や〈바다여〉のように**詩語的**. 人名にはあまり用いない.

09 08の尊敬形.「준호」「지은」のような個人名にはあまり用いない.〈세종대왕이시여〉(世宗大王よ)など, 敬称がつくのが普通.

10 呼びかけとしては最上級の敬意体.〈하늘님이시여〉(天の神よ)などのように, 通常は敬称と共に用いられる.

2.1. 3人称の名につく接尾辞-이 [親称の接尾辞]

子音で終わる名にのみつく, 親しさを明示する接尾辞-이がある.〈지은〉(チウン)という名に付して,〈지은**이**〉(チウン)のように造る. ①2人称の聞き手には用いず,「지은**이**가 전화를 했어」(チウンが電話をしたよ)や「경민**이**도 온대?」(キョンミンも来るって?)のように, 話題となる3人称の人物について述べる際に用いる. ②呼格ではないので, 지은に向かって「지은이!」などのような呼びかけには用いず,「오늘은 지은**이**도 왔어」(今日はチウンも来たよ)のように, 客観的な記述にのみ用いる.

2人称の相手への呼びかけには**呼格の助詞**〈-아/야〉を用いて,「지은아!」「준호야!」とする. 接尾辞-이がつくと, 例えば「チウンちゃん」のように親しみを表すが, 例えば「윤종일이가 괘씸하네!」(ユン・ジョンイルのやつはけしからんな!)のごとく, 言語場によってはけなすことにもなる. 面白いことに, **母音語幹の名には, こうした働きの接尾辞が存在しない**.

2.2. 書きことばの格調ある呼格 母音語幹＋-여 子音語幹＋-이여

前の表の08タイプ, 書きことばの例を見てみよう:

젊은이**여**, 야망을 가지라. 若者**よ**. 大志(たいし)を抱け.
오오, 바다**여**, 이 내 마음을 어찌하리. おお, 海**よ**. この我が心を如何(いかん)せん.
하늘**이시여**, 정녕 저희를 버리시나이까. 天**よ**, ほんとうに私どもをお見捨てになられるのですか.
*하나이까?(Ⅰ-나이까? …するのでござりまするか)は古風な格調ある文体で, 丁寧な疑問の終止形.
케이팝**이여**! 그대에게 영광이 있으라! K-POP**よ**, 君に(擬人法で-에게としている)栄光あれ!

2つの〈…くなる〉
変容の〈어려워지다〉 III지다と, 帰結の〈어렵게 되다〉 I -게 되다

2. 〈어려워지다〉(難しくなる)＝変容のただ中にある
〈어렵게 되다〉(難しくなる)＝帰結に着目する

一見よく似たこの2つの形を整理しよう. **形容詞の〈III-지다〉**は, 〈ものごとがだんだんそうなる〉事態, 状況が**変容のただ中にある**ことを表す. なお**動詞の〈III-지다〉**はこれとは別で, 〈受身〉や〈自発〉を表す(→2.2). **動詞, 形容詞, 存在詞の〈 I -게 되다〉**は〈ものごとがそうなる, そう移行した〉という**結果, 帰結の局面に着目**している:

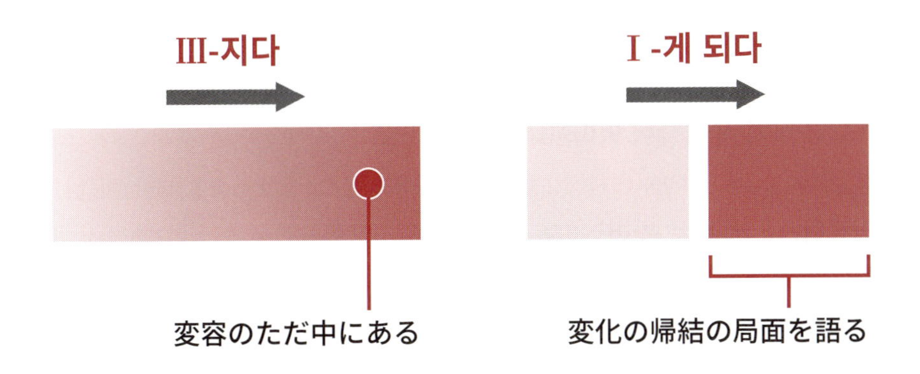

2.1. 形容詞のIII-지다 〈어려워지다〉(難しくなる)＝変容のただ中にある

形容詞の〈III-지다〉は, 〈ものごとがだんだんそうなる〉という変容のただ中にあることを表す. 状態を表す形容詞で変容を表すには, 多くはこの形を用いる. 非過去形なら〈そうなる〉, 過去形なら〈そうなった〉という意味となる. 形容詞と造語接尾辞-지다は離さず, つけて書く. 〈하고 싶다〉(…したい)の補助形容詞싶다にも싶어지다が用いられる:

자연 속에서 마음까지 고요하고 **풍요로워진다.**
　自然のなかで心まで静かで**豊かになる.**
봐 봐. 키보드를 알코올 티슈로 닦았더니 완전 **깨끗해졌어.**
　見てみて. キーボードをアルコールティッシュで拭(ふ)いたら, とても(←完全)**きれいになったよ.**
너무 창피해서 얼굴이 **빨개지면서** 귓불까지 **뜨거워졌다.**
　あまりに恥ずかしくて, 顔が**赤くなって,** 耳たぶ(귓볼とも言う)まで**熱くなった.**
그 얘기를 들으니까 나도 화성에 **가고 싶어지네.**
　その話を聞いたら, ぼくも華城(수원〈水原〉にある城)に**行きたくなるな.**

2.2. 動詞のIII-지다 自(おの)ずと/徐々(じょじょ)にそうなる [自発]

〈**動作が, 他からの作用ではなく, 自然に, ひとりでに起こる**〉ことを, 文法論では**自発**(じはっ)と呼んでいる. **動詞の〈III-지다〉**はこの**自発**を表すことができる. ただしこの形になる動詞は, 먹어지다(食べるようになる. 食べられる), 써지다(書くようになる. 書ける), 만나지다(会うようになる. 出会う), 찢어지다(裂ける), 느껴지다(感じられる)など, ごく限られている. 自発は**可能**の意も併せ持っていることが少なくない. 存在詞では없다(ない. いない)のみ없어지다(なくなる. いなくなる)という形がある.

動詞の〈III-지다〉には他方, 믿어지다(信じられる), 만들어지다(作られる), 보태어지다(加えられる), 쓰여지다(書かれる), 말해지다(言われる. 語られる)などのように**受身**を表すものもある. これら受身の形は大きな辞書でも登録されていないことが多い. また西洋語からの翻訳調の文体で好んで用いられる傾向がある:

넌 아침에 일어나자마자 삼겹살이 **먹어지니?**

お前は朝起きてすぐ, サムギョプサル(のように量のある肉料理)なんか**食えるの?** [自発/可能]

내 안경이 **없어졌어**. 내 안경 못 봤어?

私の眼鏡**なくなっちゃった.** 私の眼鏡, 見なかった? [自発]

이 펜이 너무 부드럽게 잘 **써져.**

このペンはほんとすらすらと(←柔らかく)よく**書ける.** [自発/可能]

이렇게도 **만나지는구나**. 잘 살고 있다는 얘기는 많이 들었어.

こんなふうにも**出会うもんなんだね.** 幸せに暮らしてるって話はいろいろ聞いてるよ. [自発/可能]

우리 아들이 전교 1등을 했어. **믿어져?** 기적이야.

うちの息子が全校で1番になったの. **信じられる?** 奇跡だよ. [受身]

제가 만든 상품이 꼭 필요한 곳에 잘 **쓰여지면** 좋겠어요.

私が作った商品が, ぜひ必要なところで適切に**使われれば**嬉しく思います. [受身]

이 상황을 보고 싶은 대로만 보려고 하지 말고 **느껴지는** 대로 **보여지는** 대로 봐 주시면 좋겠어요.

この状況を見たい通りにばかり見ようとせずに, **感じられるままに**[受身], **見える通りに**[自発]ご覧くださればと思います.

2.3. 하게 되다〈어렵게 되다〉(難しくなる)＝帰結の局面に着目する

動詞，形容詞，存在詞の〈I -게 되다〉は〈ものごとがそうなる，そう移行した〉という結果の局面，段階に着目している：

이렇게 **뵙게 돼서** 반갑습니다.

このように**お目にかかれて**，嬉しく存じます.

애가 크면서 잘 **먹게 됐어요**. 어렸을 때는 너무 안 먹었거든요.

子供が大きくなるにつれて，よく**食べるようになりました**. 小さい頃はあまりにも食べなかったんですけどね.

이스라엘의 폭격 때문에 가자 지구의 인도적인 지원이 **어렵게 됐다**.

イスラエルの爆撃のためにガザ地区の人道的な支援が**難しくなった**.

정부의 이번 정책으로 물가도 하락세를 **보이게 됐습니다**.

政府の今回の政策で物価も下落傾向を**見せることとなりました**.

파마가 잘 나왔네요.—— 그러게요. 진짜 **예쁘게 됐네**.

パーマが素敵ですね(←うまくできましたね). —そうですね. ほんと**きれいにできたな**.

5a

詩のことば

내 애인이여! 가까이 오렴 (오일도)

我が恋いびとよ，さ，近きへと.

오일도 [오일또]〈吳一島〉《내 애인이여! 가까이 오렴》より.
애인이여は呼格.
가까이 오렴 は「近くにおいで」の意. II-렴 非敬意体の婉曲な命令法.
吳一島(1901-1946)は日帝強占期の詩人.
慶尚北道영양〈英陽〉の生まれ.
京城第一高等学校，東京の立教大学哲学科卒.
1931年より叙情詩を発表しはじめる. 1934年『시원』を創刊.

練習問題 5a

1. 次の日本語を韓国語に訳しなさい.

1.1. ミョンヒ, 学校に行くついでに, 図書館に寄って本を返してくれる?

1.2. 引っ越しして新居祝いも兼ねて, 友達を招待した. 朝食兼昼食でブランチを用意した.

1.3. 昨日金課長が飲み過ぎたせいで, 今日の業務に支障が出た.

1.4. ケータイをなくしたせいで一日中仕事が手につかなかった.

1.5. このチーズホットドッグは大きすぎて一口で食べるのは難しいな.

1.6. 今度の集まりに参加できず, 申し訳ない限りです.

1.7. シニアモデルとしてグラビア雑誌(←画報)の撮影の依頼が来た(←要請が入って来た). どぎまぎするばかりだ.

1.8. 寒い冬が過ぎれば, 必ず暖かい春が来るというものでしょう.

1.9. 暗い夜が過ぎ去れば, 燦爛(さんらん)たる太陽が昇ることになっています.

1.10. ソースが添えられると, 錦上に花を添える(←錦上添花)といった味になった. 気持ちまで幸せになった.

1.11. 友よ, 我等が共にしていた, かの美しき頃が懐かしまれる.

2. 次の対話を韓国語に訳しなさい.

2.1.

(先輩の様子を尋ねる)

スジン:ミニ先輩, 近頃お顔が見えませんね(←顔を見ることが大変ですね). とってもお忙しいみたいですね.

チウン:忙しいってだけじゃないですよ. お金もたくさん稼いでいるそうですよ.

練習問題 5a

2.2.

（記者がある大学生にインタビューする）

記者：よくもスリが捕まえられましたね（←難しくスリを捕まえました）

大学生：はい, 市民としてやるべきことをやっただけです.

2.3.

（息子の試験の合格を祈って）

母：こんどの試験には必ず受からないといけないだろうにね.

父：待ってみましょう. 一所懸命やったから, いい知らせがあるさ.

2.4.

（化粧について会社の同僚と語る）

ミヨン：チュウンさん, 今日の化粧はいい感じだね（←きれいになったね/きれいにできたね）

チュウン：そうですか. ありがとうございます. 実は眉毛が（時間が経って）みんな消えちゃって, また描いたんですよ.
ペンシルがうまく描けなくて, 力入れたら, 今度はちょっと濃くなっちゃっいました.

5a

별 헤는 밤

ポイント◆ 接続形하는데と하지만, 하나

01	준호는 조용히 유아의 곁에 앉으며 말을 건넨다.	
02	준호	왜 잠이 안 와요?
03		제가 좋아하는 시가 있는데 한번 들어 볼래요?

04	계절이 지나가는 하늘에는
05	가을로 가득 차 있습니다.
06	나는 아무 걱정도 없이
07	가을 속의 별들을 다 헤일 듯합니다.
08	가슴 속에 하나 둘 새겨지는 별을
09	이제 다 못 헤는 것은
10	쉬이 아침이 오는 까닭이요,
11	내일 밤이 남은 까닭이요,
12	아직 나의 청춘이 다하지 않은 까닭입니다.
13	별 하나에 추억과
14	별 하나에 사랑과

時間の方向 III 가다/오다と移動の方向 III-가다/오다

15	별 하나에 쓸쓸함과
16	별 하나에 동경과
17	별 하나에 시와
18	별 하나에 어머니, 어머니 … (중략)
19	나는 무엇인지 그리워
20	이 많은 별빛이 내린 언덕 위에
21	내 이름자를 써 보고
22	흙으로 덮어 버리었습니다.

23	준호	윤동주의 '별 헤는 밤'이라는 시예요.
24	한국어를 배우는 것이 소통을 위한 것이라고만 생각했다.	
25	한국어의 아름다움과 따스함은 외로움까지 지워 놓았다.	
26	한국어가 비로소 시와 함께 가슴 속으로 스며들어 온다.	
27	하나씩 차곡차곡 쌓여 가는 아름다운 추억을 마음 깊이 간직해 두기로...	

01	チュノは静かにユアのそばに座ってことばをかける.	
02	チュノ	なに, 眠れないんですか?
03		私が好きな詩があるんですけど, 一度聞いてみますか?

04	季節の過ぎゆく空は
05	秋でいっぱいに満ちています.
06	ぼくは何の憂(うれ)いもなく
07	秋の中の星たちを皆数えられそうです.
08	胸の奥に一つ二つと刻(きざ)まれる星を
09	もう皆数え上げられないのは
10	いとも易(やす)く朝が来るからですし
11	明日の夜が残っているからですし,
12	まだぼくの青春が尽(つ)きていないからです.
13	星一つに思い出と
14	星一つに愛と
15	星一つに寂しさと
16	星一つに憧(あこが)れと
17	星一つに詩と
18	星一つに母さん, 母さん… (中略)
19	ぼくは何かに焦(こ)がれ
20	この多くの星の光が注ぐ丘の上に
21	ぼくの名を書いてみて
22	土で覆(おお)ってしまいました

23	チュノ	尹東柱の「星数える夜」という詩です.
24	韓国語を学ぶことは, コミュニケーションのためだけとばかり思っていた.	
25	韓国語の美しさと温かさは寂しさまでも消し去った.	
26	韓国語が詩と共に初めて胸の奥へと染み入(い)って来る.	
27	1つずつ(順に)重なって行く美しい追憶(ついおく)を, 心深くしまっておくことに…	

5b 単語

01	곁	**脇**(わき)**. そば.** 옆は横. 隣(となり)
	건네다	**渡す.** 말을 건네다 話しかける. ことばをかける.「말을 걸다」より丁重な表現. 물건을 건넸다 品物を渡した
02	왜	[疑問の副詞] **なぜ. どうして.** [話を切り出す間投詞] **ね. なに. なにか. あの.** ここでは間投詞. 왜(副詞) 안 먹어? **왜**(間投詞) 맛이 없어? なんで食べないの? **なに,** おいしくないわけ? **왜** 잠이 안 와요? **なに,** 眠れませんか? 안색이 안 좋네요. **왜** 무슨 일이라도 있어요? 顔色が良くないですね. **ね,** 何かあったんですか.
	잠이 오다	**眠くなる.** 잠이 들었다 寝入った. 잠이 안 와 眠くならないよ. 寝つけないよ. 잠이 깼다 目が覚(さ)めた. 잠에서 깼다 眠りから覚めた
03	들어 보다	**聞いてみる.** 듣다の〈III 보다〉(…してみる). 들어 볼래요? 聞いてみますか
04	지나가다	**過ぎて行く.** 지나오다→文法
05	차다	**満**(み)**ちる. 充**(み)**ちる.** 가방이 선물로 가득 찼어요 カバンがプレゼントで一杯になりました. 차다には「蹴る」「冷たい」「(時計などを)はめる」などの同音異義語がある
06	아무	[代名詞] **誰.** 人を特に定めずに言う. 아무나 誰でも. 아무도 誰も. [冠形詞] **どんな. 何の. 少しも.** 人や事物を特に定めず言う修飾語. 아무 때나 오세나 いつでもいらっしゃいな. 아무 말도 못했다 何も言えなかった. 아무 소용이 없다 何の使い道もない
	걱정	**心配. 悩み. 憂い.** 걱정하다 心配する
07	헤다	**数える.** 헤다は/h/と/s/が交替した세다(数える)の非標準語形. 南北共に方言形とされる. 韓国では江原道方言など
08	가슴	**胸.** 마음 心. 심장 心臓
	새겨지다	**彫**(ほ)**られる. 刻**(きざ)**みつけられる.** 새기다(彫る. 刻む)のIII-지다の受身形→5a文法. 바위에 새겨진 문자의 뜻을 아는 사람이 아무도 없었다 岩に刻まれた文字の意味が解る人は誰もいなかった
10	쉬이	**たやすく. 容易に. すぐに.** 쉬이 마음을 풀지 않는 아내를 위해 선물을 준비했어요 容易に心を開かない(ずっと怒っている)妻のために, プレゼントを用意しました

5b

	까닭	**わけ. 理由. もくろみ. 考え.** 이유〈理由〉より書きことば的な改まった表現. 대표님이 그렇게 하시는 데에는 뭔가 까닭이 있겠지 代表があああなさるのには, 何かわけがあるのさ. 도대체 무슨 까닭으로 나를 찾아 온 거야? 一体どんなわけで俺のところに来たんだ?
12	청춘	〈青春〉**青春**
	다하다	**終わる. 尽きる. 尽くす. 果たす.** 컴퓨터 수명이 다했습니다. パソコンが寿命です(←寿命が終わりました). 이 일에 최선을 다하겠습니다. この仕事に最善を尽くします
13	추억	〈追憶〉**追憶**(ついおく)**. 思い出**
15	쓸쓸함	**寂しさ.** 쓸쓸하다寂しいのⅡ-ㅁの名詞形→1b文法
16	동경	〈憧憬〉**憧憬**(しょうけい. どうけい)**. 憧**(あこが)**れ.** 나는 지적인 생활을 동경하며 대학에 들어왔다 私は知的な生活にあこがれを抱いて, 大学に入った
18	중략	〈中略〉**中略**
19	무엇인지	**何か. 何であるのか.** Ⅱ-ㄴ지→表現
	그립다	**懐かしい. 恋しい.** Ⅱ그리우, Ⅲ그리워. ㅂ変格. 그리워は書きことば的なⅢの接続形で「懐かしくて」. 用言のⅢ→3a表現10
20	별빛	[별삗] 合成語における濃音化. **星の光. 星の輝き**
	내리다	(上から下へ, 車から)**降りる.** (幕を, 看板を)**下**(おろ)**す.** (光が)**降り注**(そそ)**ぐ.** 어둠 속에 한줄기 빛이 내린다 暗闇の中に一筋の光が降り注ぐ. 차에서 내리면 연락 주세요 車から降りたら連絡ください. 이제 막이 내리고 우리의 파티는 끝이 났다 もう幕が下りて私たちのパーティーは終わった
	언덕	**丘**
21	이름자	[이름짜] 〈-字〉**名前の文字. 文字で書かれた名**
22	흙	[흑] **土.** 흙을 만지거나 진흙으로 뭘 만드는 놀이는 아이들에게 정서상 안정감을 준대요 土いじりをしたり, 泥で何かを作る遊びは, 子供たちに情緒の上で安定感を与えるそうです. 흙수저 금수저 (수저:箸(はし)と匙(さじ)) 土のスプーン, 金のスプーン(生まれの貧富を象徴する)
	덮다	**覆**(おお)**う. 覆い隠す. ふたをする.** 잠든 아이에게 담요를 덮어 주었다 寝入った子供に毛布を掛(か)けてやった. 덮어 버리다 覆ってしまう→表現
23	윤동주	〈尹東柱〉**尹東柱.** 詩人→コラム
24	소통	〈疏通〉**コミュニケーション.** (意志などの)**疎通**(そつう). 의사소통〈意思疏通〉意思疎通

25	아름다움	**美しさ.** 아름답다(美しい)のII-ㅁ名詞形
	따스함	**温かさ.** 따스하다(温かい)のII-ㅁ名詞形. 따스하다は따뜻하다より柔らかく, 安らぐ印象を与える. 書きことばで多用
	외로움	**寂しさ.** 외롭다(寂しい)のII-ㅁ名詞形
	지우다	**消す.** 지워 놓았다は〈III 놓다〉〈…しておく〉の過去の한다体→表現
26	비로소	(…して)**初めて. ようやく. やっと**
	스며들다	**染(し)み入(い)る. 染み込(こ)む.** 추위가 뼛속까지 스며들었다 寒さが骨まで染み込んだ. 스며들어 온다 沁み入って来る→文法
27	하나씩	**1つずつ.** -씩は数や量を表す体言について〈**…ずつ**〉〈**…ごとに**〉の意を表す接尾辞. 조금씩 少しずつ. 며칠씩 数日ごとに. 세 개씩 3つずつ. 월세는 친구와 반반씩 내기로 했다 家賃は友人と半分ずつ出すことにした. 서로 바쁠 때는 가끔씩 전화로 안부를 묻기도 했다 互いに忙しいときは, 時折電話で様子を尋ねもした.
	차곡차곡	**きちんきちんと. 順序正しく.** 빨래를 차곡차곡 개켰다 洗濯物をきちんと順序よく揃(そろ)えて畳(たた)んだ. 차곡차곡 쌓여가는 포인트를 볼 때마다 소소한 행복감을 느낀다 徐々にたまっていくポイントを見るたびに, ちっちゃな幸せを感じる
	쌓여 가다	**積もっていく. 重なっていく.** 쌓이다(積もる. 重なる)の〈III 가다〉(…していく)→文法. 쌓이다は他動詞쌓다(重ねる)の自動詞形
	간직하다	[他動詞] **留(とど)めておく. 大切にしておく.** 간직해 두기로 大切にしまっておくことに. 〈III 두다〉→表現. 〈하기로 하다〉(→1a表現11)の最後の하다を脱落させている

5b

5b 表現

〈해 버리다〉と〈하고 말다〉 2つの〈…してしまう〉

22● 해 버리다 III 버리다 …してしまう [決行]

①가다や먹다のような**意志動詞**では〈해 버리다〉〈**…してしまう**〉は意志を持って**決行する**ことを表す. 意志性, 目的意識性, 人為性を伴う.

②「눈물이 나와 버렸다」(涙が出てしまった)などのように, **無意志的な動詞**だと,〈**…となってしまう**〉の意で, **どうしようもないという諦念**(ていねん=あきらめ)の気持ちや, 逆に, **終わってしまったことを切り捨てた未練のなさ**を含意しもする:

아니, 그걸 다 **먹어 버리면** 어떡해!　いや, あれをみんな**食べちゃったら**どうするの![意志]

AI(에이아이)는 핸드폰, 차, 로봇 등으로 사람들의 일상을 **점령해 버렸다.**

AIは携帯電話, 車, ロボットなどで, 人々の日常を**占領してしまった.** [意志]

실연당했다. 머리를 짧게 **잘라 버렸다.**　失恋した. (思い切って)髪を短く**切ってしまった.** [意志]

전화기 너머로 그녀의 목소리가 들리는 순간 **끊어 버렸다.**

電話の向こうから彼女の声が聞こえた瞬間, **切ってしまった.** (仕方なく, もしくは故意に)[意志]

그 노래를 듣자마자 난 사랑에 **빠져 버렸어.**

その歌を聴くやいなや, 私は恋に**落ちてしまったよ.** [無意志]

책을 읽다가 **잠들어 버렸다.**

本を読んでて**眠ってしまった.** (おのずから, 眠気の勢いで)[無意志]

● 하고 말다 I -고 말다 …してしまう. (とうとう)…する [末路(まつろ)]

〈III 버리다〉と似るが,〈**I -고 말다**〉はしばしば残念で遺憾の気持ちが強い. 意識的にそうしたというより,〈**とうとう…なる**〉という, 意識せず無意識のうちにそうなってしまったという決着感が濃い. 後腐(あとくさ)れや未練(みれん)な気持ちも〈III 버리다〉より強く出せる. 「눈물이 나오고 말았다.」(涙が出てしまった←雨が降ってしまった)のように無意志動詞でも多用され, 残念で嘆(なげ)く気持ちが出せる. 書きことばでより好まれる. 辞書形は말다だが, 通常, 過去形〈**I -고 말았다**〉や過去連体形〈**I -고 만**〉で用いられる:

떡갈비와 돼지갈비, 매운탕에 저는 그만 정신을 **잃고 말았습니다.**

タッカルビとテジカルビ, メウンタンに私は思わず我を**失ってしまいました.**

모네의 집 앞에 서자마자 예술의 정취에 흠뻑 **빠지고 말았다.**

モネの家の前に立つやいなや, 芸術の情趣に, どっぷりと**引き込まれてしまった.**

합격통지를 보고 **울고 말았다.**　合格通知を見て, 泣いてしまった.

그런 **선택을 하고 만** 박 대표를 탓할 수는 없잖아요?

ああいう**選択をしてしまった**朴代表を責めることはできないんじゃないですか?

책을 읽다 말다 하다가 어느 틈엔가 **잠들고 말았다.**

本を読んだり読まなかったり(→6a表現16)していていつの間にか**寝入ってしまった.**

두근거리며 그녀에게 전화를 걸었지만 목소리가 들리는 순간 **끊고 말았다.**

ときめきながら彼女に電話をかけたが, 声が聞こえた瞬間, **切ってしまった.**
(自分でもわからないうちに, あるいは緊張して)

〈해 버리다〉と〈하고 말다〉は, いずれを用いても, 文法的にも意味的にも大きな問題は生じない. 違いはここで述べたような, **話し手の気持ち**にあると思えばよい. 話し手の気持ち次第で選択されるわけである.

5b

19● 하는지 Ⅰ-는지　…するか. …したか. …なのか [疑問の名詞節]

連体形の後に依存名詞**지**が結合した形. 〈…するのか〉〈…なのか〉の意. 疑問の意を持った名詞節を造る. 後ろには判断や思い, 意向などが来る. 얼마나(どれほど)とよく共に用いられる. 動詞, 存在詞は〈얼마나… Ⅰ-는지〉〈どれだけ…するか〉, 形容詞, 指定詞は〈얼마나… Ⅱ-ㄴ지〉〈どれだけ…なのか〉:

당신이 얼마나 **돈이 많은지**를 보여 주는 것이 호감을 주는 것은 아니다.

あなたがどれだけ**金持ちか**を見せてやるのが, 好感を与えるわけではない.

몇 시에 찾아뵈면 **좋을지** 말씀해 주시면 감사하겠습니다.

何時に伺えば**いいか**, おっしゃっていただければ, ありがたく存じます.

소년은 철이 **덜 들었는지** 장남감을 사달라고 떼를 쓰고 있었다.

少年はまだ物心も**ついていないのか**, おもちゃを買ってくれと, だだをこねていた.

이 작은 강아지가 얼마나 많이 **먹는지** 깜짝 놀랐다.

ちっちゃな犬のくせにたくさん食べることといったら! (←この小さな犬がどんなにたくさん**食べることか**, びっくりした).

〈해 놓다〉と〈해 두다〉, 2つの〈…しておく〉

25●〈해 놓다〉 III 놓다 (主たる目的として)…しておく [目的措置(もくてきそち)]

〈**動詞のIII 놓다**〉で〈…しておく〉の意. 意志をはっきり表す. 意志性, 目的性, 人為性が色濃く現れる. 〈放す. 置く〉の意の動詞놓다を補助動詞として用いている:

최 대표한테 확인 메일 **보내 놨어.** 崔代表に確認のメールを**送っておいたよ.**

상하이행 비행기 예약은 확실하게 **해 놨습니다.**

上海行きの飛行機の予約は確実に**しておきました.**

약속해 놓고 안 오면 어떡해? **約束しといて**来ないなんて, どういうつもり?

책상 위의 잡동사니를 한쪽으로 **치워 놓고** 컴퓨터를 놓았다.

机の上のがらくたを片方に**片付けておいて**, コンピュータを置いた.

지불해 놓았습니다. 그 영수증은 파일 폴더에 **넣어 뒀어요.**

支払っておきました. その領収書はファイルフォルダーに**入れておきました.**

27●〈해 두다〉 III 두다 (ちなみに)…しておく [付帯措置(ふたいそち)]

〈**動詞のIII 두다**〉で〈(ちなみに)…しておく〉〈…してしまっておく〉の意. 〈III 놓다〉より行為の意志性や目的性は弱く現れる. しばしば密(ひそ)かに, そっと行うことにも用いる. 〈しまう. 置く〉の意の動詞두다を補助動詞として用いている:

최 대표한테도 BCC로 메일 **보내 뒀어.** 崔代表にもBCCでメールを**送っといたよ.**

사실은 아빠를 놀라게 해 주려고 비행기를 **예약해 뒀어.**

パパを驚かせたくて, 飛行機を**予約しといたの.**

집에 혼자 두고 온 강아지가 두고두고 신경이 쓰여 일을 **남겨 두고** 집으로 돌아갔다.

家にひとり残してきた子犬がずっと気になって, 仕事を**残したまま**, 家へ帰った.

놓다は〈放す. 置く〉, 두다は〈しまう. 置く〉と, 本動詞の意味が似ているので, 補助動詞でも本動詞の意味が残っており, 〈III 놓다〉と〈III 두다〉の多くは, 事実上そう大きな区別なく用いられている. 目的措置か付帯措置かといった, **話し手のそのときの気持ちで選択する**と思えばよい.
① 〈III 놓다〉は〈予め…しておく〉〈…しっぱなしにしておく〉の意でも多く用いる.
② 「**놔 두다**」(置いておく)は多用するが, 「둬 놓다」とは言わない.
この①②のことからも〈III 놓다〉の方が目的性, 意志性がより強いことが解る.

이 화분 어디에 놓을까요?—— 아무 데나 **놔 둬**.

この植木鉢(うえきばち), どこに置きましょうか? ——どこでもいいから**置いといて**.

중요한 아버지의 유품, 잘 **간직해 놓았어요.**

重要なお父さんの遺品, **大切にとっておきました.** (意識的にとっておいた)

아름다운 추억, 소중히 **간직해 둘게요.**

美しい思い出, 大切に**しまっておきますから.** (そっとしまっておく)

멋진 저녁을 **차려 놓고** 포도주도 한 잔 **준비해 두었다.**

素敵な夕食を**調**(ととの)**えて**, ワイン(←葡萄酒(ぶどうしゅ))も1杯**用意しておいた.**

중학생인 동생이 알바를 하겠다고 난리예요.
—— **놔 두세요.** 해 보면 힘들어서 금방 안 한다고 할 거예요.

中学生の弟がバイトやるって大騒ぎなんですよ.
——**ほっときなさいな.** やってみたら大変で, すぐにやらないって言い出しますよ.

곰국 **끓여 놨어.** 냉장고에 **넣어 둘게.** 엄마 없는 동안 잘 챙겨 먹어.

コムタン(牛肉と骨のスープ)**作っといた.** 冷蔵庫に**入れとくからね.** ママがいない間ちゃんと食べなさいよ.

〈III 두다〉まで合わせて1単語になった내버려두다(ほうっておく)もある. これも×내버려놓다では意志性, 目的性が濃厚になって「ほうっておく」意にそぐわないので, 두다を使うと「ほうっておく」感じが出るわけである:

나 좀 그냥 **내버려둬!**

私のことちょっと**ほっといて!**

5b 文法

接続形 하는데, 하지만, 하나

1. 接続形 Ⅰ-는데 …するが. Ⅰ-지만 …するけれども. Ⅰ-나 …するが

逆接の役割を果たす接続形として, Ⅰ-는데とⅠ-지만, Ⅰ-나がある. 하다なら하는데, 하지만, 하나となる形である. それぞれの類似点, 異なる点を確認しよう.

1.1. 하는데 接続形 Ⅰ-는데/Ⅱ-ㄴ데　…するが. …だが [前提. 逆接]

動詞, 存在詞にはⅠ-는데, 形容詞, 指定詞にはⅡ-ㄴ데. 接続形としては, **後続のことがらに対する前提, 契機**と, **後続することがらが逆の意味になる逆接**, 2つの役割を果たす. 後件に**逆接的なことがら**が来る場合も, 説明的なことがらが述べられることが多い. 한다体の後に用いられると, 引用接続形を造る(→3b文法). 文末の終止形に用いられると婉曲法となり, 感嘆, 婉曲も表しうる:

[前提. 契機]

대단한 것도 **아닌데** 이렇게 와 주셔서 감사합니다.

たいしたことでも**ないのに**, こうして来ていただいてありがとうございます.

집에 **가는데** 갑자기 소나기가 내리기 시작하는 거야.

家に**帰る途中**, 急ににわか雨が降り出したんだよ.

길에서 박 선배를 **만났는데** 여자 친구랑 같이 있던데요.

街で朴先輩に**会ったんだけど**, 彼女と一緒でしたよ.

이렇게 만난 것도 **인연인데** 같이 차라도 한 잔 어떠세요?

こんなふうに出会ったのも**ご縁**(えん)**ですから,** 一緒にお茶でも一杯いかがですか?

[逆接]

나 어제 네 시간밖에 **못 잤는데** 열 시간 잔 사람처럼 눈이 부었어.

私昨日4時間しか**寝れなかったんだけど**, 10時間寝た人みたいに目が腫(は)れたよ.

이 블로그 내용은 별로 **없는데** 등록자 수는 엄청 많아요.

このブログ, 内容は**いまいちなのに**, 登録者数はめちゃくちゃ多いんですよ.

꿈은 **이루어진다는데** 난 예외인가 봐요.

夢は**叶**(かな)**うって言うけど**(引用接続形), 私は例外みたいです.

[婉曲法]

저도 갑자기 햄버거가 **먹고 싶어졌는데요.**

私も急にハンバーガーが**食べたくなりましたけど.**

지은 씨는 이 책을 벌써 다 **읽었다는데요.**

チウンさんはこの本をすでに全部**読んだって言うんですよ.**

저 원피스 진짜 **예쁜데요.** 딱 내 스타일!

あのワンピース, ほんと**可愛いですね.** ばっちり私の好み!

1. 2. 하는 데 連体形＋依存名詞 데 …するところ(に)

〈하는 데〉(Ⅰ-는 데)は接続形のⅠ-는데と, 語源は同じだが, 別物で,〈連体形＋依存名詞 데〉の構造となっており, 分かち書きをする. 데は〈ところ〉の意なので,〈**連体形＋데**〉で〈…するところ〉〈…する場合〉〈…するの(＝こと)〉の意となる.

데は名詞なので,〈**하는 데가**〉〈…するところが〉〈…するのが〉や〈**하는 데에**〉〈…するところに〉〈…するのに〉のように, 後ろに助詞をつけることもできる.〈하는 데에〉は, 末尾の母音がㅔㅔと続くので助詞에を落とし,〈**하는 데**〉(＝〈하는 데에〉)だけであたかも〈…するところに〉といった意の接続形のような働きにも使われる. 데の前はいろいろな連体形が使える:

우리 어렸을 때에 **살던 데가** 이 동네 아니야?

私たち子供の頃に**住んでいたとこが**, この辺じゃないの?

지금 **가는 데가** 작년에 내 생일에 **갔던 데**랑 **같은 데**야?

今**行くところ**が去年私の誕生日に**行ったところ**と**同じとこ**なの?

혹시 배 **아픈 데에** 먹는 약 가지고 있어요?

ひょっとしてお腹**痛いとき**(←痛いところ)**に**飲む薬持ってる?

국회의원으로서 민생을 **지키는 데** 최선을 다하겠습니다.

国会議員として民生を**守るのに**, 最善を尽くします.

이 집 **사는 데** 돈이 얼마나 들었어요?

この家を**買うのに**, お金はいくらかかりましたか?

그렇게 **쓸데없는 데** 시간 쓰지 말고 공부나 해.

そんなに**くだらないところに**時間費やさないで勉強でもしろ.

1.3. 하지만 接続形 I -지만 …するけれども. …するけど. …だけど [反意]

品詞を問わず, 全ての用言でⅠ-지만. あることがらをまず認めつつ, それに反することがらを後ろに述べる, 反意の接続形である. 逆接的にのみ用い, 前提としては使わない. Ⅰ-지만(요)を文末に持ってくる, 終止用法もある:

혼자 있는 건 **무서웠지만** 편안함도 있었다.

一人でいるのは, **怖かったけれど**, やすらぎもあった.

집은 **멀지만** 꿋꿋이 걸어서 갔다.

家は**遠いけれど**, ひるまず歩いて向かった.

여우지만 호랑이입니다.

きつねですけれども, トラです.

(코리 R 테이버文, 絵. 노은정訳. 꿈꾸는달팽이(夢見るかたつむり)刊行の絵本の書名)

1.4. 하나 接続形 II -나 …するが [反意]

前件が後件の内容と異なるという反意を表す. Ⅰ-지만と似ているが, より書きことば的である. 6a表現06の〈A하나 B하나〉〈AしてもBしても〉とは区別せよ:

오늘은 **힘들었으나** 내일은 내일의 태양이 뜬다.

今日は**大変だったが**, 明日は明日の陽(ひ)が昇る.

대표의 건강 이상설이 **떠돌고 있으나** 이번 기조연설로 그러한 우려는 불식시킬 수 있을 것이다.

代表の健康異常説が**とりざたされているが**, 今度の基調演説でそういう憂慮は払拭できるだろう.

〈들어 오다〉と〈들어오다〉 時間の方向と移動の方向

2. 2単語からなる III 가다/오다 [時間的な持続経験の方向]と 1単語からなるIII-가다/오다 [移動意識の方向]

一見似た形の, 例えば次の2つの例の오다に注目してみよう:

(a) 우리는 이런 말을 어렸을 때부터 수없이 **들어 왔다.**

私たちはこういうことばを, 幼いときから幾度となく**聞いてきた.**

(a)は듣다(聞く)の〈III 오다〉で「(ずっと)聞いてきた」.
오다は〈**(ずっと…して)くる**〉の意の,
時間的な持続経験の方向を表す補助動詞.
〈들어 오다〉は**2単語**. 分かち書きする.

(b) 그는 웃으면서 방으로 **들어왔다.**

彼は笑いながら, 部屋へ**入って来た.**

(b)は들다(入る)+오다(来る)で, 들어오다「**入って来る**」という動詞.
오다は**移動動詞に後続して,**
移動意識の方向を表す複合動詞の造語成分.
〈들어오다〉は**1単語**. 分かち書きをしない.

2.1. 2単語からなる III 가다/오다 [時間的な持続経験の方向]

時間的な持続経験を表す〈들어 오다〉のタイプ, 即ち〈III 오다〉〈**(ずっと…して)くる**〉は, ほかにも〈III 가다〉〈**(ずっと…して)ゆく**〉〈III 나가다〉〈**(ずっと…して)ゆく**〉という形がある. 時間の流れの中でのことがらの進行, 経験を語る. ここでも次の2.2で見る오다と가다の方向の意識が表れている:

5b

보라. 날이 **밝아 온다**. 우리의 새로운 시대를 여는 여명이다.

見よ. 夜が**明けてくる**. 我等の新時代を拓(ひら)く黎明である.

억압에 대해 예나 지금이나 사람들은 **투쟁해 왔고 승리해 왔습니다**.

抑圧に対し, 昔も今も人々は**闘ってきたし, 勝利してきました**.

앞으로도 함께 더 많은 것들을 **성취해 나가자**.

これからも共により多くのことを**克(か)ち取っていこう!**

꺼져 가는 불씨를 되살리고 있었다.

消えてゆく火をまた熾(おこ)していた.

이 문제에 대해서는 앞으로도 계속 고민하고 **연구해 나가겠습니다**.

この問題については, 今後も引き続き真剣に考え(←悩んで)**研究してまいります**.

2.2. 1単語からなるIII-가다/오다 [移動意識の方向]

空間的な移動の方向を表す〈들어오다〉のタイプは, 〈III-가다〉〈(…して)行く〉のほかに, 〈III-오다〉〈(…して)来る〉もある. 実際の移動ではなく, 移動の意識を問題にしている. 日本語で「入る」「出る」「上がる」「降りる」「下がる」という単純語だけで言う場合にも, 韓国語では나가다/나오다(出て行く/出て来る), 올라가다/올라오다(上がって行く/上がって来る), 내려가다/내려오다(降りて行く/降りて来る)等々, 多くは가다, 오다で**移動の方向を表す**形を付した複合動詞を用いる. 「TV에 나가다/나오다」(テレビに出る)などまで区別している. **話し手や主語の人物など, 基準に定めた人物を中心にことがらが外へ向かう場合は〈III-가다〉, 内へ向かう場合は〈III-오다〉**を用いる:

형은 아래층으로 **내려갔다**. 兄は下の階に**降りて行った**(私は上の階にいる).

형은 아래층으로 **내려왔다**. 兄は下の階に**降りて来た**(私は下の階にいる).

우리 회사 주가가 계속 **내려가고 있다**. うちの社の株価がずっと**下がり続けている**.

우리 언니가 이번에 티비에 **나온대**. うちの姉さんが今度テレビに**出るんだって**.

(선수가 감독에게) 감독님, 저 이번 대회에는 꼭 **나가고 싶습니다**.

(選手が監督に) 監督, 私, 今度の大会にはぜひ**出たいと思います**.

(전화 끊을 때) 그럼 다음주에 봐. — 그래, **들어가**.

(電話を切るときに)じゃ来週会おうね. — うん, **じゃあね**(←入って行って).

(친구들이 집에 놀러왔을 때) 안녕? 우리 왔어. —— 잘 왔어. 어서 **들어와**.

(友人たちが家に遊びに来たとき)やあ. 俺たち着いたよ. —— ようこそ. さ, **入って**.

2.3. 動作終了後の移動を表す Ⅰ-고 가다/오다 [動作後の移動]

日本語との対照からは, 次の区別が重要. (b)のように, 〈**あることがらを行**(おこな)**った後に来る/行く**〉の場合は接続形で〈하고 가다/오다〉つまり〈Ⅰ-고 가다/오다〉の形をとる:

(a) 지유는 나하고 그 동안 계속 **연락해 왔다.**
チユは私にこのかんずっと**連絡してきた**(=引き続き連絡をしてきていた).

(b) 지유는 놀러 오겠다고 미리 나한테 **연락하고 왔다.**
チユは遊びに来ると予め私に**連絡して来た**(=連絡してから来た).

(a) 난 20년 동안 아침에는 빵을 **먹어 왔어.** 私は20年間, 朝はパンを**食べてきたよ.**
(b) 점심 먹었냐? — 응, 아까 **먹고 왔어.** お昼食べた? — うん, さっき**食べて来た.**

5b

칼럼

詩と詩人 시와 시인

韓国語は詩の豊かな世界である.
한국어는 시가 풍요로운 세계이다.

尹東柱

윤동주 (1917—1945)

시인. 중화민국 시대인 1941년 현재의 중화인민공화국 연변조선족자치주 룽징시(룽정시. 龍井市. 龙井市. Lóngjǐng shì)에서 출생, 1941년 경성(京城) 연희전문학교(현 연세대학교)를 졸업했다. 1942년 일본 릿쿄대학 영문과에 입학한 후에 도시샤대학으로 편입학하였다. 1943년에 반일운동으로 체포되어 규슈 후쿠오카 형무소에 수감되었고, 1945년 2월 27세의 젊은 나이로 옥사하였다. 사후에 엮여진 시집『하늘과 바람과 별과 시』가 있다. '서시', '자화상', '별 헤는 밤' 등의 시가 사람들에게 널리 사랑받고 있다. 일본의 도시샤대학과 서울의 연세대학교에 시비(詩碑)가 있다.

尹東柱(윤동주 ユン・ドンジュ) (1917—1945)

詩人. 中華民国の時代である1941年に現在の中華人民共和国の吉林省, 延辺朝鮮族自治州龍井市に生まれる. 京城の延禧専門学校(旧制. 現在の延世大学)を卒業した. 1942年日本の立教大学英文科に入学ののち, 同志社大学に編入学した. 1943年に反日運動で逮捕され, 九州の福岡刑務所に収監された. 1945年2月, 27歳の若さで獄死する. 死後に編まれた詩集『空と風と星と詩』がある. '序詩', '自画像', '星数える夜'などの詩が人々に広く愛されている. 日本の同志社大学やソウルの延世大学に詩碑がある.

日本の同志社大学にある尹東柱の詩碑
（著者撮影）

시인들

한용운(韓龍雲, 1879-1944)의《님의 침묵》, 김소월(金素月, 1902-1934)의《진달래 꽃》, 정지용(鄭芝溶, 1902-1950)의《향수》, 이육사(李陸史, 1904-1944)의《청포도》, 이상(李箱, 1910-1937)의《오감도(烏瞰圖)》등의 시인과 시가 널리 알려져 있다.
최근에도 많은 시인들이 활약하고 있으며, 일본에도 일본어 번역본으로 출판된 시집들이 적지 않다.

詩人たち

한용운(韓龍雲, 1879-1944)の《님의 침묵》(愛しき方の沈黙), 김소월(金素月, 1902-1934)の《진달래 꽃》(つつじの花), 정지용(鄭芝溶, 1902- 1950)の《향수》(郷愁), 이육사(李陸史, 1904-1944)の《청포도》(青葡萄), 이상(李箱, 1910-1937)の《오감도》(烏瞰図)などの詩人と詩が広く知られている.
近年も多くの詩人が活躍しており, 日本語への翻訳書として日本で出版されている詩集も, 少なくない.

李箱（이상. イサン）

鄭芝溶（정지용. チョンジヨン）

練習問題 5b

1. 次の日本語を韓国語に訳しなさい.

1.1. 姪(めい)がどんなに可愛いことか, 買ってくれというものは, みんな買ってあげたいですよ.

1.2. うちのナビ(猫の名:蝶の意)はご飯をどれだけたくさん食べたのか, おなかがぽっちゃりとび出ていた.

1.3. 明日が試験なのに, 本を開いておいてうっかり寝入ってしまった.

1.4. お昼ごはんに買って来た海苔巻きがとってもおいしくて, 弟の分まで食べてしまった.

1.5. 株価は急落したし, 財産と健康を失ってしまった.

1.6. ケータイに音楽を入れといた. 運転してて退屈なときに(←退屈なら)聴いて. あんまり大きくしないようにね(←あまり大きくつけておかないように).

1.7. 雨も降ってるし, 家でチジミでも作って食べよう.

1.8. (弟が運転する車に乗って)車は素敵だけど, 運転マナーはあまり良くないね.

1.9. こういう環境にやさしい資材で家を建てるのに3年もかかった.

1.10. 40歳だけれど, 気持ちだけは20歳です.

1.11. 臨時政府は実体的な力はなかったが, その象徴的な意味は評価された.

1.12. 庶子である洪吉童(ホンギルトン)は父はいたが(←いらっしゃったが), 父と呼ぶことはできなかった.

1.13. フランスの街でも伝統を守ってきた老舗は消えゆき, ブランドの売り場が入って来ていた.

1.14. 会社を成長させていくのも, 大きな楽しみでした.

練習問題 5b

2. 次の対話を韓国語に訳しなさい.

2.1.

(妹との問題を父に相談する)

ミニ：チスが怒って部屋から出て来ないの.

父：謝りの(ライン/カトク=カカオトークの)メッセージでも送っといて, ちょっと待ってみなさい.

気持ちを整理する(←気持ちが整理される)ときまでほっとくのも必要だよ.

2.2.

(母と息子がラインをやりとりする)

母：(三角)おにぎり作っといたよ. 学校から帰って, お腹空いたら食べて.

息子：はい, そのまま冷蔵庫に入れといてください(敬意体で).

ぼくは今日遅くなるかもしれません.

2.3.

(1階の居間にいる弟が2階の部屋にいる兄を呼ぶ)

弟：兄ちゃん, 降りて来て(みて). サッカーの決勝戦に出ることになった.

一緒に練習しようよ.

兄：だめだよ. 勉強しなくちゃいけないから, 誰も俺の部屋に入って来るなよ.

母：そうだよ, どうか部屋から出て来ないで, 勉強しなさい.

5월, 내 님은 언제 오시려나

5月，愛(いと)しきお方はいつおいでに

● 일본과 한국의 좋아하는 텔레비전 프로그램, 드라마, 영화에 대해서 함께 얘기해 봐요.

日本と韓国の好きなテレビ番組，ドラマ，映画について共に語り合ってみましょう．

6

오매불망

ポイント♦ 引用構造. 할 줄 알다/모르다

01	마을 회관에서 연극 '춘향전'을 연습 중이다.	
02	5월 8일 어버이날에 마을 어르신들을 모시고 공연할 예정이다.	
03	지은	아아, 〈오매불망〉 내 님은 언제나 오시려나.
04	유아	근데 오매불망은 무슨 말이에요?
05		전에 티브이에서 본 뮤지컬 '춘향전'에서도 들어 본 적이 있어요.
06	지은	'춘향'이가 '이 도령'을 기다리며 한 말인데, 자나 깨나 잊지 못한다는 뜻이에요.
07	석우	'춘향전'이 저희 작품이 될 줄 아시고 벌써 보셨군요.
08		역시 〈선견지명〉 이 있으세요. 〈단도직입〉 적으로 말해서 조선시대 소설들은 〈권선징악〉 을 얘기하죠.
09		그럼 왜 권선징악을 얘기하는가 하는 게 포인트예요.

10	유아	조선시대 소설에 대해서 많이 아시나 봐요. 더 가르쳐 주세요.
11	석우	네? 저, 그러니까…. 근데 요코 씨는 왜 이렇게 안 오지?
12	지은	오빠, 〈동문서답〉 하지 말고 모르면 모른다고 솔직히 얘기해.
13		괜히 아는 척하지 말고.
14	석우	아니, 아는 척이라니. 무슨 말을 그렇게 해.
15		내가 모를 리가 없잖아. 불과 몇 년 전에 고등학생 때 배운 소설인데.
16	지은	가다 말면 아니 가느니만 못하다, 몰라?
17		괜히 말 꺼냈다가 제대로 설명도 못하니까 그렇지. 〈인과응보〉 야.
18	석우	〈거두절미〉 하고 우리 공연은 꼭 성공시키는 걸로. 아하하.

01	区民会館で演劇『春香伝』を練習中だ.	
02	5月8日父母の日に町のシニアの方々を迎え, 公演する予定だ.	
03	チウン	ああ, 〈寤寐不忘〉(ごびふぼう)(寝ても覚めても), 我が愛しきお方はいつおいでになるのだろうか.
04	ユア	ところで〈寤寐不忘〉ってどういう意味ですか?
05		前にテレビで見たミュージカルの『春香伝』でも聞いたことがあります.
06	チウン	'春香'が'李の若さま'を待ちながら言ったことばなんですけど, 寝ても覚めても忘れられないっていう意味ですよ.
07	ソグ	『春香伝』が私たちの作品になることをご存知で, もうご覧になったんですね.
08		やっぱり〈先見之明〉(せんけんのめい)(先見の明)がおありですね. 〈単刀直入〉(たんとうちょくにゅう)に言って, 朝鮮時代の小説は〈勧善懲悪〉を語るんですよ.
09		では, なぜ勧善懲悪を語るのかってことが, ポイントですね.
10	ユア	朝鮮時代の小説についてずいぶんご存知みたいですね. もっと教えてください.
11	ソグ	え? あの, ですから…. ところで洋子さんはどうしてまだ来ないのかな?
12	チウン	お兄ちゃん, 〈東問西答〉(とうもんせいとう)(ちんぷんかんぷんな答え)なんかしないで, 知らないなら知らないって素直に言ったら?
13		また知ったかぶりなんかしちゃって.
14	ソグ	おい, 知ったかぶりだなんて. 何てこと言うんだよ.
15		俺が知らないわけがないじゃないか. ほんの数年前, 高校のときに学んだ小説なんだから.
16	チウン	行く途中でやめるくらいなら, 行かないにこしたことないって, 知らないの?
17		やたらに何か言い出して, ちゃんと説明もできないからじゃない. 〈因果応報〉(いんがおうほう)ね.
18	ソグ	〈去頭截尾〉(きょとうせつび)(細かいことは抜き)にして, 我々の公演は必ずや成功させるってことで. わっはっは.

6a 単語

01	**마을 회관**	**区民会館.**「町の会館」の意. 마을は「村」「町」
	연극	〈演劇〉**演劇.** 대사〈台詞〉は「セリフ」. 연극 대사는 다 외웠어요? 演劇のセリフはみんな覚えましたか?
	춘향전	〈春香傳〉**春香伝**→コラム
	중이다	〈中-〉**…しているところである. …中である**
02	**어버이날**	**父母の日.** 어버이は「父母」を合わせて言う単語. 부모〈父母〉(父母)とも言う. 尊敬形で부모님とも. 日本では母の日, 父の日が別々だが, 韓国はこの日に父と母の両方に感謝する
	어르신	**お年寄りの方. ご年配**(ねんぱい)**の方.** 어른の尊敬語
	모시다	(目上の人に)**お供する. お仕えする.** (場などに)**お迎えする.** 오늘은 김 선생님을 모시고 의의 깊은 시간을 가지려고 합니다 今日は金先生をお迎えして, 意義深い時間をもちたいと思います. 이 집에서 부모님을 모시고 20년을 살았다 この家で両親に寄り添って(←両親にお仕(つか)えして)20年暮らした
	공연하다	〈公演-〉**公演する**
	예정이다	〈豫定〉**予定である.** Ⅱ-ㄹ 예정이다 …する予定である
03	**오매불망**	〈寤寐不忘〉**寝ても覚**(さ)**めても.** 寤(ご)は「さめる」, 寐(び)は「眠る」意→6b語彙 四字熟語
	님	(愛しき, 尊敬する)**おかた. 君.** 標準語形は임. ここでは独立した一般の自立名詞として使われている. 임을 위한 행진곡 愛しきかたのための行進曲. 君への行進曲(アジアで広く歌われた韓国の反体制運動の歌の題名). 現在の標準語では 〈박준호 님〉のように名前の後ろの님は依存名詞なので直前は分かち書きする. 대표님(代表), 부처님(仏さま)などの-님は, 接尾辞なので分かち書きをしない. なお接尾辞の님を機械的に日本語の「様」で訳さないこと. 대통령님を「大統領様」や장군님を「将軍様」では滑稽(こっけい)に聞こえる→5a文法
	언제나	**いつになったら.**「いつも」の意もある
	오시려나	**いらっしゃるのだろうか.** 오시다(いらっしゃる)+ Ⅱ-려나…するのだろうか→表現
05	**티브이**	**TV. テレビ.** 標準語形は텔레비전だが, しばしば테레비とも

6a

	뮤지컬	**ミュージカル.** 오페라 オペラ. 발레 バレエ. 음악회〈音樂會〉 音楽会
	들어 보다	**聞いてみる.** III 보다 …してみる.(試す・意図)
06	춘향	〈春香〉**春香.**「春香伝」の女性主人公の名
	이 도령	〈李(道令)〉**李家**(りけ)**の若様**(わかさま). 도령は両班階級の結婚前の若い成年男子. 若さま. 도령の漢字「道令」は宛字(あてじ)だがしばしば用いられている
	(잠을) 자다	**寝る. 眠りにつく.** 어제는 몇 시에 잤니? 昨日は何時に寝たの? 오늘은 늦잠을 잤다 今日は朝寝坊(あさねぼう)をした
	깨다	**起きる. 目が覚**(さ)**める.** II-나 …しても→表現. 자나 깨나 寝ても覚めても. 시끄러운 소리에 잠이 깼다 うるさい物音で目が覚めた
	잊다	**忘れる.** 不可能の〈I-지 못하다〉形の「잊지 못한다」は「(忘れようとしても)忘れられない(ほどだ)」. 否定の〈I-지 않다〉形の,「이 은혜는 잊지 않겠습니다」は「このご恩は(自ら心に刻んで)忘れません」の意. 잊지 못한다는 忘れられないという…. 한다体+-는(…という…). 引用連体形→4a文法
	뜻	**意味.** 잊지 못한다는 뜻이에요 忘れられないという意味です
07	작품	〈作品〉**作品**
08	선견지명	〈先見之明〉**先見**(せんけん)**の明**(めい)→6b語彙 四字熟語
	단도직입	〈單刀直入〉**単刀直入**(たんとうちょくにゅう)→6b語彙 四字熟語
	-적으로	〈的-〉**…的に**
	조선시대	〈朝鮮時代〉**朝鮮時代**
	권선징악	〈勸善懲惡〉**勧善懲悪**(かんぜんちょうあく)→6b語彙 四字熟語
09	포인트	**ポイント**
10	-에 대해서	〈對-〉**…について.** 硬い書きことばでは-에 대하여. 조선시대 소설에 대해서 발표를 하게 됐어요 朝鮮時代の小説について発表することになりました
	더	[副詞] **もっと**
11	그러니까	[接続詞] **だから. それで.** 接続詞を**間つなぎ表現**に使っている

	안 오지	**来ないのかな. Ⅰ-지**は,「…だろ?」「…だよね?」. Ⅰ-지요/죠のぞんざいな非敬意体の終止形. ここでは疑問形. 좀 춥지? ちょっと寒いよね? [同意・疑問] 내일 모임에 같이 가지? 明日の集まりに一緒に行けば? [提案]
12	동문서답	〈東問西答〉 **的外**(まとはず)**れな答. ちんぷんかんぷんな答.** 동문서답 하지 말고→6b語彙 四字熟語
	모르면 모른다고	**知らないなら知らないと**→表現
	솔직히	〈率直-〉 **率直**(そっちょく)**に. 正直に**
13	괜히	[副詞] **無駄**(むだ)**に. いたずらに. 無意味に.** 〈괜히＋過去形〉で〈**…しなければよかった**〉〈無駄に…してしまった〉, つまり괜히の後ろに過去形が続くことで後悔を表す. 괜히 먹었어. 食べなければよかった
	아는 척하다	아는 척하지 말고 知っている振りしないで→2a表現11
14	무슨 말	**何のこと.** 무슨 말을 그렇게 해 何てこと言うんだ(←何のことをそんなふうに言うんだ?). 무슨 말을 하는 거야? 何の話をしてるんだ?
15	모를 리가 없다	**知らないはずがない.** 모를 리가 없잖아 知らないはずがないじゃないか. 〈Ⅱ- ㄹ 리가 없다〉〈 …するはずがない〉→表現
	불과	[副詞] 〈不過〉 **わずか. ほんの.** -에 불과하다…に過ぎない→3b表現12. 실수는 과정에 불과해 失敗は過程に過ぎない
16	가다 말다	가다 말면 出かけて途中で止めるなら. 하다 말다→表現
	아니	**…しない.** 否定を表す副詞 안 の古語. 아니 되옵니다 なりませぬ
	가느니만 못하다	가느니만 못하다 出かけることには及ばない. 行くのがよい. Ⅱ-느니〈…するより〉は比較の対象を前提として表す接続形→表現
17	꺼내다	**取り出す.** 말을 꺼내다 ことばを出す. 話し始める. 가방에서 책을 꺼냈다 カバンから本を取り出した
	제대로	[副詞] **ろくに. きちんと. 満足に**
	설명	〈說明〉 **説明.** 설명하다 説明する
	인과응보	〈因果應報〉 **因果応報**(いんがおうほう)→6b語彙 四字熟語
18	거두절미	〈去頭截尾〉 **単刀直入.** 頭と尾を断ち切ること→6b語彙 四字熟語
	성공시키다	〈成功-〉 **成功させる.** 성공하다 成功する. -시키다は使役や他動を造る接尾辞. ここでは他動. 성공시키는 걸로. Ⅰ-는 걸로→表現

6a 表現

06● A하나 B하나 Ⅱ-나 Ⅱ-나 …AしてもBしても [全選択の譲歩]

複数のことがらのいずれを選択しても関わりないことを表す. なお「…に関わりなく」といったことがらを文法論では譲歩と呼び慣わしている.〈**A하나 B하나**〉〈**AしてもBしても**〉の形で用いる→〈하나 마나〉〈…してもしないのと同様〉(→3a表現07)も見よ. 疑問の終止形Ⅰ-나?〈…するのかな?〉(→3a表現)や反意を表す接続形のⅡ-나〈…するが. …するけれども〉(→5b文法)とは区別せよ:

자나 깨나 잊지 못한다는 뜻이에요.

寝ても覚めても, 忘れられないという意味です.

눈이 오나 비가 오나 우리의 도전은 계속된다.

雪が降っても雨が降っても, 私たちの挑戦はつづく.

부모님은 **앉으나 서나** 자식 걱정에 잠 못 이루신다.

ご両親は**四六時中**(←座っても立っても)子の心配で眠れない.

12● 하지 말라 Ⅰ-지 말라 …するな. …するのをやめよ [禁止の命令]

禁止の命令. 命令なので基本的に目上には使いにくい. 辞書形は말다だが, この形では使われない.〈**Ⅰ-지 말고**〉〈…しないで〉という接続形や, 終止形では〈**Ⅰ-지 말아요**〉〈…しないでね〉,〈**Ⅰ-지 마세요**〉〈…しないでください〉, ぞんざいな〈**Ⅰ-지 마**〉〈…するな〉の形で用いられる.〈**Ⅰ-지 말자**〉はぞんざいな禁止の勧誘形で,〈…しないでおこう〉. 勧誘形〈**Ⅰ-지 맙시다**〉〈**Ⅰ-지 마십시오**〉は一応합니다体ではあるが, 目上には使いにくい. 引用の形をとる次のような諸形もある. 引用より禁止の意で用いられる. ぞんざいな〈**Ⅰ-지 말라고**〉とそのソウル方言形〈**Ⅰ-지 말라구**〉〈…するなってば〉, 尊敬形の〈**Ⅰ-지 마시라구요**〉〈…なさらないでということです〉〈**Ⅰ-지 말라고요**〉〈…しないでくださいってば〉という引用形も用いられる. 丁寧形であっても, 目上の行動を直接たしなめるには, 使いにくい:

복도에서는 큰소리로 **떠들지 마세요.**	廊下では大声で**騒がないでください.**
한꺼번에 너무 많이 **먹지 말라고.**	一度にあんまり**食べ過ぎるなってば.**
우리 이번에는 **가지 말자.**	私たち, 今回は**行くのやめようよ.**

복자 씨, 자꾸 그런 식으로 **핑계 대지 말라구요.**

　ポクチャさん, あんまりそんなふうに**言い訳ばかりしないでください.**

12● 하면 한다고 **II-면 + 한다体+-고　…するなら…すると. …なら…だと [仮定引用]**

　Ⅱ-면 と 한다体には同一の用言を用いる:

좋아하면 좋아한다고 고백하세요.　　**好きなら, 好きだって,** 告白なさいな.

오면 온다 가면 간다고 말을 해야 알죠.

　来るなら来る, 行くなら行くって, 言ってくれなきゃわからないでしょ.

이 서류에 문제가 **있으면 있다고** 얘기해 주세요.

　この書類に問題が**あるならあるって**言ってください.

15● 할 리가 없다 **II-ㄹ 리가 없다 …するはずがない [否定道理判断]**

　리〈理〉は「物事が当然そうなる」という〈理. わけ. 道理. 理くつ〉の意の依存名詞. 〈**II-ㄹ 리가 없다**〉で〈**…するはずがない**〉という**道理についての否定的な判断**を表す. 〈**III-ㅆ을 리가 없다**〉は過去のことについての〈**…したはずがない**〉という**当然への否定的な判断**を表す:

외계인이 있다구요? **그럴 리가 없어요.**

　宇宙人がいるですって? **そんなわけがありませんよ.**

최선을 다하지 않으면 **성공할 리 없다**는 것을 **몰랐을 리가 없다.**

　最善を尽くさないと**成功するはずがない**ことを, **知らなかったはずがない.**

● 할 턱이 없다 **II-ㄹ 턱이 없다 …するはずがない [批判的否定道理判断]**

　〈Ⅱ-ㄹ 리가 없다〉に比べ, より強い理由を表すのに用いる. **不満, 憤慨, 批判の気持ち**がさらに強くなる:

이렇게 위생상태가 안 좋은데 장사가 **잘 될 턱이 없다.**

　これほど衛生状態が良くないのに, 商売が**うまく行くはずがない.**

사리사욕이 넘치는 관리들로 국정이 잘 **돌아갈 턱이 없죠.**

　私利私欲に溢れる官吏(かんり)で国政がうまく**機能する**(←回る)**はずがないでしょう.**

16● 하다 말다 Ⅰ-다 말다 …していて途中でやめる [中途放棄]

動詞 **Ⅰ-다가**は,〈…している途中で〉という,動作の途中で他の動作に移行することを表す際に用いる接続形であった.これに말다が後続し,〈**Ⅰ-다(가) 말다**〉の形で,〈ある動作や状態の途中でやめる〉ことを表す:

왜 말을 **하다 말아요?** 할 말이 있으면 하세요.

なんで話を**途中でやめるんですか?** 言いたいことがあれば言ってくださいよ.

내가 만든 인형이야. 어때?—어? 눈이 왜 **생기다 말았어?**

私が作ったぬいぐるみだよ.どう?——あれ?目がなんでまだ**出来上がってないの?**

먹다 만 음식, 치워도 돼?

食べかけの食べ物,かたづけてもいい?

하고 말다 〈Ⅰ-고 말다〉〈…してしまう〉[末路]は→5b表現22を参照.

16● 하느니만 못하다 Ⅰ-느니만 못하다 …することには及ばない.…するほうがましだ.…するにこしたことはない [優勢比較]

動詞,存在詞(있다, 없다, 계시다のみ)の〈**Ⅰ-느니만 못하다**〉で,〈…することには及ばない〉,〈(何はともあれ)…するほうが良い〉〈…なほうがましだ〉の意.Ⅱ-느니만はⅡ-느니(…するより)に助詞만がついた形.否定の안が前につくことが多い.「노래를 못한다」(歌が下手だ)の못하다は動詞だが,**比較に用いるこの못하다は形容詞**なので,한다体でも못한다ではなく,못하다という形をとる:

홈 시어터 설치했네? — 극장에서 **보느니만 못해요.**

ホームシアター設置したんだね?——劇場で**見るほどじゃありませんよ**(劇場で**見たほうがよい**).

강연회 어땠어요?—**안 가느니만 못했어요.**

講演会はいかがでしたか.——**行かないにこしたことはなかったですよ**(行かないほうがよかった).

오빠는 같이 있으면 잔소리만 하니까 **없느니만 못해.**

兄さんは一緒にいるとうるさいから,**いないほうがまし.**

● 体言＋-만 못하다 …にも及ばない．…にさえ至らない［優勢比較］

〈이것만 못하다〉で〈これにさえ及ばない〉〈これにも至らない〉の意で，用言ではなく，体言につく形：

오빠가 돼서 **동생만도 못하니** 너를 어쩜 좋니.

お兄さんなのに**妹よりだめだとは（←妹にも及ばないだなんて）**，お前をどうしたらいいものか．

아는 자는 **좋아하는 자만 못하고** 좋아하는 자는 **즐기는 자만 못하다.**

知っている者は**好む者に及ばないし，**好む者は**楽しむ者に及ばない．**

*「知之者不如好之者，好之者不如楽之者」．之(これ)を知る者は，之を好む者に如(し)かず，之を好む者は，之を楽しむ者に如かず．『論語』雍也(ようや)（옹야）第六

18● 하는 걸로 (하다) Ⅰ-는 걸로 …するということで．…することに（する）［方針決定の通告］

〈하는 것으로〉〈…することで（もって）〉〈…することとして〉の話しことば的な短縮形が，〈하는 걸로〉．動詞，存在詞の〈Ⅰ-는 걸로〉，形容詞，指定詞の〈Ⅱ-ㄴ 걸로〉で，「それじゃ，そういうことで」のように，約束ごとや決めごと，願いごとなどを通告する際などに用いる．いわばムード形式のように発達した形．〈-는 걸로〉で文が終わる場合が多い．直後に하다〈（…と）する〉や알다〈（…と）知りおく．承っておく〉が後続することもある：

저녁 6시 이후에는 아무것도 **먹지 않는 걸로.**

夕方6時以降は何も**食べないということで．**

그룹 과제는 내일 오후에 만나서 **하는 걸로** 하죠.

グループ課題は明日の午後，会って**やるということに**しましょう．

그럼 다음 달 위원회는 **없는 걸로** 알고 있을게요.

では来月の委員会は**ないものと**承(うけたまわ)って（＝承知して．理解して）おきます．

우리 딸은 엄마를 닮아 **예쁜 걸로.**

うちの娘はママに似て**可愛いってことで．**

대학생은 할인이 안 돼요.

—— 아직 생일이 지나지 않았으니 **고등학생인 걸로** 해 주시면 안 돼요?

大学生は割り引きできません．

——まだ誕生日が過ぎていないから，**高校生ということに**してもらっちゃだめですか？

6a

6a 文法

引用構造

1. 引用構造

引用の表現は，1単語からなる引用形（引用終止形좋대요→2a，引用接続形좋다던데→3b，引用連体形좋다는→4aなど）と，2単語以上からなる引用構造（좋다고 해요）による表現とに分けうる．引用構造の基本的な形を今一度確認しておこう：

① 引用動詞は，**하다**（言う）が基本で，話しことばでは**그러다**（言う．そう言う）も多用される．ⅠⅡ그러-，Ⅲ**그래-**．「준호가 한다고 그래요.」（チュノがやるって言ってますよ）
② 선언하다（宣言する），칭찬하다（賞賛する），속삭이다（ささやく），밝히다（明らかにする）のような**言語活動を表す動詞**を，引用動詞の代わりにいろいろ用いることができる．
③「내가 한다고.」（自分でやるって．）のように，**引用動詞が現れないこともある．**引用接続形の**引用再確認法**ともなりうる．

④「[그건 자기가 한다]고 준호는 자신만만한 표정이었다.」([それは自分がやる]と, チュノは自信満々な表情だった：[ ]内が引用される部分)の「표정이었다」のように**引用動詞や言語活動を表す用言以外の用言が後ろに現れることも**, しばしばである. 引用動詞の代わりに,「석우도 간다고 울었다」(ソグも行くと泣いた)のように, 울다(泣く)や웃다(笑う), あるいは시치미를 떼다(しらを切る)など, 日本語同様, 通常の動詞で結ぶことも多い.

⑤ 話しことばでは「자기가 한다 그랬어요.」(自分がやるって言いましたよ)のように, **引用語尾-고が現れない場合も少なくない**.

1.1. 한다体の平叙形 한다で造る引用構造

平叙形で造る, **指定詞の引用構造**を見よう. 実は, 自己紹介の〈…**(이)라고 합니다**〉〈…**と申します**〉などで, 引用構造は初級から既に学んでいる. これは指定詞による引用構造である. 指定詞-이다, 아니다の引用形語幹は平叙形は**-(이)라**, **아니라**, 疑問形は**-(이)냐**, **아니냐**という形をとるので, -이다고ではなく, -이라고となったものである.

ぷち言語学

韓国の学校文法では**-(이)라고**を指定詞の引用形とせず, -이라고と-라고を助詞とする. 引用の体系に位置づければ, わざわざ特別な助詞として扱い, 助詞の数を増やす必要はないのだが, 引用の体系が未出の初級段階では, 助詞としておくのも, 手ではある.

なお, 韓国の学校文法ではそもそも指定詞という概念自体がなく, 이다自体が, -이라고と-라고とは別に,「叙述格助詞」という助詞の一種とされる. ちなみに韓国でも이다を助詞とせず指定詞とする文法家も多い.

이 노트는 **"엘지 그램"이라고 해요.**　このノートパソコンは**"LG gram"って言います**.

이거 한국어로 **뭐라고 해?**　これ韓国語で**何て言う?**

그 가게에서 지금 제일 많이 팔리는 태블릿이 **아이패드라** 한다.

その店で今一番たくさん売れているタブレットは**iPadだと**言う.

平叙形で造る, **指定詞以外の引用構造**の例も見ておこう:

강남 지점에서는 갤럭시가 제일 많이 **팔린다고 하던데?**
江南支店ではGalaxyが一番たくさん**売れてるって言ってたけど?**

아까는 문제가 **많다고 그랬잖아.** さっきは問題が**多いって, 言ったじゃないか.**
아, 나 **없다 그래.** あ, 私は**いないって言ってくれ.**
다들 여기로 **오신다고 했어요.** みんなここに**おいでになるってことでしたよ.**
뭐가 **좋다고** 그렇게 매일 오는 거야? 何が**良くって**, そんなに毎日来るんだ? (←何が**良いと[言って]**そのように)
유아가 언제 **온다고?** ユアがいつ**来るって?**
경찰 수뇌부는 아직도 많은 비자금이 **존재한다고 밝혔다.**
警察の首脳部はまだ多くの秘密資金〈祕資金〉が**存在すると, 明らかにした.**

1.2. 한다体の疑問形 하냐/하느냐で造る引用構造

書きことばの한다体で使われる疑問形は, Ⅰ-는가とⅡ-ㄴ가であった(→ep.1a文法). これが引用形語幹になる際には,「하냐고 물었어요」や「하느냐고 물었어요」(するかと尋ねました)のごとく, **Ⅰ-냐**あるいは**Ⅰ-느냐**の形を用いる. 指定詞には**-(이)냐**, **아니냐**を用いる:

疑問形の引用の仕組みを確認しよう. 例えば영희が次のような疑問文で尋ねたとする:

영희の言ったこと=**疑問文**

내일은 비가 와요?	明日は雨が降りますか?
내일은 비가 올까요?	明日は雨が降るでしょうか?
내일은 비가 온대?	明日は雨が降るって?

上の영희の言ったことを引用する場合は, 3つの文とも全て**Ⅰ-냐**, **Ⅰ-느냐**を用いる:

영희가 내일은 비가 **오느냐고/오냐고**
했어요/물었어요/걱정했어요.
ヨンヒが明日は雨が**降るかと** 言いました/尋ねました/心配してましたよ.

つまり**どのような疑問形の引用構造を作るときでも，全てⅠ-냐あるいはⅠ-느냐**を用いる．動詞，存在詞は**Ⅰ-냐**あるいは**Ⅰ-느냐**の形を用いる．形容詞は「좋냐고」や「좋으냐고」（いいかと）のように，**Ⅰ-냐**あるいは**Ⅱ-냐**の形をとる．指定詞には**Ⅰ-냐**を使う．「책이냐고 물었다」（本かと尋ねた）や「아니냐고 물었다」（違うのかと尋ねた）となる（→3b文法）．

승호는 그럼 곤충들은 언제 먹이를 **먹냐고/먹느냐고** 질문했다.（動詞）

スンホは，では昆虫たちはいつ餌を**食べるのかと**，質問した．

스승은 그런 각오가 **있냐고/있느냐고** 물었다.（存在詞）

師はそういう覚悟が**あるか**，尋ねた．

어머니는 그곳이 많이 **춥냐고/추우냐고** 걱정했어요.（形容詞）

母はそこはとても**寒いのかと**，心配しました．

어느 길을 **택할 것이냐는** 운명의 기로에 서 있었다.（指定詞）

そのどちらの道を**選ぶかという**運命の岐路に立っていた．

1.3. 한다体の 勧誘形 하자で造る引用構造

書きことばの한다体で使われる勧誘形は，「함께 살자」（共に生きよう）のように，Ⅰ-자 であった（→1a文法）．引用形語幹になる際にも，このⅠ-자を用いる（→ep.3b文法）．ほとんどの形容詞と指定詞には基本的に勧誘形はない：

영희는 준호에게 이렇게 말했다. "같이 **갈래?**"

ヨンヒはチュノにこう言った．「一緒に**行く？**」（疑問文を用いている）

→ 준호: 영희가 같이 **가자고** 했어요.

チュノ：ヨンヒは一緒に**行こうって**言ってました．（勧誘形 Ⅰ-자の形で引用構造を造った）

→ 영희는 같이 **가느냐고** 물었어요.

チュノ：ヨンヒは一緒に**行くかって**聞いてました．（疑問形 Ⅰ-느냐の形で引用構造を造った）

ヨンヒがチュノに「같이 갈래?」(一緒に行く?)と尋ねたとしよう. 語った文が, このように勧誘形ではなくて, 疑問形だった場合でも, 「ヨンヒは勧誘している」と, チュノが位置づけるのであれば, 引用の発話の話し手であるチュノは, Ⅰ-자で勧誘形の引用形を造ることもできるし, あるいはⅠ-냐/Ⅰ-느냐で疑問形の引用形を造ることもできる. いわば話し手が特権的に内容を決める. このように〈**ことばの内容は話し手の専権事項である**〉という点は, どの言語にも共通している言語の一般的な性質である. 引用でなくとも, 引用したかのように造れるのが, **言語の引用の仕組み**なのである:

여름에 같이 해외여행 **가자고** 해 놓고 혼자 유학을 간다고?
　夏一緒に海外旅行に**行こうと**言っといて, 一人で留学に行くって?
모두 탄압에 대해 끝까지 **맞서자는** 신념으로 가득 차 있었다.
　皆, 弾圧に対して最後まで**闘い抜こうという**信念でいっぱいに満ちていた.
주말에 어디서 **만나자고?**
　週末にどこで**会おうって?**

なお, 〈**Ⅰ-지 말다**〉(しないで)は, 〈**Ⅰ-지 말자**〉という勧誘形の形で引用構造を造る:

새로운 일에 너무 **겁먹지 말자고** 스스로 다짐했어.
　新しいことに**怖がらないようにしようって**, 自分で誓ったんだ.

1.4. 한다体の命令形 하라で造る引用構造

命令形を引用する場合は, もとの文が, 하십시오(なさいませ), 하세요(なさいませ), 해라(しろ), 하라(せよ)など, どのような命令形であれ, 한다体の命令形**Ⅱ-라**の形で引用構造を造る. 場合によっては, もとの文が할래?(する?)のような意志を問う疑問形で, 事実上の命令を表す場合であっても, 話し手は命令形の引用形で表すこともできる. 形容詞や指定詞は基本的に命令形をとらない:

절대 포기하지 말고 용기를 **가지라고** 했어요.
　絶対に諦(あきら)めないで, 勇気を**持てって**言いました.
일이 끝나면 핸드폰 좀 **확인하라고** 몇 번을 말했니?
　仕事が終わったら携帯をちょっと**確認してって**, 何度言った?

〈Ⅰ-지 말다〉(しないで)は〈**Ⅰ-지 말라**〉(…するな),〈Ⅲ 달다〉(…してくれ)は〈**Ⅲ 달라**〉(…してくれ)の形で引用構造を造る:

고민하는 삶은 **살지 말라고** 했지. 뭐든 **도전해 보라고** 했어.

"悩む人生"を生きるのは**やめろって**言ったよ. 何でも**挑戦してみろって**言った.

비가 오니까 **마중나와 달라고** 동생한테 문자 보냈어.

雨が降ってるから**迎えに来てくれって**, 弟にライン送ったよ.

1.5. 한다体での文のまるごと引用

こうした한다体を用いて, **文全体を, まるごとそっくりそのまま引用する形**で用いられることがある. この場合は「〈그것이 사랑인가〉를 생각해 보라.」(〈それが愛なのか〉**を**考えてみよ)のごとく,〈 〉で示した**文全体を名詞として扱う**ことになるので, -을/를などをつけることができる:

뭐? [내가 **미련하다**] 그거야?

何? [俺は**愚かだ**](って), そう言いたいわけか? (←それか?)

[고등학교 **졸업이라**] 벌써 그런 나이가 됐구나.

[高校**卒業か**], もうそんな年になったんだな.

[내가 오빠한테 **질투하고 있다**] 그 말이야?

[私が先輩に**嫉妬してる**]っていうこと?

[곤충이 먹이를 언제 **먹는가**]를 자세히 관찰했다.

[虫が餌をいつ**食べるのか**]**を**, 細かく観察した.

[이게 **문제다**] [저게 **문제다**] 하면 다 문제가 되죠. [가장 핵심적인 문제가 **무엇인가**]를 찾아내야 합니다.

[これが**問題だ**], [あれが**問題だ**]って言ってたら(引用動詞による引用構造), みんな問題ですよ.

[最も核心的な問題が**何か**]**を**(文のまるごと引用), つかみ取らねばなりません.

이번에는 [아이**냐** 어른**이냐**] 할 것 없이 모두가 참여할 수 있는 행사를 준비하고 있어요.

今回は[**子供とか大人とか**]言わず(←子供か大人か言うことなく), みんなが参加できる行事を準備しています.

할 줄 알다/모르다

2. II-ㄹ 줄 알다 II-ㄹ 줄 모르다 [思い込み. 推測. 能力]

〈II-ㄹ 줄 알다/모르다〉には以下の3つの働きがある. 終止形か接続形か, 過去形か非過去形かによって働きが異なってくる点を確認しよう.

① [思い込み] 基本的には過去形の終止形で用いられ, 〈**II-ㄹ 줄 알았다**〉〈**…すると(ばかり)思っていた**〉, 〈**II-ㄹ 줄 몰랐다**〉〈**…するとは思いもしなかった**〉の意. 信じ切って疑わない思い込みの気持ちを表す表現となる:

지은이가 주인공이 **될 줄 알았어요.**
チウンが主人公に**なるんだと思いました.**
(=そうなっても, なっていなくても, いずれも使える)
나는 네[니]가 나를 **싫어하는 줄 알았어.**
私はあんたが私を**嫌いなんだと思ってた.**
꿈을 이루는 게 이렇게 **힘들 줄은 몰랐어요.**
夢を叶(かな)えるのが, こんなに**大変だとは思いませんでした.**

② [推測] 〈**II-ㄹ 줄 알고**〉〈**…すると思って**〉, 〈**II-ㄹ 줄 모르고**〉〈**…するとは思えなくて**〉のように非過去形の接続形で用いられる. 思い込みほどには至らないとしても, おそらくそうだろうという, 推測の意:

"춘향전"이 지은이의 연극 작품이 **될 줄 아시고.**
「春香伝」がチウンの演劇作品に**なるとお思いになって.**
유아 씨가 케이크를 **만들 줄 모르고** 제가 사 와 버렸어요.
ユアさんがケーキを**作るなんて思わなかったので,** 私が買って来てしまいました.
서희 씨가 과일을 **준비할 줄 알고** 전 커피를 준비했어요.
ソヒさんが果物を**用意すると(ばかり)思って,** 私はコーヒーを用意しました.

③ [能力] 〈II-ㄹ 줄 알아요〉〈II-ㄹ 줄 몰라요〉〈…することができる/できない〉のように, 多くは非過去形で用いられるが, 過去形も現れる. 過去形での思い込みの意と, 文脈上で区別する:

혼자 **갈 줄 알아요.**　一人で**行くすべを知っています＝行けます.** [能力]
혼자 **갈 줄 몰라요.**　一人では**行けません.** [能力]
나는 걔가 혼자 **갈 줄은 몰랐어.**
　私はあの人が一人で**行くとは思いもよらなかった.** [思い込み]
나는 걔가 혼자 **갈 줄 알았어.**
　私はあの子が一人で**行くと思ってた.** [思い込み]

한글은 **읽을 줄 아시죠?**　ハングルは**お読みになれますよね?** [能力]
저는 바이올린은 **켤 줄 몰라요.**　私はバイオリンを**弾けません.** [能力]
어렸을 때부터 **수영은 할 줄 알았어요.**
　子供の頃から**水泳はできました.** [能力]
나는 걔가 **수영은 할 줄 알았어요.**
　私はあの子が**水泳はできると思ってたんですよ.** [思い込み]

終止形だけでなく, 非過去形の接続形で能力を表すこともある. 能力と推測, 思い込みとは文脈で区別する. :

자전거는 **탈 줄 몰라서** 그냥 걸어 다녀요.
　自転車は**乗れないので,** 普通に歩いてます. [能力]
준호가 자전거로 **올 줄 모르고** 차로 마중을 나갔다.
　チュノが自転車で**来るとは知らず,** 車で迎えに行った. [推測]
영상을 **편집할 줄은 모르지만** 보는 건 정말 좋아해요.
　映像の**編集はできませんが,** 見ることは大好きです. [能力]
영희가 영상을 **편집할 줄 모르고** 다른 사람한테 편집을 부탁했다.
　ヨンヒが映像を**編集するとは思わず,** 別の人に編集を頼んだ. [推測]
남동생은 요리도 **할 줄 알고** 다른 집안 일도 잘 해요.
　弟は料理も**できるし,** 他の家事もできます. [能力]

詩のことば

해야, 고운 해야, 늬가 오면 늬가사 오면 나는 나는 청산이 좋아라. 훨훨훨 깃을 치는 청산이 좋아라. 청산이 있으면 홀로래도 좋아라. (박두진)

陽(ひ)よ, 美(うま)し陽よ, おまへが来(く)れば, おまへさえ来るなら, 我は我は青き山良し. 悠々(ゆうゆう)と翼(はね)打つ青き山や良し. 青き山在(あ)らば独(ひと)りとて良し. (朴斗鎮)

박두진〈朴斗鎮〉〈해〉より.

*늬가は2人称の主格네가(おまえが)の方言形. 現在のソウルことばでは니가, 너가と言う. 늬가사の-사は限定強勢の助詞-야(…こそ)に相当する慶尚道や全羅南道の方言形. 15世紀には-ᅀᅡ[za]と書かれる形だったものが, 方言によって-야と-사とに別れて残っている. ᅀの字母は, [z]と推定される当該の音がなくなったので, 現在では使われなくなった「消失文字」の一種. ᅀは반치음〈半歯音〉や반시옷〈半-〉と呼ばれる. 훨훨훨はゆうゆうたる大きな羽ばたきを表す擬態語. 좋아라は形容詞の感嘆を表す非敬意体の終止形語尾Ⅲ-라. 홀로래도の標準語形は홀로라도(ひとりであっても).

朴斗鎮(1916-1998)は詩人. 京畿道안성〈安城〉の生まれ. 慶尚北道경주〈慶州〉や慶尚南道밀양〈密陽〉でも幼年期を送る. 우석〈友石〉大学(1971年に高麗大学に合併)卒. 1939年に『文章』(문장)誌へ詩を発表. 조지훈〈趙芝薫〉, 박목월〈朴木月〉と共に解放直後刊行の詩集『青鹿集』(청록집)[청녹찝](1946)に集い, ‘청록파〈青鹿派〉’の詩人と称された.

칼럼

고전소설 이야기——《춘향전》〈春香傳〉

[1] 한국에도 고전은 다양하고 많은 종류가 있다.

그 중에서 한국의 고전소설은 학자들에 따라 여러 입장이 있으나 보통은 조선시대 초기부터 신소설이 나오기 전인 조선시대 말기까지의 소설들을 말한다.

다양한 종류의 소설들이 있는데 그중에서도 판소리계 소설로 불리우는『춘향전』과『심청전』이 가장 유명하다.『춘향전』과『심청전』은 처음에는 설화로서 조선시대 이전부터 전해져 내려오는 구전문학(구비문학)이고 그것이 판소리라는 한국 전통적인 가창으로 만들어졌다고 전해진다. 조선시대의 판소리 작가로는 신재효가 널리 알려져 있다. 그후 조선시대에 소설로도 쓰여지게 된다.

[2]『춘향전』은 한글로 쓰여진 책과 한문으로 쓰여진 책이 있고,『水山広寒楼記』(수산광한루기),『烈女春香守節歌』(열녀춘향수절가),『獄中花』(옥중화),『獄中香』(옥중향),『漢文歌劇春香伝』(한문가극춘향전)과 같이 다른 제목으로도 다수 존재한다. "열녀"라는 말은 그 시대에 "굳게 정조를 지킨 여성"을 가리킨다.

[3] 전라도 남원〈南原〉의 어느 봄, 양반 고관의 아들 이몽룡〈李夢龍〉이 광한루〈廣寒樓〉에서 시를 읊고 있었다. 그곳에서 그네를 타고 있던 춘향에게 몽룡은 첫눈에 반하고 만다. 기생의 딸인 춘향이 바람을 가로지르며 그네를 타고 있는 모습은『춘향전』이라는 이야기의 가장 밝은 "양"을 상징하는 장면이다. 이윽고 사랑하게 된 두 사람. 그러나 이몽룡은 아버지와 함께 한양〈漢陽〉(지금의 서울)으로 돌아가게 되고 두 사람은 이별을 맞이하게 된다. 이몽룡은 다시 만나러 올 것을 맹세했다.

[4] 그 후 남원에 새로 부임한 악덕 관료 변학도는 춘향을 탐내었으나 춘향은 끝내 거절한다. 변학도는 춘향을 감옥에 가두고 처형하려고 한다. 이때의 춘향의 모습은 이 이야기에서 가장 어두운 "음"을 상징한다. "옥중화","옥중향"이라는 제목은 여기에 촛점을 맞춘 것이고, "열녀춘향수절가"는 투쟁하는 춘향을 상징하는 제목이다.

コラム

古典小説物語 —— 春香伝(しゅんこうでん)

[1] 韓国にも古典は多く, 様々な種類がある.

韓国の古典小説は学者たちによって多くの立場があるが, 通常は朝鮮時代初期から新小説が出る前の朝鮮時代末期までの小説をいう.

様々な種類の小説があるが, 中でもパンソリ系小説と呼ばれる『春香伝』と『沈清伝』(沈晴伝)が最も有名である.『春香伝』と『沈清伝』は始めは説話として朝鮮時代以前から伝わって来た口伝文学(口碑文学)であり, パンソリという韓国の伝統的な歌唱用に造られたと伝えられる. 朝鮮時代のパンソリ作家としては申在孝(신재효, 1812-1884)が広く知られている. その後, 朝鮮時代に小説としても書かれるようになる.

[2] 『春香伝』はハングルで書かれた本や漢文で書かれた本があり,『水山広寒楼記』(すいさんこうかんろうき 수산광한루기),『烈女春香守節歌』(れつじょしゅうこうしゅせつか 열녀춘향수절가),『獄中花』(ごくちゅうか 옥중화),『獄中香』(ごくちゅうこう 옥중향),『漢文歌劇春香伝』のように異なった題名でも多々存在する. 烈女(れつじょ 열녀)とはかの時代に「操(みさお)を固く守った女性」を言う.

[3] 全羅道南原(남원)のある春, 両班の高官の息子である李夢龍(이몽룡)[이몽뇽]は広寒楼(こうかんろう 광한루)で詩を吟じていた. そこで鞦韆(しゅうせん 추천=ブランコ. ゆさわり. ゆさふり 그네)に乗っていた春香(춘향)を見初(みそ)める. 妓生(기생)の娘である春香が, 風を切って鞦韆に乗る姿は,『春香伝』という物語(이야기)の最も明るい〈陽〉を象徴する場面である. やがて愛を育む2人. しかし李夢龍は父と共に漢陽(今のソウル)へ帰ることとなり, 2人は別れを迎えることとなる. 李夢龍は再び会いに来ることを誓った.

[4] その後, 南原に赴任してきた悪徳官吏・卞学道(변학도)は春香を我がものにせんとするも, 春香は最後まで拒否する. 卞学道は春香を獄に繋ぎ, 処刑しようとする. このときの春香の姿はこの物語で最も暗い〈陰〉を象徴する.『獄中花』『獄中香』といった書名はここに焦点を当て,『烈女春香守節歌』などは闘う春香を象徴する書名である.

[5] 이렇게 이야기가 끝나는가 싶은 절망적인 바로 그때, 위풍당당히 나타나는 사람이 있었으니, 한양에서 과거에 급제하여 비밀리에 악덕 관료를 적발하고 벌을 주는 암행어사가 된 이몽룡이었다. 암행어사가 나타날 때 외치는"암행어사 출도요"라는 우렁찬 소리는 악에 철퇴를 휘두르고 이야기를 극적으로 "음"에서"양"으로 전환시키는 정의의 외침이다. 암행어사가 들고 있는 "마패"라는 표찰은 일본에서는 미토고몬(水戶黄門)의 "인로"(印籠)와 같은 역할을 한다.

이야기는 그 후 이몽룡과 춘향이 함께 한양으로 올라와 영원히 행복하게 살아간다는 "음양의 조화"로 끝을 맺는다.

[6]『춘향전』은 유교사상을 토대로 한 "권선징악", 즉 선을 권하고 악을 응징한다는 사상이 근간에 흐른다. 또한 현실에서는 이루어질 수 없는 양반과 기생의 딸이라는 최하층 천민과의 사랑을 노래함으로써 지배적 권력에 대한 분노를 형상화 하기도 하고 남녀의 관능적인 모습을 묘사하는 등의 다양한 성격을 이 이야기는 내포하고 있다. 오늘날까지도 많은 영화와 연극 등에서 다양한 관점에서 각색하여 만들고 있는 가장 유명하고 인기있는 고전 소설이기도 하다.

[7] 『춘향전』이라는 이야기를 구성하고 있는 말과 글에는, 중국의 소설『삼국지연의』〈三國志演義〉와 희곡『서상기』〈西廂記〉 등, 혹은 조선의 소설『구운몽』〈九雲夢〉, 가집『청구영언』〈青丘永言〉 등 다양한 고전의 시문이 여러 곳에 인용되어 아름다움을 더하고 있다. 작자의 교양의 방대함이 주목 받는 부분이기도 하다.

[8]『심청전』은 하나뿐인 딸이 목숨과 바꿔 앞이 보이지 않는 아버지의 눈을 뜨이게 한다는 효도에 관한 이야기이다. 영화《서편제》〈西便制〉의 마지막 클라이막스인 1시간40분 정도의 부분에서 심청전의 판소리를 들을 수 있다. 현대 한국의 랩과 일맥상통하는 부분이기도 하다.

[5] かくして物語が終わるのかという絶望的なまさにそのとき，威風堂々（いふうどうどう）と現れる人物がある．漢陽で科挙（かきょ 과거）に合格し，密かに悪徳官吏を摘発し罰を与える暗行御史（あんこうぎょし 암행어사）となった李夢龍であった．暗行御史が現れる際に叫ぶ「暗行御史出道」（암행어사 출도）という，轟（とどろき）き渡る声は，悪に鉄槌（てっつい）を下し，物語を劇的に〈陰〉から〈陽〉に転ずる，正義の雄叫（おたけ）びである．暗行御史が持っている馬牌（ばはい 마패）という標札は，日本で言えば，水戸黄門の印籠（いんろう）のような役割を果たしている．

物語はその後，李夢龍と春香が共に漢陽へ上り，永久（とこしえ）に幸せに暮らしてゆくという〈陰陽〉の調和で結ばれる．

[6] 『春香伝』は儒教思想（유교사상）を基に勧善懲悪，すなわち善を勧め，悪を懲（こ）らしめる思想が根幹に流れる．また，現実にはなしえない，両班と妓生の娘という最下層の賤民との恋を歌い上げることによって，支配的な権力に対する怒りを形象化しもしたし，男女の官能的なありようを描写するなど，多様な性格を，この物語は内包している．今日に至るまで多くの映画や演劇などが様々な観点から脚色され作られて，最も有名で人気のある古典小説となっている．

[7]『春香伝』という物語（이야기）を構成していることば（말），その文章（글）には，中国の小説『三国志演義』（さんごくしえんぎ）や戯曲『西廂記』（せいそうき），あるいはまた朝鮮の小説『九雲夢』（구운몽）や歌集『青丘永言』（청구영언）など，様々な古典の詩文があちらこちらに引用され，美しさを加えている．作者のそうした教養の浩瀚（こうかん：広いこと 호한）さも注目されるところである．

[8]『沈清伝』は一人娘が命を引き換えに盲目の父の目を見えるようにするという，親孝行（효도）に関する物語である．映画『서편제』（西便制）の最後のクライマックス，1時間40分あたりから，『沈清伝』のパンソリが聞ける．現代の韓国語の랩（ラップ）とも一脈通ずるところでもある．

6a

練習問題 6a

1. 次の日本語を韓国語に訳しなさい.

1.1. 母さんは四六時中(←座っても立っても), 姉さんの心配ばかりです.

1.2. 眠っているときも起きているときも, 火の用心. 消えた火も, もう一度見よう.

1.3. SNSに広告は出しても出さなくても結果は解ってますよ. 商品がまず良くないと.

1.4. (試験場の規則について先生が説明する)
試験場にタブレットや携帯は持って行かないでください. 指定された席以外の席には座らずにですね, 食べ物の持ち込み禁止という規則も覚えてください.

1.5. 店がこんなに汚くては商売がうまくいくはずがない.

1.6. 野党がこんなに協力を途中で止めたら(←協力をしていてやめたら), 国政の運営は難しくなります.

1.7. もう少し資料を調査しないといけないと思い, 論文を書くのを(途中で)やめた(←論文を書いていて止めた).

1.8. いくらいい話でも親が怒りながら話したのでは, 子供に話さない方がましだ.

1.9. 父は, いつも夜明けに山へ行くと言う. 私にも早く起きて, 一緒に行こうと言った(←おっしゃった:尊敬語で). なぜ夜明けに行くのかと訊いてみた(←お伺いしてみた). 夜明けに行く人がどこにいるのかと, 暗くて危なくないかと, 私はぶつくさ言った. 山の頂上に登った瞬間, 私を迎えるのは燦爛と昇る太陽だと教えてくれなかった.

練習問題 6a

2. 次の日本語を韓国語に訳しなさい.

2.1.

（中華料理のチラシを熱心に見ているソグに）

チス：好きなら好きって言ってください. 言わないと解るわけないじゃないですか.

ソグ：はい, 私, チスさんが好きです.

チス：え? 何の話ですか? 私はチャジャンメンのこと言ったんですけど?

2.2.

（自分の姉を心配して助言する）

チウン：姉さん, 食べ過ぎてるんじゃない? ダイエットしてるって言ったでしょ?

なんでダイエットしててやめるの?

ダイエットしててやめるなら, しない方がましだよ.

こんなに早くやめるなんて思わなかった.

姉：（笑って）やっててやめるんじゃないよ.

食べるのは食べるってことで.

肉は運動で落とすってことで.

2.3.

(スギョンの英語の実力を職場の同僚たちが褒める）

トンフン：スギョンさんがこんなに英語が上手だとは知りませんでした.

スギョン：いいえ. 生活英語だけやっとできるんですよ.

ミンジ：私もスギョンさんが外国で暮らしてたんだと思った.

ヨンヒ：私は在米の韓国人だと思って, 最初は英語で話しかけましたよ.

スギョン：私もこの年まで海外に一度も行けないとは, 夢にも思いませんでしたよ.

6b 학수고대

ポイント♦接尾辞-더-を持つ諸形．四字熟語

01	그 때 준호와 요코가 먹을 것을 푸짐히 들고 들어온다.	
02	석우	드디어 오셨군요. 〈학수고대〉하고 있었습니다.
03	준호	(웃으며) 야아, 석우 씨 〈사면초가〉시던데요.
04	석우	〈사면초가〉 라니요.
05		유아 씨가 호기심이 많은 데다가 공부에 열심이셔서 즐거운 시간이었습니다.
06	유아	아니에요. 제가 열심이기는 커녕 너무 몰라서 오히려 죄송하죠.
07	지은	(웃으며) 우리 유아 씨는 끝내 겸손하시군요.
08	요코	제가 듣자 하니 어버이날 연극 준비 중이시라구요?
09		여러분들을 위해 〈살신성인〉의 마음으로 준호 씨랑 먹을 걸 좀 사 가지고 왔습니다.

10	준호	어떻게 요코 씨랑 마음이 통했더라구요.
11		〈이심전심〉이라고 저도 여러분께 한턱내려고 했었거든요.
12	석우	아니, 〈팔방미인〉인 요코 씨가 와 주시는 것만으로도 〈감지덕지〉인데 이런 〈진수성찬〉까지 다 사 오시고….
13		감사하기 이를 데 없습니다.
14	지은	오빠, 〈횡설수설〉하니까 〈화기애애〉한 분위기가 깨지잖아.
15	유아	(웃으며) 근데 오늘은 〈사자성어〉를 많이 쓰시네요. 다른 건 더 없어요?
16	준호	이런 건 어때요? 〈잔액조회〉, 〈통장정리〉, 〈비밀번호〉.
17	모두	(〈애매모호〉한 표정으로) 그건 좀….

01	そのとき, チュノと洋子が食べ物をいっぱいに抱えて入って来る.	
02	ソグ	ついにいらっしゃいましたね.〈鶴首苦待〉(かくしゅくたい)(鶴の首のように, 首を長くして待ちわびる)していました.
03	チュノ	(笑いながら)やあ, ソグさん〈四面楚歌〉(しめんそか)でしたね.
04	ソグ	〈四面楚歌〉だなんて.
05		ユアさんが好奇心旺盛(おうせい)な上に, 勉強熱心なので, 楽しい時間でした.
06	ユア	いえいえ, 私が熱心どころか, あまりにも知らないので, かえって申し訳ありません.
07	チウン	(笑って)我等(われら)がユアさんは最後までご謙遜(けんそん)ですね.
08	洋子	私が聞いたところでは, 父母の日の芝居(しばい)の準備中なんですって?
09		皆さんのために〈殺身成仁〉(さっしんせいじん)(身を殺して仁を成す)の気持ちでチュノさんと食べ物をちょっと買ってきました.
10	チュノ	うまいこと洋子さんと気持ちが通じてたんですよ.
11		〈以心傳心〉(以心伝心)(いしんでんしん)って言うけれど, 私も皆さんにおごろうと思ってたもんですからね.
12	ソグ	いや,〈八方美人〉(あらゆることに才のある人. 否定的な意味はない)の洋子さんが来てくださるだけでも,〈感之徳之〉(かんしとくし)(願ってもないことだ. ありがたがるさま)なのに, こんな〈珍羞盛饌〉(ちんしゅうせいせん)(大変なごちそう)まで買って来てくださって….
13		感謝しきれません.
14	チウン	お兄ちゃん,〈横説竪説〉(おうせつじゅせつ)(筋道だてずに話すこと. ちんぷんかんぷん. しどろもどろ)だから,〈和気藹藹〉(わきあいあい)な雰囲気が台無(だいな)しじゃない.
15	ユア	(笑いながら)ところで今日は〈四字熟語〉をたくさんお使いですね. 他にもっとありませんか.
16	チュノ	こんなのはどうですか.〈残高照会〉,〈通帳記入〉,〈暗証番号〉.
17	皆	(〈曖昧模糊〉(あいまいもこ)とした表情で)それはちょっと….

6b 単語

01	**먹을 것**	[머글껃]　**食べ物.** 음식は一般に広く「食べ物」. 먹을 것は特定の状況における「食べ物」「食べるもの」. 한국 음식을 좋아하세요? 韓国の食べ物はお好きですか? 뭐야, 냉장고에 먹을 게 하나도 없네 何だ, 冷蔵庫に食べるもんが全然ないな
	푸짐히	(食べ物などを)**たくさん. たっぷり.** 푸짐하다(たっぷりだ. 充分だ)は하다形容詞. こうした하다形容詞の하다を-히にして造る副詞や副詞形は깨끗하다>깨끗히, 조용하다>조용히など多い. 많이 배고팠을 텐데 푸짐히 차렸으니 많이 드세요 ずいぶんお腹(なか)が空(す)いているでしょう, たくさん作っておきましたから, たんと召し上がれ
	들다	**持つ. 持ち上げる.** 들다は, 自動詞で「(よく)切れる」「入る」「(年を)とる」「(金が)かかる」「入る」, 他動詞で「(酒などを)飲む」などの同音異義語が多い. 이 칼이 잘 들어 このナイフ, よく切れる. 리모델링하는 데 돈이 많이 들었다 リフォームするのに, お金がずいぶんかかった. 무거워 보여. 그 가방 내가 좀 들어 줄까? 重そうだね. そのかばん私が持ってあげようか? 나이가 하나도 안 들어 보여요 全然年取って見えません. 고생했는데 술 한잔 들지 苦労したんだし, 一杯飲みなさい
	들어오다	**入って来る.** 들어가다 入っていく→5b文法. 그때 문이 열리고 누가 들어왔다 その時ドアが開いて, 誰かが入って来た. 옷을 찾으러 누나 방엘 들어갔다 服を探しに姉の部屋に入った
02	**드디어**	**いよいよ. ついに**
	학수고대	〈鶴首苦待〉**首を長くして待つこと**→語彙
03	**사면초가**	〈四面楚歌〉**四面楚歌**(しめんそか)→語彙
05	**호기심**	〈好奇心〉**好奇心.** 호기심이 많다 好奇心旺盛だ
	열심이다	〈熱心-〉　**熱心だ.** この-이다は指定詞. なお「熱心だ」を열심하다とは言わない. 열심히は副詞で「熱心に」
06	**열심이기는 커녕**	〈熱心-〉**熱心どころか.** Ⅰ-기는 커녕→表現
	오히려	**むしろ. かえって.** 삼시 세끼 잘 챙겨 먹으면 오히려 살이 빠진다고 한다 三度の食事をきちんと食べれば, かえってダイエットになるという

6b

07	끝내	**最後まで. 始終. とうとう. 結局.** 끝끝내とも. 끝끝내 그는 돌아오지 않았다. とうとう彼は帰ってこなかった
	겸손하다	〈謙遜-〉 **謙遜だ.** 겸손하시군요 ご謙遜なさって/控(ひか)えめでいらっしゃるんですね(←ご謙遜でいらっしゃいますね)
08	듣자 하니	**聞くところによると.** Ⅰ-자 하니→表現
	준비 중이시라고요?	**準備中なんですって?** 引用再確認法→3b文法
09	-을 위해	**…のために.** 体言+-을/를 위해/위하여/위해서 …のために . 目的を表す. 連体形「…のために」は「위한」. 用言を用いた「…するために」は, 〈Ⅰ-기 위해〉〈Ⅰ-기 위하여〉〈Ⅰ-기 위해서〉. 여러분을 위해 皆さんのために. 여러분을 만나기 위해 皆さんに会うために
	살신성인	〈殺身成仁〉 **良いことのために身を犠牲にすること**→語彙
10	통하다	**通じる. 通る.** 통했더라구요 通じていたんですよ→文法. 마음이 통했어요 気持ちが通じました. 과장님한테 그런 변명이 통할 것 같아요? 課長にそんな言い訳が通じると思ってるんですか
11	이심전심	〈以心傳心〉 **以心伝心**→語彙
	한턱내다	**おごる. ごちそうする.** 「おごってもらった」は, 형이 한턱냈다(兄がおごってくれた), 점심은 과장님이 사 주셨다(お昼は課長が出してくださった), 식사 대접을 받았다(食事のもてなしを受けた)などのように言う. 〈Ⅱ-려고 하다〉〈…しようとする〉. 한턱내려고 했다 おごろうとした
12	팔방미인	〈八方美人〉 **何事にも秀(ひい)でた人.** 日本語とは意味が異なる→語彙
	감지덕지	〈感之德之〉(かんしとくし) **身に余るありがたさ**→語彙
	진수성찬	〈珍羞盛饌〉(ちんしゅうせいせん) **大変なごちそう**→語彙

13	이르다	[他動詞]이르다. 言う. 称する. 言いつける. 言い聞かせる. 諭(さと)す. Ⅱ이르, Ⅲ일러. 르変格. 옛 성인이 이르기를 "학이시습지면 불역열호아(學而時習之면 不亦說乎아)"라 古の聖人曰く, 学びて時に之(これ)を習(なら)う, 亦(ま)た説(よろこば)しからずやと＝学んで時にこれを繰り返し身につける. これもまた楽しいことだと. 선생님한테 일렀어 先生に言いつけた. 태영이한테 그러면 안 된다고 잘 일러 줘야 돼 テヨンにそんなことしちゃだめだって, よく言い聞かせなきゃだめだよ. 〈이를 데 없다〉〈…することこの上ない〉 기쁘기 이를 데 없다 嬉しいことこの上ない. →表現 [形容詞]이르다. 早い. Ⅲ일러. 르変格. 自動詞と区別せよ. 학교 가기엔 시간이 너무 일러 学校に行くには時間がまだ早すぎるよ [自動詞]이르다. 至る. Ⅲは이르러. 러変格. 自動詞の이르다(至る)は, 上の他動詞と形容詞の辞書形이르다と同様, 第Ⅰ語基, 第Ⅱ語基は이르だが, 第Ⅲ語基が이르러と異なる러変格なので要注意. 결론에 이르기까지 많은 토론을 거쳤다 結論に至るまで, 多くの討論を経た. 차로 세 시간을 달려 목적지에 이르렀다 車で3時間走って目的地に達した 러変格は他に푸르다(青い. Ⅲ푸르러)と누르다(黄色い. Ⅲ누르러)しかない. 토론은 새벽에까지 이르렀다 討論は朝方まで行われた
14	횡설수설	〈橫說竪說〉 しどろもどろ. ちんぷんかんぷん→語彙
	화기애애	〈和氣靄靄〉 和気あいあい→語彙
	깨지다	(硬いものが)割れる. 壊れる. 분위기가 깨졌다 雰囲気が台無しだ. 잘못 떨어뜨려서 스마트폰 화면이 깨졌다 間違って落として, スマートフォンの画面が割れた. 그 사건으로 양국의 동맹은 깨졌다 その事件で両国の同盟は壊れた
15	사자성어	〈四字成語〉 四字熟語. 4文字の故事成語→語彙. 고사성어〈故事成語〉故事成語→語彙
16	잔액조회	〈殘額照會〉 残高照会. 「振り込み」は日本語と異なり, 계좌이체と言う
	통장정리	〈通帳整理〉 通帳記入. 記帳
	비밀번호	〈秘密番號〉 暗証番号. しばしば短縮形で비번とも
17	애매모호	〈曖昧模糊〉 曖昧模糊(あいまいもこ)→語彙
	표정	〈表情〉 表情. 그는 애매한 표정을 지었다 彼は曖昧な表情を作った←표정을 짓다 表情を作る. 表情になる

6b

6b 表現

06● 하기는 커녕 Ⅰ-기는 커녕 …するどころか [後件強調のための前件否定]

Ⅰ-기を用いて用言を名詞化し,〈**Ⅰ-기는 커녕**〉〈**…するどころか**〉〈**…するはおろか**〉. 後件を浮かび上がらせるために, 体言や用言で表される前件を, 否定する. 多くは前件より後件がさらに状態などがひどいことを表す.〈Ⅱ-ㄴ 적이 없다〉〈…したことがない〉が好んで後続する.〈**体言+-은/는 커녕**〉〈**…どころか**〉〈**…はおろか**〉:

언니는 잠을 안 자도 얼굴이 **푸석거리기는 커녕** 반질반질 윤기가 흘렀다.

お姉さんは寝てなくても顔が**ぱさつくどころか,** なめらかにつやが出ていた.

싸움을 **말리기는 커녕** 부추기고 있으면 어떡해?

喧嘩を**やめさせるどころか**, 逆に煽(あお)り立ててどうするの?

그 사람을 **만나기는 커녕** 전화 통화도 해 본 적이 없어요.

その人には**会うどころか,** 電話さえしたことがありません.

열심히 하고 있는데 **응원은 커녕** 그렇게 비난은 하지 말아 주세요.

がんばってるのに, **応援はしないまでも**, そんな非難はやめてください.

● 体言+-은/는 고사하고 …はさておき. …どころか [後件否定のための前件否定]
用言の連体形+것은/건 고사하고 …するのはさておき.

고사하다〈姑捨-〉は〈さておく. さしおく. 除いておく〉の意の動詞. 漢文において, この「姑捨」(こしゃ)の「姑」は「しゅうとめ」の意で用いられているのではなく,「姑(しばら)ク」と訓読する「しばらく. ひとまず」の意の副詞. ゆえに姑捨は「しばし捨てて, 脇に置いておく」の意. 고사하다の終止形では用いない.〈体言+-은/는 고사하고〉〈**…はさておき. …はおろか. …どころか**〉という接続形での組み合わせで1つの後置詞のように用いられる. 上の〈Ⅰ-기는 커녕〉はよりカジュアルな場面で用いる:

일본어는 한자가 중요해.

— **한자는 고사하고** (=한자는 커녕) 히라가나도 아직 못 외우고 있어요.

日本語は漢字が肝心だよ. ――**漢字どころか**, ひらがなさえもまだ覚えられません.

처음 운동을 시작했을 때는 **뛰는 건 고사하고** 걷는 것도 힘들었어요.

運動を始めたばかりの時は, **走るのはおろか**, 歩くことさえしんどかったです.

고사하다〈姑捨-〉は同音異義語に, 他動詞の**고사하다**〈固辭-〉〈固辞する. かたく断る〉や自動詞の**고사하다**〈枯死-〉〈(樹木などが)枯れてしまう〉があるので注意:

위원회가 추천했는데 그녀는 수상을 **고사했다.**

委員会の推薦だったが, 彼女は受賞を**固辞した.**

오염이 심해 나무도 다 **고사할 겁니다.**

汚染がひどく, 木もみな**枯れてしまうでしょう.**

08● 하자 하니 **Ⅰ-자 하니 …していると. …しようとすると [評価への契機]**

〈**Ⅰ-자　하니**〉は〈**Ⅰ-자니**〉とも言う. 하자(…しよう)+하다(…とする. …と言う)の引用構造が, 契機を表す接続形Ⅱ-니の形をとったもの.「보자 하니」(見たところでは)や「듣자 듣자 하니」(黙って聞いていれば),「보자 보자 하니」(黙って見てりゃ)などの形で好んで用いられる. 後件には主に話し手の評価を交えた, 新しく発見したことがらが述べられる:

듣자 하니 그 두 사람이 사내 커플이 됐다며?

聞くところによると, あの二人が社内カップルになったんだって?

이 엄동설한에 방을 빼라니요. **보자 보자 하니** 정말 너무하네요.

こんな厳しい寒さの中, 部屋を明け渡せなんて. **黙ってみてりゃ,** (言うことが)ほんとひどいですね.

동생들에게 카페에서 **브런치하자 하니** 너무 좋아합니다.

妹たちにカフェで**ブランチしようと言ったら,** とても喜んでいます.

아내 편을 들자니 어머님이 걸리고 **어머님 편을 들자니** 아내가 걸리네요.

妻の味方になろうとすると, お母さんが気になり, **お母さんの肩を持とうとすると,** 妻のことが気になります.

09● 해 가지고 III 가지고 …してそれでもって. …するもんだから [用言の緩衝表現]

「사 가지고」,「와 가지고」のように用言の〈III 가지고〉は, **III-서の用言の負担を減らす緩衝表現**として働く. III-서と同様, 原因や動作の先行, ことがらの並列などの意になる. 文法書や教材では注目されないことが多いが, 話しことばでは大変多く用いられている:

먹을 걸 좀 **싸 가지고** 왔거든요(≒싸서 왔습니다).

食べるものをちょっと**用意して**来ました. (싸다は「包む」. 食べ物を(ひと包みほど)用意してきた意)

빨리 마트에 **가 가지고** (≒가서) 두부 한 모만 사 와.

早くマートに**行ってさ**, 豆腐一丁だけ買って来て.

가방이 너무 **무거워 가지고**(≒무거워서) 컴퓨터는 안 가지고 왔어요.

かばんが**重いもんだから**, パソコンは持って来ていません.

카페에 사람이 **너무 많아 가지고**(≒많아서) 앉을 자리도 없어요.

カフェに人が**多すぎちゃって**, 座るとこもありませんよ.

13● 하기 이를 데 없다 I -기 이를 데 없다 …するに極まりない. …することこの上ない [至上](しじょう)

〈**I -기 이를 데 없다**〉の이를は**이르다**(言う. 称する)のII-ㄹ連体形で, 逐語訳すると,〈…すること言うところなし〉の意. この上ないほどに満たされ, 言いようがない様子を表す. 主に硬い書きことばで用いられる.〈I -기 이를 데 없이〉〈…することこの上なく〉のように副詞的にも用いる:

사업에 실패한 후 그녀의 처지가 **안타깝기 이를 데 없었다.**

事業に失敗した後, 彼女の境遇が**気の毒でたまらなかった.**

이번 사진전의 작품은 **화려하기 이를 데 없으나** 신선함은 부족하다.

今回の写真展の作品は, **派手さは極まることを知らないものの**, 新鮮さは足りない.

아름답기 이를 데 없는 여왕의 자태에 탄성이 흘러나왔다.

美しいことこの上ない女王の姿に, 歓声が沸き起こった.

함박눈이 내리기 시작하고 우리는 **이를 데 없이** 완벽한 크리스마스를 맞이했다.

ぼたん雪が降り始め, 私たちは**この上なく**完璧なクリスマスを迎えた.

● **하기 그지없다** **Ⅰ-기 그지없다 …することに極まりない，限りがない [至上]**

〈Ⅰ-기 이를 데 없다〉に比べ，書きことばで主によく用いられる：

모든 동그라미와 세모 네모가 이 그림 안에서 **조화롭기 그지없다.**

すべての丸，三角，四角がこの絵の中で**調和を成して極まるところを知らない.**

슬프기 그지없는 얘기에 하염없이 눈물을 흘렸다.

哀しさ極まりない話に，とめどなく涙を流した.

치크 메이크업을 완성시킨 효리 언니는 **사랑스럽기 그지없었다.**

チークの（新しい）化粧（法）を完成させたヒョリ（歌手名）さんは，**愛らしさ極まりなかった.**

● **하기 짝이 없다** **Ⅰ-기 짝이 없다. …するのに極まりない. …くてたまらない [話しことばの至上]**

カジュアルな話しことばで主によく用いられる：

동생의 짓궂은 장난에 친구들 앞에서 **부끄럽기 짝이 없었다.**

弟の意地悪ないたずらに友人たちの前で**恥ずかしくてたまらなかった.**

계곡의 물 흐르는 소리만 들어도 **시원하기 짝이 없다.**

渓谷の水が流れる音だけでも**涼しい限りだ.**

6b 文法

体験, 目撃の接尾辞-더-を持つ諸形

1. 接尾辞-더-を持つ文法的な形＝〈話し手が過去に目撃した〉

接尾辞-더-を持つ文法的な形がいくつかある. この接尾辞はもともと, **過去の〈体験〉**や**〈目撃〉**を示す体験法の形である. 接続形としてはⅠ-더니とⅠ-던데(→3b表現05), 終止形としてはⅠ-더라とⅠ-던데요, Ⅰ-더라구요, などが主なものである.

① **-더-は〈話し手が過去に体験, 目撃した〉という性質を持つ.**

② 体験したことがらは**聞き手や第三者のこと**がほとんどである.

수민이는 요즘에 굉장히 **바쁘더라.**

スミンが近頃とても**忙しかったな.**

③ 話し手自身についてのことにはあまり用いない. 話し手自身について用いる場合は, 自分のことを**他人事**(たにんごと)**のように客観視して眺める述べ方**となる. こうした性格により, 自分のこと, 自分の考えなどを述べる際に, ストレートに言わず, 他人事のように言う, 緩衝表現(かんしょうひょうげん)として多用される.

저는 여름엔 시원한 냉면이 **좋더라구요.**

私は夏にはすかっとする冷麺が**好きなんですよ.**

④ **持続的, 反復的なことがら**について用いる.

아빠는 매일 그 노래만 **듣던데요.**

父さんは毎日あの歌ばかり聞いてたんですよ.

①-④は-더-を有する諸形に共通した性質である. -더-を持つ文法的な形を整理しよう.

2. -더-を持つ体験法接続形 Ⅰ-더니/Ⅰ-던데

-더の性質に, 接続形語尾-니(…すると), -는데(…するが)の文法的な働きが加わる.

2.1. 하더니 Ⅰ-더니 …していて. …していたら. …していたと思ったら [体験法. 過去への対比]

〈Aしていて/していたと思ったら, 今はBしている〉という述べ方となる:

前件	後件
아침부터 봄비가 내리더니	꽃이 활짝 피었다.
朝から春雨が降ってると思ったら	花がぱあっと咲いた

-더-に契機を表すⅡ-니が結合した接続形. Ⅰ-더니の前件は持続的, 反復的なことがらが主である. 後件についての前提や後件と対立的なことがらを述べる. 後件は,〈**話し手が今見ると, そうなっている**〉ことを述べる. 後件には①**未来**のこと, ②**推量**して言うこと, ③**命令形や勧誘形, これら①②③を用いることができない.** 要するに〈まだそうではない〉という未然的なことは後続できず, **後件には〈すでにそうなっている〉という既然的なことがらのみ**が立つ. 後件に対する**対立**や**前提**を表す. なおⅢ-ㅆ더니は〈…**していたら**〉の意となる:

수지는 어렸을 때부터 노래를 **좋아하더니** 드디어 케이팝 스타가 됐구나!
スジは小さいときから歌が**好きだと思ったら**, とうとうK-POPのスターになっちゃったんだなあ!

그 어린 제자는《천자문》을 즐겨 **읽더니** 급기야 다 외워 버렸다.
あの幼い弟子は『千字文』を好んで**読んでいて**, とうとう皆覚えてしまった.

정부는 위험한 정책만 **표명하더니** 이제는 전쟁을 일으키려고 하고 있다.
政府は危険な政策ばかり**表明していて**, 今や戦争を起こそうとしている.

공부의 요령을 **가르쳐 줬더니** 금세 성적이 올랐다.
勉強の要領を**教えてやったら**, すぐに成績が上がった.

한다体終止形の後ろについて引用形を造るのにも多用される:

다이어트한다더니 언제부터 하는 거야?
ダイエットするって言ってて, いつからするの?

6b

2.2. 하던데 Ⅰ-던데 …していたのだが. …していたけれど [体験法. 過去の状況認定]

-더-に前提を表すⅡ-ㄴ데が結合した接続形. 前提を表す前件は, 持続的, 反復的なことがらが主である. **Ⅰ-던데の後件は〈未(いま)だそうなっていない〉という未然的なことがらがよく表れる. 疑問形や勧誘形, 命令形も可能である. 後件に対する前提を表す:**

前件	後件
밖에 비가 많이 내리던데	**우산은 가지고 왔니?**
外は雨がたくさん降ってたけど	傘は持って来たの?

너 아까부터 자꾸 전화하러 **나가던데** 무슨 일 있니?

あんたさっきからしょっちゅう電話しに**出てたけど**, なんかあったの?

《천자문》을 즐겨 **읽던데** 이제 슬슬《논어》도 같이 읽어 보자.

『千字文』を好んで**読んでいたが**, もうそろそろ『論語』も一緒に読んでみよう.

난 이 펜이 **쓰기 좋던데** 너도 한번 써 봐.

私はこのペンが**書きやすかったけど**, あんたもちょっと書いてみて.

3. -더-を持つ体験法終止形 Ⅰ-던데(요), Ⅰ-더라, Ⅰ-더라고(요)

-더の性質に, 語尾-는데요(…するが), -라(…だ), -라고요(…ですって)の文法的な働きが加味される.

3.1. 하던데요 Ⅰ-던데(요) …して(まし)たけど …だったけど. …でしたけど [体験法]

終止形にも Ⅰ-던데(요)がある. こちらは〈…してましたけど〉〈…してましたけど?〉のように, 報告後に**余韻を残して, 相手の反応を待つ機能**を持つ. 語尾-ㄴ데が前提を表す形なので, 前提や契機を述べ, その反応として聞き手にことがらを想起させる働きをする:

서울은 어땠어?——서울도 날씨는 엄청 **춥던데?**

ソウルはどうだった?——ソウルもめちゃくちゃ**寒かったけど?** (知ってた?)

유아 씨는 매운 걸 아주 잘 **먹던데요.**

ユアさんは辛いものを, とってもよく**食べてましたよ.** (知ってた?)

윤희는 화실에서 그림 **그리고 있던데요?**

ユニは画室で絵を**描いてましたけど?** (それが何か?)

3.2. 하더라 Ⅰ-더라 …していたよ. …だったよ [体験法]

接尾辞Ⅰ-더-を持つ, 非敬意体の最も基本的な終止形はⅠ-더라である. 語尾が-다ではなく-**라**となってできている. ちなみに指定詞-이다も15世紀など古くは語尾の形が-이라であった. 用言は品詞を問わずⅠ-더라.

① 〈…**していたよ**〉〈…**だったよ**〉という, 聞き手の知らないであろう, **過去の体験, 目撃したことがらを聞き手に報告する.**

② Ⅰ-더-の過去の体験という性質がそのまま生きている終止形である. 感嘆的な気持ちも表せる.

③ 目撃法, 回想法, 報告法など, いくつかの名称で呼ばれているが, これらの機能を併せ持つと思えばよい.

④ 末尾のイントネーションを上げて, 相手の反応を待つ働きも有する:

밖에 눈이 많이 **오더라**. 밖에 나갈 때 미끄러지지 않게 조심해.
外は雪がかなり**降ってたよ**. 外に出るとき, 滑らないように気をつけて.

어, 참외네. 난 과일 중에 이게 제일 **좋더라**.
お, まくわうりだね. 俺は果物のうちでこれが一番**好きなんだよなー**.
(自分の体験としてずっと好きだった)

오늘 뮤지컬, 마지막의 3막은 진짜 **압권이더라**.
今日のミュージカル, 最後の3幕はほんとに**圧巻だったよ**.

3.3. 하더라고(요) Ⅰ-더라고(요). …してい(まし)たよ. …だったよ. …でしたよ [体験法]

Ⅰ-더라と同様に, **Ⅰ-더라고〈…してたんだってば. …してたよ〉**も, ソウルことばの해体にあたる非敬意体である. -더라と-더라고の敬意体には**Ⅰ-더라고요〈…してましたよ〉**が多用されている.

Ⅰ-더라고は終止形Ⅰ-더라にさらに接続形語尾-고をつけた**引用形の構造**である. けれども引用という機能は薄れ, 事実上, **Ⅰ-더라をより強調する**形として使われている. **聞き手は知らないだろうという前提で, 初めて語る内容について用いる.** 引用形であることを利用して, Ⅰ-더라고は**まるで他人事のように自分の体験を述べる**. 引用再確認法(→ep.3b)がそうだったように, **引用形が新たな機能を獲得している**わけである.

標準語形は하더라고, 하더라고요だが, ソウルことばでは多く[하더라구], [하더라구여]と発音される. 고は発音通り하더라구, 하더라구요と書かれることも:

6b

일본 여행은 어땠어?——맛있는 게 많아서 정말 **신나더라구요.**

日本への旅はどうだった?——おいしいものが多くて,ほんとに**楽しかったですよ.**

그 행사장에 가 보니까 정 대표도 **있더라구.**

その行事のところに行ってみたら,鄭代表も**いたよ.**

토요일이라서 그런지 사람이 무지무지하게 **많더라고요.**

土曜日だからか,人がめちゃくちゃ**多かったですよ.**

3.4. 했더라 Ⅲ-ㅆ더- …してしまっていた [大過去体験法接尾辞].
하겠더라 Ⅰ-겠더- …しそうだった [現場判断体験法接尾辞]

接尾辞Ⅰ-더-を持つ全ての形は,過去のある時点で〈…していた〉ことを語るものであった. -더-の前に過去接尾辞Ⅲ-ㅆ-を加えると,結合形Ⅲ-ㅆ더-となる. **過去のある時点では動作が終了,完成して,〈既に…していた〉〈もう…であった〉ことを表す.**

また,現場判断の接尾辞Ⅰ-겠-を加えたⅠ-겠더-という結合形も造ることができる.過去のある現場の時点で**〈…しそうだった〉〈まさに…そうだった〉**の意となる.

他の接尾辞と結合した形を下記で見てみよう.終止形はそれぞれ Ⅲ-ㅆ더라(구요), Ⅰ-겠더라(구요)などとなる:

민 변 결혼식에는 박 차장도 **왔더라.**

閔弁護士の結婚式には朴次長も**来てたよ.**

보니까 둘이 결혼하면 잘 **살겠더라구요.**

(2人を)見ていると,2人が結婚したら,いい感じに**暮らしていけそうでしたよ.**

-더라と過去Ⅲ-ㅆ-と現場判断Ⅰ-겠-,尊敬のⅡ-시-など接尾辞を組み合わせる順序は,以下の通りである:

Ⅰ-더-	…していたよ	가더라	가던데
Ⅰ-겠더-	…しそうだったよ	가겠더라	가겠던데
Ⅲ-ㅆ더-	…してしまっていたよ	갔더라	갔던데
Ⅲ-ㅆ겠더-	…しちゃったみたいだったよ	갔겠더라	갔겠던데
Ⅲ-셨겠더-	…なさっちゃったみたいだったよ	가셨겠더라	가셨겠던데

Ⅱ-시더-	…なさっていたよ	가시더라	가시던데
Ⅱ-시겠더-	…なさりそうだったよ	가시겠더라	가시겠던데
Ⅲ-셨더-	…なさってしまっていたよ	가셨더라	가셨던데
Ⅲ-셨겠더-	…なさっちゃったみたいだったよ	가셨겠더라	가셨겠던데

*-더-は第Ⅰ語基につくので, Ⅲ-ㅆ-やⅠ-겠-にそのままついている. Ⅲ-ㅆ으-やⅠ-겠어-など, 第Ⅱ語基や第Ⅲ語基についていないことを確認しよう.

어제 김 선생님을 10년만에 뵀는데 하나도 **변하지 않으셨더라고요.**

昨日, 金先生に10年ぶりにお目にかかったんだけど, 一つも**お変わりありませんでした.**

충식 씨는 알고 보니 의사 **집안이었더라구요.**

チュンシクさんは, 後で知ったんだけど, 医者の**家系だったんですよ.**

어렸을 때부터 아주 **잘 살았겠더라구요.**

子供の時からとっても**いい暮らしをしていそうでしたよ.**

なお, -더-を持つ連体形には, **Ⅰ-던, Ⅲ-ㅆ던**がある→2b文法

以上の体験法に共通している性格のうち, 聞き手は知らないであろうことを話し手が報告するという前提がある. **聞き手は当然知らないであろうと, 話し手が判断している**ことも, 聞き手に伝わるわけで, 場合によっては聞き手を軽んじることにもなるので, 注意:

한국에서는 한글이라는 문자를 **사용하더라구요.**
— 알고 있거든요.

韓国ではハングルという文字を**使ってました**よ.
— 知ってますけど.

6b

6b 語彙 본문의 사자성어 本文の四字熟語

●고사성어〈故事成語〉, そして사자성어〈四字熟語〉

古くにあった出来事や昔から今に伝わる, 中国や朝鮮の故事, 古典などをもとにしてできたことばを故事成語と言う. そのうち漢字語の4文字でできたものが四字熟語である. 韓国語において四字熟語は会話の中でも多用される. 本文で用いられた四字熟語は, 会話でも使用頻度が高いものである. 大いに習熟したい.

a03	오매불망	〈寤寐不忘〉	[名詞·副詞] 寝ても覚めても忘れない
a08	선견지명	〈先見之明〉	せんけんのめい. 将来のことを見抜く知恵
	단도직입	〈單刀直入〉	あれこれ言わず, すぐに本論にはいること
	권선징악	〈勸善懲惡〉	善を勧め, 悪を懲(こ)らしめる
a12	동문서답	〈東問西答〉	的はずれな答え
a17	인과응보	〈因果應報〉	現世の善悪で来世の幸不幸が決まる
a18	거두절미	〈去頭截尾〉	頭を去(のぞ)き, 尾を截(た)つ. 前後の細かいことを除いて, 要点のみを言うこと. 거두절미하고 요점만 말하겠다 単刀直入に要点だけを言おう
b02	학수고대	〈鶴首苦待〉	鶴の首のように, 首を長くして待ちわびる
b03	사면초가	〈四面楚歌〉	しめんそか. 周囲を敵に囲まれること. 楚(そ)の項羽(こうう 紀元前232-紀元前202)の垓下(がいか)の戦いの故事から
b09	살신성인	〈殺身成仁〉	身を殺して仁(じん)を成す. 正しいことのために, 自分を犠牲にする
b11	이심전심	〈以心傳心〉	以心伝心(いしんでんしん). 心を以(もっ)て心を伝える
b12	팔방미인	〈八方美人〉	何事にも秀(ひい)でた人. 日本語の「八方美人」とは異なる
	감지덕지	〈感之德之〉	之(これ)に感じ, 之(これ)を徳(とく)とす. 身に余るありがたさ
	진수성찬	〈珍羞盛饌〉	大変なごちそう
b14	횡설수설	〈橫說竪說〉	筋道(すじみち)立てずに話すこと. ちんぷんかんぷん. しどろもどろ
	화기애애	〈和氣靄靄〉	わきあいあい. なごやかな様子
b17	애매모호	〈曖昧模糊〉	あやふやではっきりしないこと

四字熟語の園

日本語と共通する四字熟語も多く, また韓国語独自のものもある. 比べてみよう. -이다や -하다などをつけて用いられている.

●각자도생〈各自圖生〉

各自生(せい)を図(はか)る. おのおのが生きる方策を考える. 이제 각자도생이야, 파이팅해야지. もうそれぞれで生きのびよう, ファイト!

●감언이설〈甘言利說〉

甘言(かんげん), 説(せつ)を利(むさぼ)る. 甘言, 利が説(と)く. 相手の気に入るような甘いことば. 口車(くちぐるま). 감언이설에 넘어갔다 甘い口車に乗せられた

●감개무량〈感慨無量〉

感慨無量(かんがいむりょう). 30년만에 고국에 돌아오니 감개무량이었다 30年ぶりに故国(ここく)に来て, 感慨無量であった.

●개과천선〈改過遷善〉

過(あやま)ちを改め, 善に遷(か)える. 悔(く)い改め, 善を遷(うつ)す. 過去の過ちを正し, 悔い改めること. 개과천선의 기회를 얻었다 悔い改める機会を得た

●금상첨화〈錦上添花〉

錦上(きんじょう)に花を添える. 비단(緋緞) 위에 꽃을 더한다 の意. 美しいものにさらに美しいものを加える. 錦(にしき)は金の織物の意で, 金, 銀, 色糸(いろいと)を織り込んだ美しい絹織物(きぬおりもの)

●금시초문〈今始初聞/今時初聞〉

今初めて聞くことだ. 그 얘기는 금시초문인데? その話は初めて聞くな

●남가일몽〈南柯一夢〉

南柯(なんか)の一夢(いちむ). 南柯の一睡(いっすい). 酔って眠り, 南柯で栄華(えいが)を誇った夢を見た唐代(とうだい)の故事から. 儚(はかな)いことの譬(たと)え

●녹의홍상〈綠衣紅裳〉

緑の衣に赤いスカート. 연두저고리와 다홍치마(緑のチョゴリと赤いチマ). 若い女性の美しい着姿. パンソリの『백구가』(白鷗歌 はくおうか)に見える

●대동소이〈大同小異〉

大同小異(だいどうしょうい)=似たようなもの. 효과는 두 개 다 대동소이하죠 効果は2つとも大同小異ですよ

6b

●독수공방〈獨守空房〉

夫婦が互いに死別したり別れたりするなどで, 配偶者なしで一人過ごすことを言う

●동병상련〈同病相憐〉

同病, 相(あい)憐(あわ)れむ. 同じ苦しみを抱くものは, 互いにいたわり同情し合うものだ.

●동분서주〈東奔西走〉

東奔西走(とうほんせいそう). あちこち忙しく走り回る. 연말이라 사장님은 동분서주하고 있어요 年末で社長は東奔西走してますよ

●두문불출〈杜門不出〉

門を杜(ふさ)ぎ, 出(い)でず. 門を杜(とぎ)して出でず. 門を閉めて外へ出ない意. 唐代(とうだい)中期の白居易(はくきょい)(白楽天(はくらくてん), 772-864)の作「陶潛(とうせん)の体に効(なら)へる詩」の序に「余は(長安の東北の)渭上(いじょう)に退居し, 杜門不出(ともんふしゅつ)」とある. 朝鮮王朝では『太宗(たいそう)実録』, 4年9月26日の条(くだり)に「芳毅(ほうき), 太祖(たいそ)第三子, …晩以疾(ばんいしつ), 杜門不出」, つまり 「李芳毅(이방의)は太宗(태종, 1367-1422)の第3子であった. 晩年は疾(やまい)により, 家から出ることはなかった」とあるなど, 多く用いられている

●만수무강〈萬壽無疆〉

何の災いもなく, 長生きすること. 『시경』(詩經)に見える

●무용지물〈無用之物〉

使い道のないもの. 無用の長物(ちょうぶつ). 『荘子』(そうじ)に見える. 中国古典では他にも「民の膏血(こうけつ)を浚(さら)いて, 此(こ)の無用之物(むようのもの)を養う」(=民の血とあぶらをしぼりとって, この無用の兵を養うな)なども. このように〈○○之□〉という形で, 日本語では〈○○の□〉と読み慣わす単語がたくさんある. 동방예의지국〈東方禮儀之國〉「東方礼儀の国」, 선견지명〈先見之明〉「先見(せんけん)の明(めい)」, 호연지기〈浩然之氣〉「浩然(こうぜん)の気(き)」, 조강지처〈糟糠之妻〉「糟糠(そうこう)の妻」(貧しいときから連れ添い, 苦労を共にした妻), 부부지간〈夫婦之間〉「夫婦の間」, 궁여지책〈窮餘之策〉「窮余(きゅうよ)の策」, 타산지석〈他山之石〉「他山(たざん)の石」, など

●방방곡곡〈坊坊曲曲〉

全国至る所. 津々浦々(つつうらうら). 방방곡곡에=도처〈到處〉에(いたるところに).

●배은망덕〈背恩忘德〉

恩に背(そむ)き, 徳(とく)を忘る. 恩知らず. 忘恩(ぼうおん). 배은망덕도 유분수지. 니가 어떻게 그럴 수가 있어? 恩知らずもいいとこだよ. お前は何だってそういうことができるわけ?

●백년가약〈百年佳約〉

結婚し一生を共にする約束. 백년언약〈百年言約〉ということばもある

●사필귀정〈事必歸正〉

事, 必ず正しきに帰(き)す. 全ての事は必ずや正しい方に帰着する意. 〈모든 일은 반드시 바른 길로 돌아온다〉(全ての事は必ず正しい道へと帰る)

●세상만사〈世上萬事〉

世のあらゆること. 너무 슬퍼하지 마. 세상만사가 다 그렇지, 뭐. あんまり悲しまないで. 世の中のことって, みんなそんなものよ

●신신당부〈申申當付〉

重ねてねんごろに頼むこと. 아니 내가 그렇게 신신당부했는데 안 했다고? いや, あれほど頼んだのに, やってないって?

●아연실색〈啞然失色〉

思わぬことに色を失う. あっけにとられて, 顔色が変わる

●애이불비〈哀而不悲〉

哀(かな)しくして, 悲しまず. 哀しいのに, 悲しみを表さない. 哀しいけれども, 悲痛ではない. 歴史書『三国史記』(삼국사기)の雑志第一「楽」に見える. 楽聖(がくせい)(악성)と称(たた)えられる, 伽倻琴(かやきん)(가야금)を初めて創った于勒(うろく)(우륵)という楽士が, 十二の曲を作ったが, 于勒の3人の弟子たちがこれを改め五曲に作り替えた. 于勒は話を聞いて始めは怒ったものの, 五曲を聴くや, 「流涙歎曰, 樂而不流, 哀而不悲, 可謂正也」(涙を流して感激して言うことに, 楽しくして楽しさに流れてしまわず, 哀しくして悲しまない. これぞ正しいと謂(い)うべきである)と.

●오비이락〈烏飛梨落〉

烏(からす)飛び, 梨(なし)落(お)つ. 까마귀 날자 배 떨어진다는 뜻. 烏(까마귀)が飛び立つや, 偶然にも梨(배)が落ちるの意. たまたま同じ時に起きたことで, 疑われたり, 苦しい立場に立たされることを言う

●오월동주〈吳越同舟〉

呉越同舟(ごえつどうしゅう). 春秋戦国時代, 互いに敵対する呉(ご)の人と越(えつ)の人が同じ船に乗り合わせたが, 強風に巻き込まれ, 共に助け合わねばならなかった故事から. 仲が悪い者同士, あるいは敵味方(てきみかた)が同じ場に居合わせたり, 急場で助け合うこと. 『孫子』(손자. そんし)九地(구지)から. 其(そ)の相(あい)救(すく)うや, 左右の手の如(ごと)し(그 서로 구하는 것이 좌우의 손과 같다)と続く

●일석이조〈一石二鳥〉

〈돌 한 개를 던져 두 마리의 새를 잡는다〉. 石1つを投げ, 2羽の鳥を捕まえる. 일거양득〈一擧兩得〉一挙両得(いっきょりょうとく)

6b

●언감생심〈焉敢生心〉

焉(いずくん)ぞ敢(あ)えて心を生まん. どうして異心(いしん)を抱くようなことがありましょうか. 思ってもいないことの意.「焉」の訓は「いずくんぞ(イヅクンゾ)」, 音は「エン(ヱン)」で「どうして…しようか, いやしない」という反語に用いられる.「敢」の訓は「あえて(アヘテ)」で, 音は「カン(カム)」. 動詞の前でへりくだって,「せんえつながら」「失礼ながら」「立場もわきまえず」「恐れ多くも」の意. 언감생심, 그런 일은 꿈에도 생각해 본 적이 없어요. そんなこと, 思ってもいませんよ, そんなことは夢にも考えたことはありません

●주객전도〈主客顚倒〉

主客転倒(しゅかくてんとう). 主たるものと従であるもの, ことの軽重(けいちょう), 前後, 緩急(かんきゅう)などが入れ替わること

●천생연분〈天生緣分〉

天が定めた縁(えにし)

●함흥차사〈咸興差使〉

使いに行ったきり, 帰ってこない人. 梨(なし)のつぶて. 鉄砲玉. 朝鮮建国の太祖(태조)・李成桂(이성계, 1335-1408)の次男である第2代の李芳果(이방과)・定宗(정종, 1357-1419)が, 李成桂の5男の李芳遠(이방원)・太宗(1367-1422)に第3代となる王位を譲った後, 太祖・李成桂は怒って, 咸興(함흥：地名)に居(きょ)を遷(うつ)した. 太宗がいくら使いを送っても, 太宗を良しとしない太祖は, 使いを殺したり, 監禁するなどして, 使いが戻らなかった故事から. 심부름을 보낸 지가 언젠데 아직도 함흥차사예요? とっくのとうに使いにやったのに, 未だに戻って来ないんですか(←お使いに出したのがいつだったら, まだこんなに咸興の使いなんですか)? 李成桂が高麗から朝鮮建国への転機となった威化島回軍(かいぐん)(위화도회군)などを始め, 朝鮮王朝に発する故事も少なくない.

●호가호위〈狐假虎威〉

狐(きつね)虎(とら)の威(い)を仮(假)(か)る. 虎の威を借りるきつね. 남의 권세를 빌려 위세를 부림. 他人の権勢を借りて威勢(いせい)を振(ふ)るう.『戦国策』(せんごくさく 전국책)から. 호가호위한 권력의 앞잡이 虎の威を借りた, 権力の走狗(そうく)

●회자정리〈會者定離〉

会者定離(えしゃじょうり). 出会いし者は, 必ず別れる定めにある. 仏教からの単語

詩のことば

하늘은 날더러 구름이 되라 하고
땅은 날더러 바람이 되라 하네 (신경림)

天は私に雲になれと
地は私に風になれと

신경림〈申庚林〉「목계〈牧溪〉장터」より.
命令形の引用構造が用いられている.
申庚林(1934-2024)は解放後の詩人.
忠清北道충주〈忠州〉の生まれ. 東国大学校英文科卒.
1980年全斗煥(전두환 チョンドゥファン)政権下で獄中にも.
詩集に『農舞』(1973年)など多数.

申庚林詩人. 2012年7月, 明治学院大学における講演に招聘の際に. 著者撮影

練習問題 6b

1. 次の日本語を韓国語に訳しなさい.

1.1. 部長は子供をあまりにも溺愛(できあい)して(←愛してる上に), 子供の自慢を人生の楽しみにしているようだった.

1.2. 無駄にシャンプーを換えちゃって, 髪が柔らかくなるどころか, もっとばさつくようになった.

1.3. 政府は市民たちの声を聞くどころか, さらにひどい弾圧を加えた.

1.4. 天気予報では吹雪を予告したけれど, 雪どころか(←雪はさておき), 雲ひとつない晴れた天気だった.

1.5. 何の準備もなく海外旅行に来ていて, 苦労ばかり嫌というほどしましたよ.

1.6. あの子が(←あの子は)とってもいい子で(←優しくて), 人の嫌がることを(←人に嫌なことをうまく)言えない性格(←スタイル)ですよ.

1.7. 彼と別れるのは想像だけでも悲しいことこの上なかった.

1.8. 李代理の商品に対するアイデアは斬新この上ない.

1.9. 友人たちが努力しているとき,不平ばかり言っていた自分を(←私を)思うと, ほんとうに情けないったらありゃしない.

1.10. 愛する人は去ったけれど, 愛した記憶は残ってたんですよ.

1.11. スジンがユーチューブを始めたと思ったら, 放送局のアナウンサーみたいに有名になっていたんだよ.

1.12. ここのクロワッサンが有名だってことらしいけど, 私たちも一度食べて見ることができるでしょうか?

練習問題 6b

2. 次の日本語を韓国語に訳しなさい.

2.1.

(日本支社の同僚と電話で)

スミン：近藤さん, 年末はあれほどお忙しかったのに今は少し落ち着かれましたか(←お暇になりましたか)?

電話もお取りになりませんでしたね.

近藤：何をおっしゃいますか. 私が電話を差し上げても, スミンさんこそ席にいらっしゃいませんでしたけど?

そうだ, 来週, 沖さんがソウルに出張に行くって言ってたけど, 連絡ありましたか?

ソウルに急ぎの用があるって言ってたのに, その後は連絡がないもので.

スミン：はい, 連絡ありました.

通訳を探してらっしゃいましたよ.

私がしてさしあげることにしました.

2.2.

(友人の嬉しい知らせを聞く)

ヨンヒ：何? スジンが就職したって?

私は初耳だけど?

ミヨン：スジンから当分は秘密にしてくれってくれぐれも頼まれて.

ヨンヒ：あんたもほんとに!

こんな嬉しい知らせを.

私がどれだけ首を長くして待ってたことか.

6b

作文総合問題

1. 次の文章を韓国語に訳しなさい.

1.1.

人種? 民族? 君たちはまだそんな与えられた幻想に苛(さいな)まされているのか? 君の2世代前のおばあさん, おじいさんは4人の方, その上の世代は8人, 20世代上の祖父母は104万8576人, 30世代前には10億を超え, 40代上なら1兆を超える. 君はこれでも「純粋な」血統みたいなものがあると言い張るのか? そんなものは始めから存在しない. 私たちの血は皆が例外なく「混ざって」いる. 重要なのは君が今ここに存在するということだ. 与えられた「集団」という幻想に依拠する思想と感性は, もう捨ててもいい. 私たちは皆が私たちだ. そうでこそ私たちが共にすることができる.

1.2.

覚えてもすぐにみんな忘れてしまうですって? それは当然のことです. 勉強の過程をきちんと踏んでいるという意味でもありますからね. 覚えて忘れ, また生き返らせて. 忘れたことを再び覚える過程こそ, まさに本当に覚えることを営むことなのです. こうした過程を反復しながら, ことばはいつしか自分のものとなっていることでしょう. 母語でも, そうでなくても, 言語を身につける過程は例外なく皆こうした過程を営むことから始まります. その過程をお楽しみください.

これからも『ユアと共に』ファイト!なさらんことを. 著者は皆さんを応援しています.

練習問題解答例

練習問題解答 1a

1. 韓国語解答例

1.1. 책을 읽는 사람이 알 수 있게 이 책 첫부분에 범례를 넣었다.

1.2. 우리 아이는 어렸을 때 축구만 했어요. 그때는 공부를 더 열심히 했으면 싶었죠. 근데 지금은 열심히 해서 축구 선수의 꿈을 이루었으면 해요.

1.3. 내 얘기가 채 끝나기도 전에 그는 자리를 떠났다.

1.4. 과학의 발달은 인간의 역사에 큰 영향을 미쳤다. 그러한 역사를 연구하는 과학도 또한 태어났다.

1.5. 망설이고 있는가. 떠나자. 일상에서 벗어나 자유를 만끽하라.

1.6. 소년이여(-이여：5a文法) 야망을 가지라.

1.7. 아 뮤지컬 너무 재미있었지. 언니도 같이 왔으면 좋았을 텐데.

1.8. 예술은 길고 인생은 짧다.

2. 韓国語解答例

2.1.

A: 집에 누가 있나 봐. 현관에 불이 켜져 있네.

B: 일부러 켜 놓은 거야. 도둑이 들까 봐.

2.2.

A: 저, 그 우산 제 건데요?

B: 아이고, 그래요? 제 건 줄 알고. 죄송합니다.

練習問題解答 1a

2.3.

민수: 오늘 대학 축제 콘서트에 가기로 했어.

지영: 사람이 많이 올 텐데. 그럼 빨리 가자.

(콘서트 장에 도착해서) 내가 이럴 줄 알았어.

사람이 많아서 들어가지도 못하겠다.

2.4.

형: 이거 뭐야? 야채 죽인가 봐?

남동생: 아니, 야채 스프인데 너무 오래 끓였나 봐.

엄마한테 혼나겠다. 지금 다 먹어 버릴까 보다.

형: 이그 웬일로/무슨 바람이 불어서 요리를 한다고 하나 했다.

2.5.

사토: 점심은 김밥과 라면을 먹기로 했어요.

동진: 탁월한 선택이군요. 정말 맛있겠네요.

사토: 불닭라면이에요. 어때요?

동진: 그건 매울 텐데요.

사토: 괜찮아요.이젠 매운 것도 잘 먹게 됐어요.

동진: 잘 됐네요.매운 건 못 드시나 싶었어요.

(먹어 보고 나서)

사토: 이거 정말 맵구나. 너무 매워요.

동진: 이거 처음 드시는구나.

치즈를 넣어서 김밥하고 먹으면 덜 매워요.

사토: 아, 그렇게 먹는 거군요. 훨씬 덜 맵네요.

練習問題解答 1b

1. 韓国語解答例

1.1. 최선을 다하는 간호사들의 모습에 감사를 전하며 박수를 쳤다.

1.2. 소 잃고 외양간 고치듯 나중에 울면서 후회해도 소용없어.

1.3. 다카하시는 누군가와 전화라도 하는 듯 갑자기 큰 소리로 떠들며 웃었다.

1.4. 그 사람 뭔가 물을 듯 말 듯한 표정으로 나를 쳐다보고 있었어.

1.5. 아저씨는 익숙한 듯이 부엌에서 요리를 하기 시작했다.

1.6. 주변은 쥐 죽은 듯 고요했다.

1.7. 그는 아이돌 같은 귀여움과 댄스의 능숙함까지 겸비하고 있었다.

1.8. 우리는 역사를 배우면 역사에서 아무것도 배우지 않았음을 안다.

2. 韓国語解答例

2.1.

민수: (화를 내며) 이 드라마 계속 봐야 돼? 둘이 결혼할 게 불 보듯 뻔해.
엄마: (웃으며) 그래도 끝까지 봐야 해.

2.2.

(식탁 위의 엄마의 메모)
학교에서 돌아오면 아래의 일을 꼭 해야 함.
　비누로 깨끗이 손 씻기.
　식탁 위의 간식 먹기.
　학교 숙제 먼저 하기.
　학원 숙제 끝내기.
위의 일들을 하지 않으면 저녁은 없음.— 엄마

2.3.

수진: 작년엔 몸이 좀 안 좋았어요. 올해는 끼니를/식사를/밥을 거르지 않고 일하기가 목표예요.

민아: 맞아요. 건강부터 챙기기가 중요한 것 같아요.

2.4.

(광화문에서 지영이 대학 선배를 만났다)

선배: 지영아,벌써 와 있었어?

지영: 아, 선배 오셨어요? 이어폰을 끼고 있어서 잘 몰랐어요.

선배: 음악을 듣고 있었구나. 정말 오랜만이야. 살아 있었어?/잘 살고 있었어?

지영: 네, 잘 지내고 있었어요.

근데 선배, 메고 있는 배낭이 좀 무거워 보여요.

선배: 책이 좀 들어 있어.

이번에 우리의 청춘이 담겨 있는 시집을 냈어.

한 권 줘도 될까? 다가오고 있는 크리스마스를 위한 선물.

2.5.

(회사 친구들과 함께 주은의 집에서 점심을 만들어 먹는다.)

영희: 이거 주은 씨가 만들었어요? 너무 맛있는 거 아니에요?

수진: 이렇게 맛있게 만들다니. 만드는 방법 좀 알려 주세요.

주은: 맛있다니 다행이네요.이 레시피는 유튜브에 올라가 있어요.

다른 요리의 영상들도 유튜브에 올리고 있어요.

수진: 네? 유튜브라니요? 유튜버세요?

주은: 앗, 제가 유튜버라는 걸 모르셨다니.

(웃으며) 너무한 거 아니에요? 꽤 오래 됐어요.

練習問題解答 2a

1. 韓国語解答例.

1.1. 아침에 들여온 과일은 정말 싱싱해 보였다./신선해 보였다. 먹음직스러워 보이는/맛있어 보이는 사과와 배를 샀다.

1.2. 사랑스러운 아이들에게 손가락 하트를 만들어 보였다.

1.3. (남자친구에게) 친한 척 하지 마. 남자친구인 척 하지 마. 우리 오빠한테 들키면 끝이야.

1.4. (친구에게 카톡/라인을 보낸다.) 우리 언니가 드디어 좋아하는 사람을 만난 건가? 엄청 꾸몄는데 그 오빠 앞에서는 안 꾸민 척 하고. 엄청 많이 먹는 사람인데 많이 못 먹는 척하고 있어. 재미없는 얘기에도 재밌는/재미있는 척 하고. 억지로 웃는 척하고.정말 너무 놀랐어.

1.5. 선생님 책이 이번 달에 베스트셀러가 됐대요.

1.6. 아버지가 미술 전시회에 데려가 주셨다. 그림이 눈을 즐겁게 해 주고 음악이 귀를 즐겁게 해 주었다.

1.7. 학장님께 한번만 만나 달라는 부탁을 드렸습니다.

1.8. 부디/제발 이 사건의 진실을 밝혀 달라고 호소했어요.

2. 韓国語解答例

2.1.

(수진이 선배인 동민과 레스토랑에서)

동민: 복스럽게 잘 먹네.

수진: 하하하,이렇게 고급스러운 요리는 처음이라서.
만족스러운 저녁이었어요.
근데 비용이 살짝 부담스러운데요.

동민: 걱정마.
정말 믿음직스럽게 일을 잘 도와 줘서 선배가 사 주는 거야.

2.2.

민희: 선배! 왜 못 본 척 하세요?

모른/모르는 척하면 제가 모를 줄 알아요?

행인: 모르는 척이라니요? 저 아세요?

민희: 어머 죄송해요. 아는 오빠인 줄 알았어요.

2.3.

영희: 석우 씨, 이번에 국제회의로 한국에 가신다죠?

자료는 받으신 건가요?

석우: 네, 자료는 수진 씨가 메일로 보내 주신댔어요.

2.4.

수민: 이 영화 재미있댔죠? 애들 데리고 같이 보러 갈까요?

지수: 네, 근데 좀 슬프대요. 상영시간도 좀 길었대요.

수민: 그럼 애들하고 보기는 좀 어려운 건가?

2.5.

(지영이 노트의 그림을 보고 후배 수진이 얘기한다.)

수진: 언니,이 그림, 누가 그려 줬어요?

지영: 사진을 보면서 내가 그렸어. 미술 선생님이 좀 가르쳐 주셨어.

수진: 와 언니 그림 잘 그리시는구나.

사진도 선생님이 골라 주셨어요?

지영: 아니, 사진은 동생이 보내 줬어.

練習問題解答 2b

1. 韓国語解答例

1.1. 물 흐르는 대로 바람 부는 대로 떠나는 나그넷길
1.2. 대본대로 연습하던 대로만 하면 돼.
1.3. 무엇이 우리를 행복하게 만드는가. 우리가 행복을 만드는 것이다.
1.4. 소비자들의 항의는 기업의 방침을 바꾸게 만들었다.
1.5. 케이팝은 우리가 한국을 사랑하게 만들었어.
1.6. 설탕을 넣은 데다가 꿀까지 넣으면 너무 달아서 못 먹어요.
1.7. 폭우가 쏟아지는 데다가 바람까지 세게 불어서 밖에는 나갈 수가 없었다.
1.8. 책상에다가 낙서하지 마.
1.9. 영화를 보다가 고향의 어머니가 생각나 눈물이 났다
1.10. 마당의 꽃을 따다 케이크를 장식했다.
1.11. 드디어 기다리고 기다리던 여름방학이 시작되었다.
1.12. 행복했던 어린 시절로 돌아가고 싶다.
1.13. 어렸을 때 먹던 생일 케이크는 진짜 달았던 기억이 나.

2. 韓国語解答例

2.1.
성준: 유미 씨 오빠가 이 회사 대표님인 줄 몰랐어요.
유미: 저도 성준 씨가 여기 다니는 줄은 꿈에도 몰랐어요.

2.2.
지영: 내가 공항까지 차로 데려다 줄까?
희수: 아니 괜찮아. 우리 오빠가 태워다 준대.

練習問題解答 2b

2.3.

아내: 결혼하기 전에 당신과 자주 가던 그 영화관이 없어진대요.

남편: 어디? 어제 간 그 영화관?

아내: 아니, 종로에 있던 그 영화관.

2.4.

(화장품 가게에서 수민이 회사 선배에게 화장품을 묻는다)

수민: 지영이가 선배가 지금까지 쓰던 화장품 중에서 어느 게 제일 좋았내요.
그걸 사 오래요. 가성비 좋은 걸로 알려 주세요.
지영이 생일선물로 내가 사 주는 거라서.

선배: 그럼 좋은 걸로 사야죠. 이게 요즘에 산 화장품인데 비싸지 않고 괜찮아요.
아, 이건 내가 대학생 때 잘 샀던 건데 되게 촉촉해요.

2.5.

(회사 휴게실에서)

수진: 이거 민호 씨가 마시던 커피예요?
다 마신 건 빨리빨리 치워야죠.

민호: 아니, 아까 정희 선배가 마셨던 거예요.

정희: 아니에요. 제가 마신 건 이거예요.

2.6.

(전화로)

동생: 누나, 엄마가 언제 돌아오내. 저녁은 뭘 먹고 싶내.
무조건 빨리 들어오래.

누나: 왜? 무슨 중요한 얘기라도 있대?

동생: 어, 같이 저녁 먹으면서 얘기하재.

練習問題解答 3a

1. 韓国語解答例

1.1. 어쩌면 지금이 가장 빛나는 시간일지도 몰라.

1.2. 이 길고양이는 수진 씨가 구해 주지 않았다면 길에서 얼어 죽었을지도 모르죠.

1.3. 얘기를 들어보니 수진이 말이 맞는 것 같네. 너가 사과하는 게 좋겠어.

1.4. 슈트를 입고 있으니 삼촌이 딴 사람 같았다.

1.5. 눈가에 로션을 바르자마자 촉촉하게 스며들었다.

1.6. 그 채널에 동영상은 올리나 마나야. 아무도 안 봐.

1.7. 폐허가 된 건물을 허물어 새로운 시민공원을 만들었다.

1.8. 경제학자의 조언에 용기를 얻어 다시 한 번 사업에 도전해 보기로 했다.

2. 韓国語解答例

2.1.

희진: 지금 등록하면 바로 온라인 수업을 들을 수 있나?

수철: 등록하자마자는 어려워. 여기는 매주 월요일이 개강일이야.

2.2.

지유: 손님도 없는데 오늘 장사는 이만 접어야 하나?
늦게까지 가게 문을 열고 있으면 손님이 더 있으려나?

언니: 날씨도 안 좋고 비가 올 지도 모르니 오늘은 이만하는 게 어떠니?

2.3.

(형이 동생에게 잔소리한다.)

형: 핸드폰 좀 그만 봐라. 스마트 폰만 보다가 니 인생 망치고 싶냐?

동생: 형도 맨날/매일 게임하잖아. 왜 나한테만 그래?

형: 넌 내일 모레 수능시험이잖아. 공부는 다 했냐?

엄마: 얘들아, 왜 싸우니? 싸우지 마라/말아라.

스마트 폰도 게임도 앞으로는 하루에 10분씩만 해라.

2.4.

(어머니가 사위에게)

어머니:이 생선은 방금 구운 것이네. 한번 드셔 보시게.

사위:어머님도 같이 드시죠.

어머니:아니네. 나는 아까 먹었네.

여기 먹을 걸 좀 싸 놨네.

아이들 먹게 가져가게.

練習問題解答 3b

1. 韓国語解答例

1.1. 이불을 덮었을 때 부드러운 이 촉감이 좋아요.

1.2. 머리가 복잡할 때 생각이 많을 때 이 노래를 들어 봐.

1.3. 주차 자리가 좁아서 하마터면 옆 차와 부딪힐 뻔했어요.

1.4. 밤에 잠자리에 들 때는 언제나 책을 읽어 달라며 아빠를 졸랐다.
아빠는 피곤함에도 불구하고 내가 잠들 때까지 읽어 주셨다.

1.5. 우리의 이번 승리는 시작에 불과합니다.

1.6. 저의 부족함에도 불구하고 저를 지지해 주셔서 정말 감사합니다.

1.7. 월드컵 4강 진출은 불과 두 시간 전까지만 해도 꿈에 불과했다.

1.8. 할아버지가 의자에 앉은 채 졸고 계셨다.

1.9. 갈비를 너무 많이 먹어서 배가 터질 지경이에요.

1.10. 최근에 유통사업이 금리인상으로 딜레마에 빠진 모양이다.

1.11. 피크닉/소풍 중간에 비가 오기 시작했다. 비야, 멈추어 다오.

2. 韓国語解答例

2.1.

(어느 카페 앞에서)

동민 : 여기 커피 너무 쓰다던데?

영희 : 어? 쓰다구요? 누가 그래요?

전 맛있던데요?

2.2.

(회사에서 동료와 함께)

미영: 석현 씨가 미국 출장에서 내일 돌아온다면서요?

유미: 뭐라구요? 내일 돌아온다구요?

미영: 아, 모르셨구나. 내일 돌아온다는데요?

갑자기 돌아온대서 저희도 좀 놀랐어요. 일이 잘 안 풀렸나 봐요.

2.3.

(남편과 전화로)

아내: 친구가 우리 동네에 카페를 연다니까 한번 가보려구요.

나한테도 투자하라던데 한 번 해 볼까?

남편: 친구가 얘기한다고 투자하면 안 돼요.

우리는 투자 같은 건 아직 멀었다니까.

전에는 나한테 회사 일이나 열심히 하라며.

아내: 아니, 당신도 전에는 카페도 하고 싶고 건물도 짓고 싶다며?

건물주가 꿈이라면서?

뭐? 꿈은 꾸고 있을 때가 제일 행복하다고?

練習問題解答 4a

1. 韓国語解答例

1.1. 누구나 전성기를 맞이하기도 하지만 슬럼프에 빠지기도 한다.

1.2. (누나가 남동생에게) 너는 치킨만 보면 정신을 못 차리는구나. 누나 없을 때 혼자 먹기만 해라./먹기만 해 봐라. 가만 안 둘 줄 알아.

1.3. 감염병 예방은 과해도 부족하지 않다.

1.4. 이 배우는 영화제에서 대상을 받을 만하다.

1.5. 파마를 하니/하고 나니 머리 손질하기가 쉬워요. /손질하기가 쉬워졌어요.

1.6. 법을 잘 모르면 사기 당하기 십상이야.

1.7. 달콤한 딸기 케이크 덕분에 기분이 한결 좋아졌다.

1.8. 인기가 급상승한 덕분에 도쿄 돔에서 콘서트를 하게 됐다.

1.9. 어렸을 때부터 빵을 좋아했다던 영희 씨는 결국 디저트 카페 사장이 되었다.

1.10. 오늘도 머뭇거리다가 사랑스러운 그녀에게 말을 걸어보지도 못했다.

1.11. 지금까지의 삶을 되돌아본다.
은사님/선생님 말씀을 되새기며 이제는 거추장스러운 틀에서 벗어나 자유로운 삶을 살아가고 싶다.

2. 韓国語解答例

2.1.

이모: 우리 조카도 이렇게 입으니까 멋있기만 하네.

조카: 내가 좀 멋있기는 하지. 골라준 이모의 센스가 좋기도 하고.

2.2.

학생: 단어를 아무리 외워도 머리에 안 들어와요.

선생님: 괜찮아.여러번 반복해도 어려울 때가 있어. 그럴 땐/때는 한 템포 쉬어도 늦지 않아. 또 문장이나 텍스트를 많이 읽기만 해도 단어는 자연스럽게 외울 수 있을 거야.

2.3.

(입사 후 경희가 지인을/아는 사람을 만났다.)

민수: 그 회사에서 일할 만해요?

경희: 네, 좋아요. 있을만 한 것 같아요. 회사 점심도 먹을 만하구요.
퇴근도 빠르구요.

2.4.

(한국에 유학을 다녀 온 겐타 씨가 경험을 얘기한다)

겐타: 한국에 가서는 먹는 거 때문에 고생했어요.

수진: 그러셨군요. 매운 음식이 많아서 배탈나기 쉽상이죠.

겐타: (웃으며)아뇨,앱으로 주문하는 배달음식이 너무 많기 때문에 먹는 걸 참기가 쉽지 않았어요. 살이 많이 쪘어요.

練習問題解答 4b

1. 韓国語解答例

1.1. 레스토랑이 유럽감성이라길래 유럽요리를 기대했는데 이름이 유럽감성이었어.

1.2. 밤 늦게 일을 끝내고 허기가 지기에 우리는 포장마차로 향했다.

1.3. 우리 형은 책을 많이 읽어서 그런지 아는 게 많아요.

1.4. 쭈꾸미가 제철이어서 그런지 정말 맛있었어요.

1.5. 성진 씨는 사귀면 사귈수록 알면 알수록 정말 진국이에요.

1.6. 이건 보면 볼수록 조선시대 청자 같아요.

1.7. 오빠는 설겆이 뿐만 아니라 빨래까지 모든 집안 일을 도맡아 했다.

1.8. 준호는 주의력이 깊을 뿐만 아니라 타인에 대한 배려심도 뛰어나다.

1.9. 하은이는 젖먹이/갓난아기 때부터 내가 다 키우다시피 했어.

1.10. 아시다시피 재개발지역에서 강제철거로 쫓겨나다시피 한 이주민들이 많이 계십니다. 저희 단체는 그 분들을 꼭 도와 드릴 겁니다.

2. 韓国語解答例

2.1.

지은: 고모, 생선 가져가라길래 왔어요.
고모: 그래. 시장에서 싱싱하길래 좀 많이 사왔거든.

2.2.

(카페의 점장이 알바생과 얘기한다)
점장: 처음 하는 일이라 힘들지 않아요?
민희: 힘들긴요. 하고 싶었던 일이어서 그런지 그냥 너무 좋습니다.
최선을 다하겠습니다.

2.3.

(준호가 마키에게 묻는다)

준호: 한강공원에 가서 같이 자전거 탈래요?

마키: 좋아요. 거기서 같이 양념치킨 시켜 먹어요.

아 한강라면도 먹을래요.

2.4.

(지은이 마키를 초대한다)

지은: 저희 집에 놀러 오시겠어요? 제가 스테이크를 준비해 둘게요.

마키: 와 좋아요. 그럼 제가 와인을 좀 사 갈까요?

2.5.

(친구에게 여행계획을 얘기한다)

민지: 이번 휴가엔 서울에 카페 투어 하러 갈 거예요.

경희: 나도 갈래. 언제 갈 거야? 같이 가자.

2.6.

(알바 동료에게 어학연수 계획을 얘기한다)

석우: 저 다음달에 뉴욕 갑니다.

지우: (장난스럽게) 자유의 여신상 보려구요?

석우: (웃으며) 네,그것도 보고요 영어공부도 열심히 하려구요.

지우: 부럽네요. 전 열심히 알바하고 있겠습니다.

練習問題解答 5a

1. 韓国語解答例

1.1. 명희야, 학교에 가는 김에 도서관에 들러서 책도 반납해 줄래?

1.2. 이사하고 집들이도 할 겸 친구들을 초대했다. 아침 겸 점심으로 브런치를 준비했다.

1.3. 어제 김 과장이 과음을 한 탓에 오늘 업무에 차질이 생겼다.

1.4. 핸드폰을 잃어버리는 바람에 하루종일 일이 손에 잡히지 않았다.

1.5. 이 치즈 핫도그는 너무 커서 한 입에 먹기가 어려운데.

1.6. 이번 모임에 참여하지 못 해 죄송할 따름입니다.

1.7. 시니어 모델로 화보 촬영 요청이 들어왔다. 얼떨떨할 따름이다.

1.8. 추운 겨울이 지나면 반드시 따뜻한 봄이 오는 법이죠.

1.9. 어두운 밤이 지나가면 찬란한 태양이 떠오르기 마련입니다.

1.10. 소스가 곁들여지니 금상첨화의 맛이 되었다. 마음까지 행복해졌다.

1.11. 벗이여/친구여, 우리가 함께하던 그 아름다운 시절이 그리워진다.

2. 韓国語解答例

2.1.

(선배의 안부를 묻는다)

수진: 민희 선배 요즘에 얼굴 보기가 힘드네요. 굉장히 바쁘신가 봐요.

지은: 바쁘다 뿐이겠어요? 돈도 많이 벌고 있대요.

2.2.

(기자가 한 대학생을 인터뷰한다)

기자: 어렵게 소매치기를 붙잡았습니다.

대학생: 네, 시민으로서 해야 할 일을 <u>했을 뿐입니다</u>.

2.3.

(아들의 시험 합격을 기원하며)

어머니: 이번 시험엔 꼭 붙어야 될텐데.

아버지: <u>기다려 봅시다</u>. 열심히 했으니 좋은 소식이 있겠지.

2.4.

(화장에 대해서 회사 동료와 얘기한다)

미영: 주은 씨, 오늘 화장이 <u>예쁘게 됐네</u>.

주은: 그래요? 감사해요. 사실은 눈썹이 (시간이 지나서) 다 <u>지워져서</u> 다시 그렸어요.

펜슬이 잘 <u>안 그려져서</u> 힘을 주었더니 이번엔 좀 <u>진하게 됐어요</u>.

練習問題解答 5b

1. 韓国語解答例

1.1. 조카가 얼마나 예쁜지 사달라는 건 다 사주고 싶어요.

1.2. 우리 나비(고양이 이름)는 밥을 얼마나 많이 먹었는지 배가 볼록하게 튀어나와 있었다.

1.3. 내일이 시험인데 책을 펴 놓고 깜빡 잠들어 버렸다.

1.4. 점심으로 사 온 김밥이 너무 맛있어서 동생 것까지 먹어 버렸다.

1.5. 주가는 급락했고 재산과 건강을 잃고 말았다.

1.6. 핸드폰에 음악을 넣어 뒀어. 운전하다가 심심하면 들어. 너무 크게 켜 놓지는 말구.

1.7. 비도 오는데 집에서 부침개나 부쳐 먹자.

1.8. (동생이 운전하는 차를 타고) 자동차는 멋있는데 운전 매너는 별로 안 좋네.

1.9. 이런 친환경 자재로 집을 짓는 데 3(삼)년이나 걸렸다.

1.10. 40(마흔) 살이지만/마흔 살이나 마음만은 20(스무)살입니다.

1.11. 임시정부는 실체적 힘은 없었으나 그 상징적 의미는 평가 받았다

1.12. 서자인 홍길동은 아버지는 계시나/계시지만 아버지라 부를 수는 없었다.

1.13. 프랑스의 거리에도 전통을 지켜 오던 노포들은 사라져 가고 브랜드 매장들이 들어오고 있었다.

1.14 회사를 성장시켜 가는 것도 큰 즐거움이었어요.

2. 韓国語解答例

2.1.

(동생과의 문제를 아버지께 상담한다.)

민희: 지수가 화가 나서 방에서 안 나와요.

아버지: 사과의 문자라도 보내 놓고 좀 기다려 봐.

생각이 정리 될 때까지 내버려 두는 것도 필요해.

2.2.

(엄마와 아들이 라인을 주고 받는다)

엄마: 삼각김밥 만들어 놓았어. 학교 갔다와서 배 고프면 먹어.

아들: 네, 그냥 냉장고에 넣어 두세요. 전 오늘 늦을지도 몰라요.

2.3.

(1층 거실에 있는 동생이 2층 방에 있는 형을 부른다)

동생: 형, 내려와 봐. 축구 결승전에 나가게 됐어. 같이 연습하자.

형: 안 돼. 공부해야 되니까 아무도 내 방에 들어오지 마.

엄마: 그래, 제발 방에서 나오지 말고 공부 좀 해라.

練習問題解答 6a

1. 韓国語解答例

1.1. 엄마는 앉으나 서나 누나 걱정 뿐이에요.

1.2. 자나 깨나 불조심. 꺼진 불도 다시 보자.

1.3. SNS(에스엔에스)에 광고는 내나 마나 결과는 뻔해요. 상품이 먼저 좋아야죠.

1.4. (시험장 규칙에 대해서 선생님이 설명한다) 시험장에 태블릿이나 핸드폰은 가져가지 마세요. 지정된 자리 이외의 자리에는 앉지 마시구요 음식물도 반입하지 말라는 규칙도 기억해 주세요.

1.5. 가게가 이렇게 지저분해서 장사가 잘 될 턱이 없다.

1.6. 야당이 이렇게 협조를 하다 말면 국정 운영은 어렵게 됩니다.

1.7. 좀 더 자료를 조사하지 않으면 안 될 것 같아 논문을 쓰다(가) 말았다.

1.8. 아무리 좋은 얘기라도 부모가 화내면서 얘기한다면 아이에게 얘기하지 않느니만 못하다.

1.9. 아버지는, 언제나 새벽에 산에 간다고 한다. 나에게도 일찍 일어나 같이 가자고 하셨다. 왜 새벽에 가냐고/가느냐고 여쭤 보았다. 새벽에 가는 사람이 어디 있냐고 어두워서 위험하지 않냐고 나는 투덜거렸다. 산 정상에 오르는 순간 나를 맞이하는 건 찬란히 떠오르는 태양이라고 가르쳐 주지 않았다.

2. 韓国語解答例

2.1.

(중화요리 전단지를 열심히 보고 있는 석우에게)

지수: 좋아하면 좋아한다고 말해 주세요. 말하지 않으면 알 리가 없잖아요.

석우: 네, 저 지수 씨를 좋아합니다,

지수: 네? 무슨 말씀이세요? 전 자장면/짜장면 얘기한 건데요?

2.2.

(친언니를 걱정하며 조언한다.)

지은: 언니, 너무 많이 먹는 거 아니야? 다이어트 한다며?

왜 다이어트를 하다 말아?

다이어트 하다 말면 안 하느니만 못해.

이렇게 빨리 그만둘 줄 몰랐어.

언니: (웃으며) 하다 마는 게 아니야.

먹는 건 먹는 걸로.

살은 운동으로 빼는 걸로.

2.3.

(수경의 영어실력을 직장 동료들이 칭찬한다)

동훈: 수경 씨가 이렇게 영어를 잘할 줄 몰랐어요.

수경: 아니에요. 생활영어만 겨우 할 줄 알아요.

민지: 나도 수경 씨가 외국에서 살다 온 줄 알았어.

영희: 저는 재미동포인 줄 알고 처음엔 영어로 말을 걸었죠.

수경: 저도 이 나이까지 해외에 한번도 못 나갈 줄은 꿈에도 몰랐어요.

練習問題解答 6b

1. 韓国語解答例

1.1. 부장님은 자식을 너무 사랑하는 데다가 자식 자랑을 인생의 낙으로 삼고 있는 것 같았다.

1.2. 괜히 샴푸를 바꿔 가지구 머리카락이 부드러워지기는 커녕 더 부시시해졌다.

1.3. 정부는 시민들의 목소리를 듣기는 커녕 더 심한 탄압을 가했다.

1.4. 일기예보는 눈보라를 예고했지만 눈은 고사하고 구름 한 점 없는 맑은 날씨였다.

1.5. 아무런 준비없이 해외 여행을 와 가지고 고생만 실컷 했어요.

1.6. 걔가 너무 착해 가지고 남한테 싫은 소리도 잘 못하는 스타일이에요.

1.7. 그와 헤어지는 것은 상상만으로도 슬프기 이를 데 없었다.

1.8. 이 대리의 상품에 대한 아이디어는 참신하기 그지없다.

1.9. 친구들이 노력할 때 불평만 하고 있던 나를 생각하면 정말 한심하기 짝이 없다.

1.10. 사랑하는 사람은 떠났지만 사랑한 기억은 남아 있더라구요.

1.11. 수진이가 유튜브를 시작하더니 방송국 아나운서처럼 유명해졌던데?

1.12. 여기 크로와상이 유명하다던데 저희도 한번 먹어볼 수 있을까요?

練習問題解答 6b

2. 韓国語解答例

2.1.

(일본 지사의 동료와 전화로)

수민: 곤도 씨, 연말에 그렇게 바쁘시더니 이제 좀 한가해지셨나요?
전화도 안 받으시더라구요.

곤도: 무슨 말씀이세요. 제가 전화드려도 수민 씨야말로 자리에 안 계시던데요?
참, 다음주에 오키 씨가 서울로 출장을 간다던데 연락 왔어요?
서울에 급한 일이 있다더니 그 후론 연락이 없어서요.

수민: 네 연락 주셨던데요.
통역을 구하고 계시더라구요.
제가 해 드리기로 했어요.

2.2.

(친구의 기쁜 소식을 듣는다)

영희: 뭐? 수진이가 취직했다고?
난 금시초문인데?

미연: 수진이가 당분간은 비밀로 해 달라고 신신당부를 해서.

영희: 너도 참!
이렇게 기쁜 소식을.
내가 얼마나 학수고대하고 있었는데.

作文総合問題解答

1. 韓国語解答例

1.1.

인종? 민족? 그대들은 아직도 그런 주어진 환상에 시달리고 있는가? 그대들의 2(이)세대 전의 할머니 할아버지는 4(네)분, 그 위 세대의 조부모님은 8(여덟)분, 20(이십)세대 위에 조부모님은 104만 8576분, 30세대 위에는 10억을 넘고, 40대 위면 1조를 넘는다. 그대는 이래도 "순수한" 혈통 같은 것이 있다고 우기는가? 그런 것은 처음부터 존재하지 않는다. 우리 피는 모두가 예외 없이 "섞여" 있다. 중요한 것은 그대가 지금 이곳에 존재한다는 것이다. 주어진 "집단"이라는 환상에 의거하는 사상과 감성은 이제 버려도 된다. 우리는 모두가 우리다. 그래야 우리가 함께할 수 있다.

1.2.

외워도 금방 다 잊어버린다고요? 그건 당연한 일입니다.공부의 과정을 제대로 밟고 있다는 뜻이기도 하니까요. 기억하고 잊어버리고 다시 되살리고.잊어버린 것을 다시 외우는 과정이야말로 바로 진정 외움을 영위하는 것입니다. 이러한 과정을 반복하며 말은 어느 틈엔가 자기 것으로 되어 있을 겁니다. 모어든 아니든 언어를 익히는 과정은 예외 없이 다 이러한 과정을 영위하는 것에서 비롯됩니다. 그 과정을 즐기세요.

앞으로도 "유아와 함께" 파이팅 하시길! 저자는 여러분을 응원합니다.

索引

韓国語表現事項索引・日本語事項索引

＊用言の諸形は動詞하다の変化形で検索されたい.

●さ行

●た行

●な行

●金 珍娥（キム ジナ）
明治学院大学教授．2014年度延世(연세)大学校客員研究員．東京外国語大学大学院博士前期・後期課程修了．博士(学術)．NHK テレビハングル講座講師，大韓民国大使館 YouTube チャンネル〈チナセム TV〉企画制作出演．ソウル生まれ，ソウル育ち．
著書に『談話論と文法論―日本語と韓国語を照らす』くろしお出版．『담화론과 문법론』역락(ヨンナク 亦楽)，大韓民国学術院優秀学術図書，『ドラマティック・ハングル―君，風の中に―』朝日出版社，『カナヘイの小動物 ゆるっとカンタン韓国語会話』『カナヘイの小動物 ゆるっとおぼえる韓国語単語』いずれもJリサーチ出版．
共著に『ぷち韓国語』『Viva! 中級韓国語』『はばたけ！ 韓国語 ライト版1，2』『はばたけ！ 韓国語 2 初中級編』いずれも朝日出版社，『ニューエクスプレス韓国語』白水社，『きらきら韓国語』同学社，『韓国語学習講座 凜 RIN 1入門』大修館書店，など．

●野間 秀樹（のま ひでき）
言語学者．美術家．東京外国語大学大学院教授，ソウル大学校韓国文化研究所特別研究員，国際教養大学客員教授，明治学院大学客員教授などを歴任．大韓民国文化褒章，周時経学術賞，パピルス賞，アジア・太平洋賞大賞．日本と韓国・朝鮮双方の血を嗣ぐ．
美術家としては，リュブリアナ国際版画ビエンナーレ，ブラッドフォード国際版画ビエンナーレ，プラハ，オストラヴァ，ワルシャワ，ポズナニ，ソウル，大邱，横浜，京都などで各種の美術展に出品，東京，札幌などで個展，また現代日本美術展佳作賞．
著書に『言語存在論』東京大学出版会，韓国語版は연립서가(連立書架)より近刊，『言語 この希望に満ちたもの』北海道大学出版会，『新版 ハングルの誕生』平凡社，韓国語版は돌베개(トルベゲ)，『図解でわかる ハングルと韓国語』『韓国語をいかに学ぶか』いずれも平凡社，『K-POP 原論』ハザ(Haza)，韓国語版は連立書架，『史上最強の韓国語練習帖 超入門編』ナツメ社，『新・至福の朝鮮語』朝日出版社，など．編著書に『韓国語教育論講座1-4巻』くろしお出版，『韓国・朝鮮の知を読む』クオン，韓国語版はウィズダムハウス，共編に『韓国・朝鮮の美を読む』クオン，韓国語版は連立書架，『韓国・朝鮮の心を読む』クオン近刊，韓国語版は독개비(トクケビ)近刊，など．

ユアと韓国語 上級（ゆあとかんこくご じょうきゅう）

初版第1刷 ―― 2025年3月25日

著　者 ―― 金珍娥・野間秀樹
組版割付・挿画 ― 野間秀樹
印　刷 ―― シナノ書籍印刷
発　行 ―― 株式会社 くろしお出版
〒102-0084 東京都千代田区二番町4-3
［電話］03-6261-2867 ［WEB］www.9640.jp

ISBN978-4-8011-1006-9 C1087